基于标准的教师教育新教材 · 教育 · 融合创新一体化教材

跨学科主题学习
设计与实施
（微课版）

詹泽慧　季　瑜◎编　著

DESIGN AND
IMPLEMENTATION OF
INTERDISCIPLINARY
THEMATIC
LEARNING

INTERDISCIPLINARY THEMATIC LEARNING

DESIGN AND IMPLEMENTATION OF

U0331093

华东师范大学出版社
·上海·

图书在版编目(CIP)数据

跨学科主题学习设计与实施/詹泽慧,季瑜编著. —上海:华东师范大学出版社,2024

ISBN 978 - 7 - 5760 - 4992 - 3

Ⅰ.①跨… Ⅱ.①詹…②季… Ⅲ.①教学设计
Ⅳ.①G42

中国国家版本馆 CIP 数据核字(2024)第 095603 号

跨学科主题学习设计与实施

编　　著　詹泽慧　季　瑜
责任编辑　罗　彦
责任校对　时东明
装帧设计　俞　越

出版发行　华东师范大学出版社
社　　址　上海市中山北路 3663 号　邮编 200062
网　　址　www.ecnupress.com.cn
电　　话　021 - 60821666　行政传真 021 - 62572105
客服电话　021 - 62865537　门市(邮购)电话 021 - 62869887
地　　址　上海市中山北路 3663 号华东师范大学校内先锋路口
网　　店　http://hdsdcbs.tmall.com

印 刷 者　浙江临安曙光印务有限公司
开　　本　787 毫米×1092 毫米　1/16
印　　张　19.75
字　　数　441 千字
版　　次　2024 年 12 月第 1 版
印　　次　2025 年 5 月第 2 次
书　　号　ISBN 978 - 7 - 5760 - 4992 - 3
定　　价　59.00 元

出 版 人　王　焰

(如发现本版图书有印订质量问题,请寄回本社客服中心调换或电话 021 - 62865537 联系)

编委会

BIAN WEI HUI

前 言

QIAN YAN

　　《义务教育课程方案和课程标准(2022 年版)》(以下简称"新课标")首次将跨学科教学从零散式开展、区域性探索上升至国家课程层面。新课标为解决传统分科教育中知识割裂、理论脱离实际的弊端提供了抓手,明确要求各门课程用不少于 10% 的课时来开展跨学科主题学习。在我国,素养导向的跨学科教学越来越得到认同和重视,但跨学科教学的实践效果却并不理想,存在目标"游离化"、内容"拼盘化"、形式"杂糅化"、方法"研究化"等问题,导致教师在开展跨学科教学时面临"忙、盲、茫"的窘境。教师作为"培养人才的人才",其能力素质水平对育人效果有着直接且深远的影响。教师的跨学科教学素养是满足社会发展对人才培养需求的关键,需要教师在教学理念、教学方式和教学思维三个方面实现革新:一是教学理念需从"单向性"向"整合性"转变;二是教学方式需从"陈述式"向"情境性"转变;三是教学思维需从"学科本位"向"问题本位"转变。作为课程改革的前锋,每一位教师都应锤炼跨学科教学的基本功,了解任教学科与其他学科的联系,从而更为有效地开展跨学科教学活动,落实学生核心素养培养要求。

　　《跨学科主题学习设计与实施》是一本旨在帮助师范生和一线教师提升跨学科教学素养的基础性教材,它能够让师范生和一线教师在理解、设计、实施、评价与研究的过程中,丰富跨学科教学知识,提升跨学科教学情意,增强跨学科教学能力和跨学科专业发展能力。此外,本教材也是一本致力于促进理论学习与教学实践双向提升的教材,基本内容涵盖概念群、问题链、目标层、任务簇、证据集等的设计与实施。通过学习本教材,师范生和一线教师能够构建跨学科教学的基本理念,掌握跨学科主题学习设计与实施的知识及方法。师范生和一线教师可以根据自己(拟)任教的学科及兴趣选择合适的跨学科主题,遵循 C‐POTE(跨学科主题学习模型)流程设计和实施教学活动。跨学科教学素养是新时代教师专业素养发展的新格局、新高度和新要求。本教材专注于帮助教师形成多层次、复合化的知识与能力结构,促使教师迅速成长为跨学科教学的"能手"。

一、教材主要内容

　　本教材依据新课标中关于跨学科主题学习的精神和要求编写,一共包括 7 个部分:(1)新课标导向下的跨学科主题学习,介绍跨学科主题学习的历史溯源过程,阐述其基本内涵、主要类型和操作模型,并探讨新课标背景下教师跨学科教学素养的结构模型;(2)概念群,阐释概念群的基本意蕴,以及大概念的生成机理和提取路径;(3)问题链,讲解问题链的基本意蕴、设计方法和应用案例;(4)目标层,阐明目标层的基本意蕴、设计方法和应用案例;(5)任务簇,讲解任务簇的基本意蕴、设计方法和应用案例;(6)证据集,讲述证据集的基本意蕴、生成方法、评价路径和应用案例;(7)典型案例,展示自然科学类、人文社科类和信息工程类学科的典型跨学科主题学习设计案例。

二、教材特色

1. 内容凸显理论性和实践性,便于理解和操作

本教材以跨学科视角下的理论建构为基础,综合具身认知、建构学习、社会文化等研究视角,提出跨学科主题学习是"个体在与情境互动的过程中创造新意义和解决新问题的过程"的新型学习观;紧贴新课标的要求,围绕概念群、问题链、目标层、任务簇、证据集等重新组织教学流程,凸显"学生的学"和"教师的引"。鉴于理论学习的抽象性,本教材在结合一线跨学科教学需求,以及确保理论内容体系化的同时,经过反复的实践、研讨和改进,融合了大量一线教研员和骨干教师的跨学科教学创新案例。随着新课标的发布,这些经过多年实践与打磨的典型案例,其教学内容与流程再次经历了重构与优化。教师能够在理论学习的基础上,对这些案例进行详尽的分析,进而掌握新课标导向下开展跨学科主题学习的基本思路和操作模型。

2. 资源丰富、工具多元,应用便捷、灵活

本教材的设计以知识与能力为核心,提供了大量信息化教学工具和配套的项目实践任务,操作性强。教师在依托本教材组织教学活动的过程中,可以引导学生完成课后任务,回答预设的问题,从而有效开展以学习者为中心的项目式教学活动。此外,本教材还提供了丰富的配套教学资源,包括与教材配套的课例视频、重难点知识讲解视频,以及用以辅助教学活动开展的学历案和任务单等。依托这些资源,师生可以开展线上线下融合的创新性教学活动,共同构建一个开放、共享、互动的课堂氛围。

3. 技术赋能跨学科教学设计与实施,充分体现信息技术应用

数字时代的跨学科主题学习天然地具有技术增强性的特征。教师在设计与实施跨学科教学实践活动时,不仅需要考虑如何以技术优化教、学、评的过程,而且还需要学会如何利用技术赋能专业发展,将自身的数字素养迁移至跨学科教学素养的培养过程之中,掌握数字时代的学习与工作方式。本教材在跨学科主题学习设计与实施的理论模型及典型实践中,均嵌入了技术赋能教学的方法路径,这些技术包括虚拟仿真技术、课堂互动技术、生成式人工智能技术、学习分析技术等,为教师教学的提质增效提供了新的思路。

三、教材使用建议

下面将从师范院校教学的角度，给出以下使用建议。

第一，注重培养师范生的数字化学习能力，引导他们运用信息技术对跨学科主题学习进行设计，实现跨学科教学的提质增效。

第二，多样化主题的选取可以紧扣社会主义核心价值观，关注社会的难点和痛点问题，将思政教育贯穿于教学全过程，积极探索课程思政的新模式、新途径，实现"全员、全程、全方位"育人。本教材共包含 7 章内容，建议用 36 学时完成，其中理论学习占 24 学时，实践操作占 6 学时，案例研讨也占 6 学时。案例研讨课程建议在计算机教室或在师范生可自带笔记本电脑的教室进行，以便访问教材所提供的各种微课视频、课例视频、教学案例等学习资源，以及利用网络开展自主探索、合作探究等多样化的学习活动。此外，由于"跨学科主题学习设计与实施"这门课程不仅需要师范生知道如何设计课程，而且还需要他们在真实的情境中进行授课；因此，教师可以组织师范生采取模拟授课或者进入中小学实际授课的方式进行课堂实践，从而深入理解概念群、问题链、目标层、任务簇、证据集的设计逻辑和操作流程，在理论学习和教学实践中全面提升跨学科教学素养。

第三，建议课程考核采用过程性评价与成果性评价相结合的方式。具体操作方法为：对师范生的平时作业与课堂表现进行记录，并定期进行阶段性评价；对师范生的实践作品与实践成果，可以依据评价量规进行自评、互评与师评。

第四，本教材提供了丰富的数字化学习资源，教师可以积极探索线上线下结合的混合式教学模式。具体操作方法为：在课前鼓励师范生学习理论知识；在课中为师范生答疑解惑，并在课堂上开展案例研讨、作品展示与交流等活动；在课后组织师范生参与跨学科教学观摩、名师交流等活动，进一步调动师范生的学习积极性，帮助他们高效地构建课程知识体系，实现能力发展目标。

本教材是编写团队对前期研究的总结和梳理，融入了大量来自一线的教学研究与实践案例，是所有参与人员的智慧结晶和心血凝练。在本教材付梓之际，我们衷心地感谢一线教研员及骨干教师的支持，他们为本教材提供了大量生动的教学案例，其中包括（排名不分先后）：陈丙生、陈韶光、郝露茜、李炜贤、李毓嘉、李元元、李赞坚、陆永超、容蓉、沈雯瑶、吴沃林、辛海洋、许广玲、袁晶、张秀香等。本教材资料与案例的整理离不开詹泽慧教授团队的参与和辛勤付出，其中包括季瑜、吕思源、牛世婧、陈利、骆丽霞、张霞、涂凯、来庆娜等。对于他们为本教材编写所做出的无私贡献，在此表示衷心的感谢。此外，本教材在撰写过程中引用、参阅了许多专家、同行的研究成果，在此谨向原作者致谢。针对在新课标背景下应如何开展跨学科教学这一问题，编写团队尽心尽力地提炼了自己的教学智慧，充满诚意地提交了这一份还算"尚可"的答卷，期待各位读者的指导与支持。对于本教材的不足之处，也敬请读者批评指正。

在基础教育阶段,分科教育显然难以满足人们对未来教育图景的期待,跨学科主题学习作为一种全新的教育范式,我们相信将"大有可为"。掩卷而思,深感研究之不易,尤其是当以微观视角深入课堂教学时,需要我们倾注更多的细心和耐性。如果本教材的成果能够唤起实践者的共鸣,并成为大家研究的"垫脚石",我们将倍感幸运与开心。

作者于华南师范大学

2024 年 11 月

目 录

MU　LU

📀 数字资源

导学视频:问题链 / 86
微课视频:问题链与课堂提问 / 90
课例视频:"龙舟"的问题链设计 / 112
课例视频:"中草药的魅力"的问题链设计 / 114

📀 数字资源

导学视频:目标层 / 119
微课视频:两类跨学科主题学习的目标层结构 / 146
微课视频:避免陷入目标设计的误区 / 151
课例视频:"设计和制作生态瓶"的目标层设计 / 166
课例视频:"认识风筝"的目标层设计 / 168

📀 数字资源

导学视频:任务簇 / 171
微课视频:任务簇设计的具体方法 / 190
课例视频:"探索汲水工具的古往今来"的任务簇设计 / 197
课例视频:"龙舟文化的传承与创新"的任务簇设计 / 207
课例视频:"探访'地球之肾'——湿地"的任务簇设计 / 210

📂 **数字资源**

📂 **数字资源**

第一章

新课标导向下的跨学科主题学习

▶ 本章导语

　　跨学科主题学习在教学目标、教学内容、教学实践和教学评价等多个方面对教师提出了新要求。教师若要有效驾驭跨学科主题学习，则须紧扣新课标，深入理解并掌握其基本的要求和规律。本章旨在从历史溯源、基本内涵、主要类型、基本思路和操作模型等方面，解析跨学科主题学习的核心要义。同时，基于已有研究和新课标的具体要求，本章将进一步明确跨学科教学素养的内涵意蕴和结构模型，从而明晰教师有效开展跨学科主题学习所需具备的能力素质结构，为教师理解和实施新课标导向下的跨学科主题学习提供清晰的认知框架。

📋 学习目标

1. 知识层面

　　（1）知道跨学科主题学习的内涵和特征。

　　（2）知道跨学科主题学习的不同类型，以及每种类型统整跨学科学习内容的方式。

　　（3）了解新课标导向下跨学科主题学习的基本思路，理解 C-POTE 操作模型中各个核心要素的内涵及联系。

　　（4）理解跨学科教学素养的结构模型及其各核心维度的内涵，明确跨学科教学素养对教师专业发展的重要性。

2. 能力层面

　　（1）能够根据新课标要求，选取自己感兴趣的跨学科主题，依据 C-POTE 模型搭建跨学科主题学习的初步框架。

　　（2）能够依据新课标导向下教师跨学科教学素养的指标体系，初步评估和反思自身的跨学科教学素养水平。

3. 素养层面

　　（1）通过理解跨学科主题的核心要义，形成对跨学科主题学习的直观认识，减轻对跨学科主题学习的畏难情绪，提升学习兴趣。

　　（2）通过理解跨学科教学素养的结构模型，为跨学科教学素养自主发展规划路径，提升开展跨学科主题学习的信心。

 **知识地图**

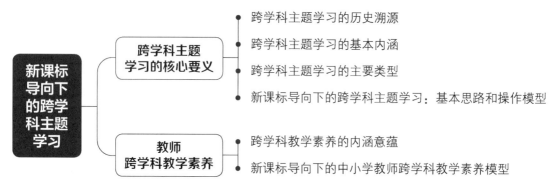

学习建议

1. 学习重点

跨学科主题学习的内涵和类型;跨学科主题学习设计的基本思路和操作模型;跨学科教学素养。

2. 课前活动

（1）观看导学视频"新课标导向下的跨学科主题学习"，了解本章的主要内容。

（2）阅读自己感兴趣的 3—5 个学科的课程标准（2022 年版），了解其中与跨学科主题学习相关的内容,掌握新课标的具体要求和基本规律。

（3）基于 C－POTE 模型的基本结构,尝试绘制跨学科主题学习的设计框架。

导学视频

新课标导向下的
跨学科主题学习

3. 课后活动

（1）完成本章的"思考与练习"。

（2）与同学、相关学科教师或教学指导者讨论新课标导向下跨学科教学素养的内涵与结构,反思与评价自身在跨学科教学知识、跨学科教学情意、跨学科教学能力和跨学科专业发展能力等方面的表现。

第一节　跨学科主题学习的核心要义

本节学习目标

通过本节学习,了解跨学科主题学习的核心要义,从历史溯源、基本内涵和主要类型三个方面理解新课标中有关跨学科主题学习的要求。基于对新课标内容的分析,理解跨学科主题学习 C - POTE 模型,了解跨学科主题学习的设计与实施方法。

跨学科主题学习具有知识统整和综合育人的本质内涵。新课标导向下的跨学科主题学习可以被理解为:为了培养学生的核心素养,以某一学科为载体,围绕主题自觉关联其他学科以开展综合学习的一种方式,具有以现实问题为起点、以具体学科为依托、以知识整合为方法、以实践创新为目标的关键特征。本节通过介绍新课标导向下的跨学科主题学习"是什么",来帮助读者形成对跨学科主题学习的感性直观认识。

一、跨学科主题学习的历史溯源

跨学科主题学习是一种运用主题形式整合学科内容,将知识关联学生主体经验的综合性学习方式。[①] 下面将从理论溯源和实践演进的双重视角系统回顾跨学科主题学习的发展历程,以揭示其本质内涵。[②]

(一) 理论溯源

从哲学观的角度来看,跨学科主题学习遵循整体主义哲学观。中国传统思想的最大特点之一就是从整体思维出发,重视事物的相互联系和整体功能。跨学科主题学习强调学科间的关联性与交互性,提倡综合运用多学科知识发挥课程的综合育人功能,其基本主张与整体主义哲学不谋而合,体现了对整体主义哲学的时代演绎。课程整合是跨学科主题学习的精神内核,是对整体主义哲学观的集中体现。课程整合的历史由来已久,最早可以追溯到春秋战国和古希腊时期,彼时的学习内容尚未分化,整体上处于自然、混沌的综合学习状态,哪怕是孔子提出的"六艺"(礼、乐、射、御、书、数),也只不过是一种对学习内容的粗略划分,并未形成严格的学科分化。随着生产力的发展和近代学校教育制度的普及,分科课程在近代逐渐流行开来。每门学科都根据自己的研究对象建立起相对完善的理论体系,学科知识的分类愈加复杂,内容愈发具体,学科之间的界限也越来越清晰,而这也反过来推动了课程整

---

① 李俊堂.跨向"深层治理"——义务教育新课标中"跨学科"意涵解析[J].四川师范大学学报(社会科学版),2022,49(4):116—124.

② 杨明全,赵瑶.从分化到融合:跨学科主题学习的三重维度[J].教育科学研究,2023(5):5—12.

合理论的产生。

德国教育家赫尔巴特作为综合课程的理论奠基者,十分清楚地意识到了分科课程的局限,并且提出了课程整合的设想。赫尔巴特以观念心理学和统觉理论为指导,提出了"集中"和"相关"的课程设计原则。"集中"原则是指在课程设计中,需要选择某一门学科作为中心,而其他学科则围绕该中心设置,即为学习和理解该中心的手段。"相关"原则是指学校不同学科之间应该相互联系,课程设计应该是统一的整体。在 19 世纪末的美国进步主义教育运动中,帕克吸收了赫尔巴特的观点并对其加以改造,对"集中"原则进行了重新解读。1926年,哥伦比亚大学心理学家伍德沃斯教授最先提出了"跨学科"一词,主张要对被专业化所隔离的两个或者多个学科进行跨学科综合研究。杜威主张课程整合应着眼于儿童的兴趣和需要,并以社会研究为核心。1937 年,霍普金斯发表的论著《课程整合:理论与实践》标志着"课程整合"正式进入课程领域并作为一个独立的研究问题得到关注,这也推动了教育实践中课程整合的发展。1933 年至 1940 年,进步主义教育协会发起了著名的"八年研究",该协会通过实验发现,参与整合课程的学生的表现优于或者基本等同于接受传统分科课程的学生。此后,课程整合研究进入了快速发展阶段。

中国以陶行知和陈鹤琴为代表的教育家们,在杜威课程思想的影响下,也开展了课程整合方面的研究。陶行知认为,教育不应局限于学校的形式,主张生活即教育,课程内容应该来源于生活,来源于经验。他还提出"健康的体魄,农夫的身手,科学的头脑,艺术的趣味,改造社会的精神"的培养目标,并围绕健康、劳动、科学、艺术、改造社会等方面开设了一系列课程,从"生活力"培养的角度,列出了 70 种可以用到的教材。以健康课程为例,陶行知从预防霍乱、预防伤寒、选择食物、选择衣料等"生活力"出发,列出了预防霍乱指导、预防伤寒指导、选择食物指导、选择衣料指导等 10 种教材。由此可见,陶行知在"培养学生健全人格"目标的指导下,设置的课程体系覆盖面广,具有较强的综合性,蕴含了课程整合的思想。与之相似,陈鹤琴认为,大自然和大社会都是活的知识宝库,活教育应该以自然和社会为中心。在教学法方面,他主张生活是整体的,在小学和幼稚园应该开展综合教学,而不是采用分科教学的方式把知识四分五裂地教给学生,进而提出了"整个教学法",即把儿童所应该学的东西整个地、有系统地教给儿童。在课程方面,陈鹤琴提出了"五指活动"课程方案,包括儿童健康活动、儿童社会活动、儿童科学活动、儿童艺术活动和儿童文学活动五个方面。正如一只手的五个指头那样,这五个方面又相互联系构成了一个整体。总体来说,陈鹤琴提出的"整个教学法"和"五指活动"弱化了传统的分科教学,符合儿童的身心发展规律。

(二)实践演进

跨学科主题学习的出现并非一蹴而就,它既是课程理论建构背景下的应然趋势,也是国内外教育实践界对跨学科长期探索的必然结果。

首先,在 20 世纪 80 年代,英、美等国家从开发完整的综合课程的角度出发,大力开展了各类跨学科实践,并将开发综合课程作为推进教育改革的主要着力点,陆续开发了 STS (Science, Technology and Society,即科学、技术、社会)、STEM(Science, Technology, Engineering and Mathematics,即科学、技术、工程、数学)等课程样态。STS 融合了科学、技术和社会的相关内容,基本思想是将科学教育与当前的技术发展和社会生活建立联系,以提升学生的科学素养。STEM 则是整合科学、技术、工程和数学四门学科,打破学科边界,从而培养学生应用多门学科知识来分析和解决问题的能力,强调面向理工领域的科创人才培养。为进一步激发学生的想象力和创造力,STEAM 教育融入艺术(Arts)学科,赋予了 STEM 教育以艺术修养和人文关怀,与我国"全面发展""五育并举"的育人目标更为契合,逐步受到国内学者的关注。基于此,我国开始了跨学科融合教育的本土化尝试。例如,陈忞等人将 STEAM 教育中的 A 前置,提出 A - STEM 跨学科融合模式,强调人文艺术素养的培养在 STEM 教育中的引领作用[1];李芒等人将哲学纳入 STEM 框架,引导学生学会系统地、逻辑地、全面地思考问题,并通过理论形态完整地表达观点和思想,培养学生对于改造世界所应有的责任感和使命感[2];詹泽慧等人结合中国优秀传统文化的传承与弘扬,提出了面向文化传承的学科融合教育(C - STEAM),并构建了 C - STEAM 课程的 ETIC 分类框架[3]、课程设计与实施的 6C 模式[4],以及五元主体协同联动的区域教育推进机制[5]。这些学者的探索推动了具有中国特色的本土化 STEAM 教育模式的进一步发展。

其次,从开发更加灵活的课程模块或课程单元的角度出发,近年来,国内外实践界也探索出了一些体现跨学科学习的课程组织形式,如 PBL(Project-based Learning,即项目式学习)。1918 年,美国教育家威廉·克伯屈主张以儿童的整体生活和有目的的活动为中心,开展"设计教学法"(包括生产者的设计、消费者的设计、解决问题的设计和练习的设计),破除学科间的边界,实现课程组织形式意义上的综合。项目式学习正是在"设计教学法"的基础上发展演变而来的,既能被应用于语文、数学、化学等学科教学中,也能被应用于研学旅行、创客教育等跨学科教学中,成为国内外教育实践领域盛行的教学方式。可见,上述课程实践虽未以"跨学科主题学习"命名,但它们都在尝试突破学科界限,与跨学科主题学习有一定的相似性。跨学科主题学习作为新一轮义务教育课程改革的亮点,是在整合以往实践经验的基础上做出的创新,体现了整体性和实践性的时代特征。

---

① 陈忞,陈珍国. A - STEM:跨学科融合教育价值重构[J]. 教育发展研究,2019,39(6):15—22.
② 李芒,易长秋. STEM 教育的困境与审思[J]. 中国远程教育,2022(9):27—33,79.
③ 詹泽慧,钟柏昌,霍丽名,等. 面向文化传承的学科融合教育(C - STEAM):价值定位与分类框架[J]. 中国电化教育,2020(3):69—76.
④ 詹泽慧,李克东,林芷华,等. 面向文化传承的学科融合教育(C - STEAM):6C 模式与实践案例[J]. 现代远程教育研究,2020,32(2):29—38,47.
⑤ 詹泽慧,霍丽名,林芷华,等. C - STEAM 教育的区域推进策略——基于教育公共治理的视角[J]. 重庆行政,2020,21(4):32—35.

二、跨学科主题学习的基本内涵

（一）概念解析

新课标明确提出了跨学科主题学习的定义：基于学生的基础、体验和兴趣，围绕某一研究主题，以本学科课程内容为主干，运用并整合其他课程的相关知识和方法，开展综合学习的一种方式。其中，综合学习代表一种"联结"的教育变革价值观，指向对生活经验、正式学习、不同观点和学科知识等的整合，旨在克服分科教育知识割裂的弊端，与教育"整体人"的经典传统相呼应。因此，其实质是一种"联结"引导下的学习方式的变革。跨学科主题学习作为推进综合学习的方式之一，不仅强调以本学科课程内容为主干，实现学科内部知识的整合，还强调学科间知识与方法的"联结"，强化课程协同育人功能。[①] 跨学科主题学习的基本要义有：(1)依托主题建构学习任务；(2)学习主体在教育教学过程中需要积极参与设计和实施；(3)以某一学科知识为依托进行学科整合，不同的整合程度会产生不同的跨学科主题学习类型；(4)以培养跨学科素养为目标；(5)以完整的问题解决过程或任务完成过程为主线贯穿始终。[②] 具体而言，跨学科主题学习是以主题为支点引领整个学习框架、带动学习活动的新型学习方式。这种学习方式需要学生对学科知识、技能、原理、概念和方法进行凝练，进而对学科内容产生概念性理解，以此促进知识的迁移与应用，拓展看待问题的角度，激发创造性思维。在学习的过程中，学生在跨学科情境的驱动下，沉浸到真实情境中，在团队合作中学会有序组织不同学科的概念，运用跨学科知识与技能发现问题、理解问题，并以"做"的方式解决问题，激发跨学科思维，构建系统化的知识网络和认知框架，在学科、活动、单元、主题、学习小组等单元网络中获得整体意识，从而收获跨学科学习体验。

（二）关键特征

《义务教育课程方案(2022年版)》要求："加强课程内容与学生经验、社会生活的联系，强化学科内知识整合，统筹设计综合课程和跨学科主题学习。"跨学科主题学习作为新课标中的新提法和新亮点，我们在深入理解其概念时，需要把握它的几个关键特征，即问题导向性、学科承载性、思维整合性、合作创新性。

1. 问题导向性

跨学科主题学习以现实问题的解决为起点，围绕文化、社会、科技等议题，生成具有综合性、实践性、探究性的主题、项目或任务，将开放、真实的研究问题作为贯穿整个学习过程的主线，以此激发学生的实践与探究兴趣。在参与群体活动的过程中，学生需要主动利用多个学科领域的知识、信息、理论等来探究与学科知识应用相关的现实难题，并整合相应观点提

① 董艳,夏亮亮,王良辉. 新课标背景下的跨学科学习：内涵、设置逻辑、实践原则与基础[J]. 现代教育技术，2023,33(2)：24—32.
② 伍红林,田莉莉. 跨学科主题学习：溯源、内涵与实施建议[J]. 全球教育展望，2023,52(3)：35—47.

出解决方案,从而促进学生对知识的意义建构和深度理解。教师在开展跨学科主题学习时,须避免学科的简单拼凑,不应仅为了"跨"而"跨",而是应当整合多学科视野、多学科知识与方法,以创造性地实现复杂问题的有效解决。[①]

2. 学科承载性

跨学科主题学习以学科为依托,而又超出单学科研究的视野,关注对复杂问题或议题的全面认识与解决。跨学科主题学习并非脱离学科本身,而是仍然注重对学科知识的汲取和对学科的理解,并在此基础上进行延伸与拓展,自觉关联其他学科知识,从而进行迁移应用。超学科(超学科在跨学科的基础上完全打破学科边界,指向真实世界的复杂问题,没有明确的学科归属)虽然是与学科本体不同的全新学习单元,即完全突破了学科界限,将科学前沿、社会问题、世界动态引入教学中,但它依旧整合了不同学科的知识,注重对各学科知识的创造性综合。另外,大概念、大任务和大问题作为跨学科主题学习的核心要素,其设计过程均涉及对多学科知识的抽象提炼,既要兼顾学科知识的深度与逻辑,又应贴近学科的核心思想与本质。当将不同学科的问题、概念、成果联系在一起时,学生会对正在学习的主题产生新的、更深入的认识。[②]

3. 思维整合性

跨学科主题学习强调学生在综合运用多学科知识与方法解决跨学科问题的过程中,形成明确的、整合的研究方法与思维模式,从而不断获得跨学科素养。跨学科主题学习的核心概念和任务网络涉及多个学科,其学习过程、学习结果和学习评价也都指向核心概念和知识结构。因此,跨学科主题学习注重将有意义的相关学科知识加以组织,整合或融合于同一主题任务的完成过程中。另外,学生在进行跨学科主题学习的过程中,能够学会将情境中的新问题、新知识与自己已有的认知结构建立内在联系,在举一反三中促进知识模块的融合,形成跨学科思维,并在迁移中完善问题解决的方法与策略,从而不断形成完整、系统的思维框架。[③]

4. 合作创新性

跨学科主题学习作为培养拔尖型创新人才的有效途径,鼓励学生以合作的形式实现创新与创造,推动新认知、新产品的出现。具体而言,学生应在真实情境、真实问题(任务)的挑战中,达成对知识技能的深度理解和创造性联结,实现分析、综合、创造等高阶发展目标。[④] 教师可在均衡安排学习小组和做好任务分配的基础上,适切介入并提出提升性要求,

① 朱爱华.跨学科主题学习的本质、特征及设计路向[J].教育研究与实验,2023(5):73—81.
② 伍红林,田莉莉.跨学科主题学习:溯源、内涵与实施建议[J].全球教育展望,2023,52(3):35—47.
③ 伍红林,田莉莉.跨学科主题学习:溯源、内涵与实施建议[J].全球教育展望,2023,52(3):35—47.
④ 伍红林,田莉莉.跨学科主题学习的"跨""学""评""行"[J].湖南师范大学教育科学学报,2023,22(5):16—21.

和学生一起协同合作开发新的活动单元,让学习内容更加全面,也更具挑战性。同时,小组合作过程中的分工、参与、协同、评价及组间交流,也是衡量跨学科主题学习水平高低的重要标准。学生需要在运用资源、材料、工具和方法开展合作学习的过程中,通过协同思考、批判、讨论,培养合作沟通以及自我反思的能力,借助集体智慧提升创新思维。[①]

> 💬 **问题研讨**
>
> 请结合你的教学经验和对新课标内容的分析,谈谈你对跨学科主题学习的理解,思考它与一般学科教学的区别和联系。

三、跨学科主题学习的主要类型

从 2022 年版的各学科课程标准来看,跨学科主题学习的类型可以从对知识的功能定位、主导学科的多寡以及学科领域三个维度来划分。第一种维度的分类,是根据新课标中各学科的跨学科主题学习对知识的功能定位来划分的,可具体分为运用知识以解决复杂问题、利用跨学科主题来学习知识两种类型。第二种维度的分类,是根据跨学科主题学习主导学科的多寡来划分的,可分为基于主干学科的跨学科主题学习、多学科并重的跨学科主题学习两种类型。[②] 第三种维度的分类,是根据学科领域进行划分的,可分为自然科学领域跨学科主题学习、人文社科领域跨学科主题学习、信息工程领域跨学科主题学习三种类型。[③] 随着跨学科主题学习的广泛实施,在教育实践中会生发出更多的跨学科主题学习的分类维度,形成更多类型。

(一) 根据对知识的功能定位分类

运用知识以解决复杂问题与利用跨学科主题来学习知识之间的主要区别在于,跨学科主题学习所涉及的知识是"学过的"还是"没学过的"。

(1) 运用知识以解决复杂问题,即通过一个真实复杂的情境,将知识作为工具,实现知识的深化、扩展、迁移与整合,并从学科逻辑走向社会生活逻辑,从"解题"走向"解决问题",以培养学生综合运用知识观察、思考和解决问题的能力、品格与价值观。这种类型的学习能够加强学生对知识内在关联的理解,帮助学生建构以学科知识为锚点的多学科知识网络结构,有利于学生融会贯通地运用多学科知识来思考和解决复杂问题。例如:《义务教育化学课程标准(2022 年版)》强调,跨学科主题学习的设计要体现本学科的核心知识及必做实验,使不同主题的知识得以整合,使原本通过分别学习获得的知识在跨学科主题学习中整合为一个

① 伍红林,田莉莉.跨学科主题学习:溯源、内涵与实施建议[J].全球教育展望,2023,52(3):35—47.
② 郭华,袁媛.跨学科主题学习的基本类型及实施要点[J].中小学管理,2023(5):10—13.
③ 李醒民.知识的三大部类:自然科学、社会科学和人文学科[J].学术界,2012 (8):5—33,286.

有本质关联的整体。

（2）利用跨学科主题来学习知识，即把学生以前没学过的知识置于真实复杂的情境中去学习。例如：数学第三学段的跨学科主题学习活动"如何表达具有相反意义的量"就属于这种类型。它要求学生能够"在熟悉的情境中了解具有相反意义的量，知道负数在情境中表达的具体意义，感悟这些负数可以表达与正数意义相反的量，进一步发展数感"。将"具有相反意义的量"放在学生熟悉的情境中去学习，能够有效利用学生已有的经验去化解这一难点，避免该知识的跨越性及抽象性给学生带来理解上的困难。在熟悉的情境中，学生能够自觉利用自身经验去理解、体悟知识，让知识变得可亲、可近而非抽象、冰冷，避免学生思维的窄化、僵化和刻板化。同时，这也是将学生的经验提升到人类共有知识高度的自觉活动。它赋予自发经验以意义，让学生产生与知识平等对话的感觉。

就新课标而言，跨学科主题学习的定位多为前一类，即运用知识以解决复杂问题。这一类型的学习有助于学生形成多角度分析问题、解决问题的能力。他们能够以开阔的视野观察问题，以灵活的思维分析、思考问题，以融会贯通的知识和方法解决问题，并通过合作沟通，形成关心社会和他人的品格与价值观。

（二）根据主导学科的多寡分类

根据跨学科主题学习主导学科的多寡，可将跨学科主题学习分为基于主干学科的跨学科主题学习、多学科并重的跨学科主题学习。

（1）基于主干学科的跨学科主题学习，即立足某一学科，"以我为主"自觉与其他学科建立沟通与关联的跨学科主题学习。就这一类型的跨学科主题学习而言，无论是"利用跨学科主题来学习知识"，还是"运用知识以解决复杂问题"，其核心均在于须从本学科的知识、技能、思想和方法出发，确定主题和目标，设计并评价活动。在这一过程中，应从本学科的立场和教学目标的达成角度，主动选择所要"跨"向的其他学科。从新课标对跨学科主题学习的定位来看，新课标涉及的主要是这种类型。这一类型的主题学习有利于引导教师以跨学科的视野重新审视本学科的基本内容及其结构，引导学生更深刻地理解本学科的基本思想和方法。在新课标落实初期，教师开展以这一类型为主的跨学科主题学习，会更从容自信。

📝 **案例分析**

• • •

以地理学科为主干的跨学科主题学习
"探访'地球之肾'——湿地"

跨学科主题学习案例"探访'地球之肾'——湿地"，以地理学科的人地协调观、地理实践力等核心素养为指导，围绕"探究湿地"这一由师生共同确定的跨学科主题开展。其核心任务包括探究湿地的作用与制定湿地的保护方案。在此过程中，跨学科主题学习以地理学科为主干，并自觉关联信息科技、生物、道德与法治等学科的相关知识内容。

> 在设计电子地图这一子任务中,学生需要运用经纬度知识和地图阅读等技能,以及自身所具备的数字素养,来制作湿地公园的电子地图,并设计考察路线,为进一步开展实地考察活动做好准备。这一过程旨在实现地理与信息科技学科的有机融合。

（2）多学科并重的跨学科主题学习,即多个学科因内容或方法互有关联而主动协商、共同形成的跨学科主题学习。这种类型的跨学科主题学习通常以某个复杂的社会性议题为核心,以问题为先导和中心,要求学生综合运用多个学科的知识、方法和思想来思考和解决问题,并在此过程中激发学生对新知识学习的渴望,进而促使他们对真实的社会实践问题进行理性思考和深度分析。通过融合几个学科来共同解决一个问题,可以避免单学科学习可能造成的刻板和僵化,能够引导学生聚焦问题解决,而非孤立、抽象地接受知识。这种类型的跨学科主题学习的形成相对困难,耗时较长,尤其是在初期,教师间的磨合就是一种考验。它的工作机制比较复杂,需要各科教师的相互理解、信任和紧密合作;对参与其中教师的水平也有较高要求,既需要教师对本学科内容结构及本质问题有清晰的把握,也需要教师熟悉相近学科的相关内容、方法及基本思想,还需要参与教师能够在"同一频道上发生共振"。在这个意义上,它对传统的学科教研活动机制有较大的挑战,需要在构建新的跨学科教研与合作机制后,才可能成为常态。对学校来说,这一类型的跨学科主题学习可以从相近学科做起,如理科类、文科类,之后再扩展范围,形成文理科互跨的大主题。

📑 案例分析

● ● ●

多学科并重的跨学科主题学习
"中草药的魅力"

"中草药的魅力"跨学科主题学习,围绕"中草药文化的价值理解和传承创新"这一复杂的社会性议题,以传统中草药的种植、使用和创新为核心问题,并主动融入生物学、化学、地理、历史、艺术、语文、信息技术等多学科的知识和技能,旨在引导学生构建出综合性的问题解决方案。例如,学生在探究某种中草药的药用价值时,不仅需要知道它的生物属性,还要理解它的历史发展背景,以及能够运用现代医学知识和技术来验证和创新其效果。这种跨学科主题学习方式打破了学科间的壁垒与隔阂,有助于学生对复杂议题的全方位理解和解决策略的构建,更加注重知识的迁移应用和综合能力的培养。

（三）根据学科领域分类

从学科领域来看,跨学科主题可以分为自然科学领域跨学科主题学习、人文社科领域跨学科主题学习、信息工程领域跨学科主题学习三大类。

（1）自然科学领域跨学科主题学习。自然科学是研究世界规律的客观的科学，涉及数学、物理、化学、生物、科学等学科，旨在揭示自然界发生的现象和过程的实质，进而把握这些现象和过程的规律性。缘起于美国的 STEM 教育，强调的便是自然科学领域的整合，它着重围绕科学、技术、社会、环境等具有变革性的话题进行跨学科实践探究。例如，化学课标中的低碳行动方案、航天航空领域新能源及新材料的应用等；物理课标中的新材料研发与应用、工程技术案例等；生物课标中的模型制作、植物栽培和动物饲养、发酵食品制作等。这些学科具有天然的亲近性，彼此间跨学科的难度更低。自然科学领域的跨学科主题学习旨在让学生理解科学、技术、工程学、数学等学科的相互关系，并尝试运用多学科的知识，通过调查、探究、设计、制作等多种方法，解决现实问题或生产特定的产品，发展核心素养。

（2）人文社科领域跨学科主题学习。人文社科是人文科学和社会科学的总称。因此，人文社科领域又可分为人文子领域和社科子领域。前者以人类的精神世界及其沉淀的精神文化为研究对象。中华优秀传统文化、革命文化和社会主义先进文化都是涵养社会主义核心价值观的重要源泉，新课标导向下的跨学科主题学习注重将这些文化融入其中。譬如，语文学科中的传统节日、风俗习惯、（非）物质文化遗产、历史人物等；艺术、体育与健康学科中的民间艺术作品（如戏剧、民歌、古典舞）、特色技艺（如剪纸、泥塑、皮影戏）、民间体育活动（如蹴鞠、武术、舞龙、赛龙舟）等。音乐、美术、戏剧、文学、神话、语言等学科之间的交叉统整，有助于学生对人类精神文化现象的本质、内在联系、社会功能、发展规律等方面的系统认识。后者涉及地理、历史、道德与法治等学科，力图通过对人类社会的结构、机制、变迁、动因等层面的深入研究，把握社会本质和发展规律。譬如，地理课标注重选取环境保护、日常资源利用、家乡生产生活的变化等主题；历史课标则注重选取水陆交通发展、国家治理、经济交流、历史变迁等主题。这些学科间的交叉统整有助于培养学生在复杂的现实情境中解决具体问题的能力。然而，人文科学与社会科学之间存在着难以截然划分的界限。人自诞生之初便是社会的人，人类精神文化活动就是在社会场景中展开的，本身就是一种社会现象；同时，社会现象又源于人类精神活动的创造。正是这种水乳交融的紧密联系，构成了二者内在的亲缘性与统一性，成为人文子领域与社科子领域一体化的客观基础。

（3）信息工程领域跨学科主题学习。随着柔性电子、智能感知、先进材料、泛物联网、大数据和人工智能等信息科学技术的代际跃迁，人类正在进入信息工程第三领域。[1] 这一学科领域着重研究人本身、人与机器的关系。[2] 信息工程领域的跨学科主题学习以信息科技学科为主，强调以数字形式表达的信息及其应用中的科学原理、思维方法、处理过程和工程实现。例如，信息科技课标中的人工智能、物联网、无人机等，作为多学科交叉的产物，可以自觉联

[1] 韩震. 知识形态演进的历史逻辑[J]. 中国社会科学，2021(6)：168—185，207—208.

[2] 蒲菊华，陈辉，熊璋. 信息科技课程的时代性、科学性和育人价值[J]. 课程·教材·教法，2022，42(11)：134—139.

结自然科学领域、社会学科领域以及人工学科领域。它既可以作为方法手段支持其他学科的研究，也可以用作知识内容联结其他学科知识。此外，在主题的选取上，信息工程领域强调"科"与"技"并重，涉及数据、算法、网络、信息处理、信息安全等知识内容。

四、新课标导向下的跨学科主题学习：基本思路和操作模型

跨学科主题学习是基于某一研究主题，以某一学科课程内容为主干，运用并整合多学科知识和方法，开展综合学习活动的过程。为了帮助一线教师理清思路，更好地开展跨学科主题学习，本教材基于核心素养目标，结合学习进阶和"教—学—评"一体化设计的核心思想，构建了以"概念群→问题链→目标层→任务簇→证据集"为核心的跨学科主题学习"C‐POTE"模型（"C‐POTE"为 Concept Group、Problem Chain、Objective Layer、Task Cluster、Evidence Set 的首字母缩写，也称"金字塔"模型），见图 1‐1。

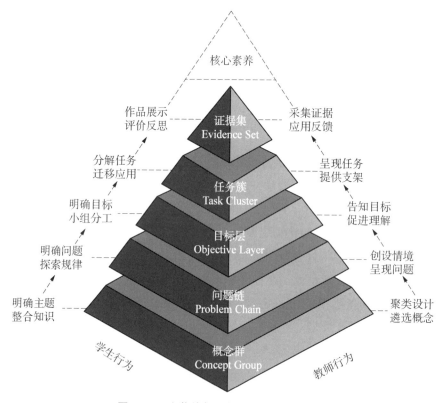

图 1‐1　跨学科主题学习"C‐POTE"模型

"C‐POTE"模型遵循以大概念为基础，以核心素养为导向的跨学科教学思路。其中，概念群是实现跨学科整合的关键，作为主线贯穿于整个教学环节。问题链是围绕多个大概念产生的，这有利于发挥问题对学习的导向性。目标层是将核心素养具体化的落脚点。任务簇作为学科实践的承载，是学生实现问题解决与迁移应用的抓手。证据集是跨学科评价的

核心,也是核心素养发展水平的具体体现。基于大概念的跨学科主题学习,关注学生对大概念的深层理解,它是以学习者为中心的学习。但要说明的是,我们在强调学生通过跨学科实践活动获得理解的同时,也应注重教师的参与和引导,因此,"C - POTE"模型中的每一个环节都囊括了师生的共同活动。下面将对"C - POTE"模型的各环节进行逐一阐述。①

（一）概念群（Concept Group）

概念群作为整个"金字塔"模型的基底,承担着异质性知识耦合的任务。跨学科主题学习并不是抛开原有学科进行无序的"大杂烩"式拼盘,而是要围绕本学科的基本概念、基本规律、基本原理等,形成具有内在联系、螺旋式上升的教学框架。概念群的生成逻辑是由学科大概念群到跨学科大概念群,再到超学科大概念群,最后上升到哲学观念,见图1-2。概念群作为展示当代学科的图景,是构建学科核心素养和跨学科素养的最基本、最重要的组成部分。因此,此环节要求教师对学习内容进行聚类设计。教师应站在学科的高度,用概念性视角对事实性内容进行高站位、高观点的审视,以素养发展线组织学科内及学科间的知识,遴选重要的大概念,使之形成更大的且具有意义的认知网络。与此同时,学生并非置身于跨学科主题学习活动之外,而是在教师的指导下,围绕社会生活中的现实问题,选取合适的跨学科主题,明确"我们要做什么""我们要解决哪些社会领域的关键问题"。此外,学生还需围绕主题调用自己的前置知识和技能,有意识地将不同学科的知识进行整合,为跨学科实践做好准备。

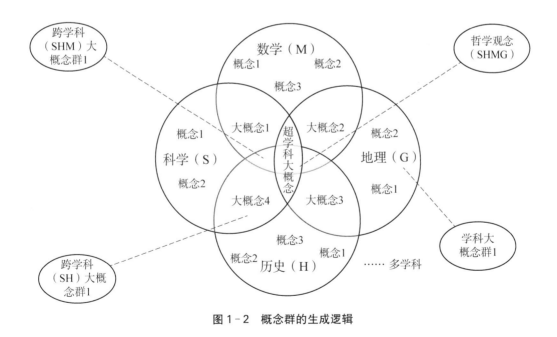

图1-2　概念群的生成逻辑

① 詹泽慧,季瑜,赖雨彤. 新课标导向下跨学科主题学习如何开展:基本思路与操作模型[J]. 现代远程教育研究,2023,35(1):49—58.

（二）问题链（Problem Chain）

问题乃通向理解之门。大概念只有依附于具体的问题才能焕发出活力。问题产生的逻辑是：围绕真实的情境进行设计，并指向和突出大概念的核心问题，从情境化到去情境化，从具体到抽象，解构并依据大概念生成与之相关的主干问题，然后围绕主干问题铺设序列化的子问题，见图 1-3。此环节要求教师逐步呈现给学生一系列由现象到本质的开放异构性问题，以激发出学生探究实践的欲望；通过问题将零散的学科概念进行二次组织和调用，引导学生积极思考，浸润于问题情境，主动探索并发现隐藏在"类"背后的某种规律。在问题导入的过程中，教师要做好文化情境和问题情境的选择与创设。因为素养的形成往往不能仅凭单一的问题情境达成，而是需要多样、丰富的情境来滋养。情境越多越丰富，所形成素养的可迁移性就越强。根据认知弹性理论，如果要达成复杂理解并为迁移做好准备，就必须让学生在不同的时间，在由不同方式安排的情境脉络中遍历。因此，在问题链的设计中，教师应先考虑问题情境的多样性和丰富性，让学生在"探究—综合—整理—提炼"的过程中，完成思维发散和收敛的迭代，实现"子问题—主干问题—核心观念—核心素养"的领悟与提升。

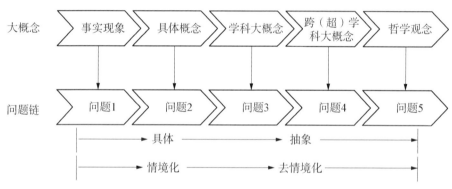

图 1-3 问题链的生成逻辑

（三）目标层（Objective Layer）

在明确了"教什么"以及"怎么组织内容"的问题之后，就应该着手设计跨学科主题学习的目标。相较于传统的三维教学目标，核心素养的"双基—思维—素养"三层次结构更能关注到人的发展内涵，特别是关键的素质要求。然而，核心素养是一个上位概念，为此，教师需要厘清核心素养由静态知识向动态能力转化的内在机理，基于大概念将其拆解为清晰、有序、可评价的教学目标。此环节要求教师将各学科课程标准中提到的核心素养，转化为跨学科主题学习要达成的"双基—思维—素养"三层次目标，但应注意目标的设定要避免过低、过高和偏离这三个误区。随后，教师可将预期的目标告知学生，引导学生专注于实现这些目标所需的内容、方法和活动，从而促进学生进行有意义的学习和理解。当学生清楚了"预期结果"后，教师便可指导学生根据自己的兴趣爱好、跨学科主题等因素，组成若干个跨学科实践共同体。各小组(共同体)成员将领取具有挑战性的表现性任务,随后进入跨学科实践环节进行知识建构,在不断同化和顺应的过程中,实现认知结构的变化和内化。

(四)任务簇(Task Cluster)

任务簇是课程内容的组织和呈现方式,社会关系的自治性组织与重建需要借助跨学科任务簇来实现,即通过设计具有连贯性、梯度性和拓展性的情境任务,并将其细化为若干个核心活动,可以有效地驱动学生利用其头脑中形成的大概念来解决现实问题。在这一环节中,教师将具有挑战性的任务簇呈现给学生,实践共同体对任务进行分解,并确保每个成员都能参与其中。同时,教师引导学生通过调研访谈、创意设计、动手制作、语言运用、方案评价等多样化的活动,将已学知识进行叠加、组合、反复加工、验证,以形成概念网络,并在迁移应用的过程中不断深化对跨学科大概念的理解。此外,跨学科主题学习强调多样化的学习成果,所以任务的表述要注重"设计、制作、创造"这类动词的使用。同时,迁移和应用是衡量学生对概念理解深度的依据。当学生处于"学习鸿沟",即难以进行有效的概念内化与提取时,教师应及时提供各类学习支架(如情境型支架、资源型支架、策略型支架、评价型支架和交流型支架),鼓励学生有意识地使用信息技术来解决问题,帮助学生从事实性知识层面走向更高的概念性理解层面,达成富有"成效"的迁移,从而获得良好的学习成果。

(五)证据集(Evidence Set)

评价是对跨学科主题学习是否达成预期结果进行综合性判定的过程。罗日叶提出的整合性评价逻辑中的表现性评价是最常见的评价方法,但由于目标的构成是复杂、多元的,因此,评价的类型和方法也应该是多样的。指向"证据集"的评价源于朱莉·斯特恩等提出的概念教学评价模型,该模型以创新实践过程为中心,将评价分为学习性评价(Assessment for learning)、学习的评价(Assessment of learning)以及学习式评价(Assessment as learning)三类。[①] 在这一环节中,教师要有意识地收集学生在跨学科实践过程中的表现证据(学习性评价),并根据学生的学习表现提供即时反馈,引导学生通过案例阐述、作品展示等方式,对自己的创新实践过程进行自我评价与反思(学习式评价)。因为反思可以有效增强学生的元认知策略,帮助学生在自知、自省的过程中,判断自身对概念的理解程度与应用效果。此外,教师应该紧扣不同学科核心素养的关键维度,让评价发生在知识处于生成状态或应用状态的情境之中。同时,教师要以学生创新实践过程的阶段性学习结果为切入点(学习的评价),对学生聚类问题的解决情况、产品迭代优化效果、概念内化吸收程度、文化内涵理解程度等进行合理评测,以促进学生对于大概念的理解和学习反思。

---

① Stern J, Lauriault N, Ferraro K. Tools for teaching conceptual understanding(elementary): harnessing natural curiosity for learning that transfers [M]. California: Corwin Press, 2017:127—128.

▶ **微课探究**

　　扫码观看微课视频"跨学科主题学习'C-POTE'模型",了解"C-POTE"模型的关键要素,以及跨学科主题学习设计与实施的基本思路。

跨学科主题学习
"C-POTE"模型

第二节　教师跨学科教学素养

◎ **本节学习目标**

　　通过本节学习,知道教师跨学科教学素养的内涵意蕴,认识新课标导向下的中小学教师跨学科教学素养结构模型,理解其总体框架及指标体系的内涵。

　　教师跨学科教学素养水平是决定跨学科主题学习成效的关键,是新课标落实拔尖型创新人才培养的重要支撑。若要清晰界定教师跨学科教学素养的内涵和结构,其本质就是要解答"应培养何种类型的跨学科教师"这一核心问题。明确这一问题,将有助于中小学教师积极革新并重塑自身的专业素养结构,以更好地适应跨学科时代的教育变革,同时能够为他们提供明确的认知、反思和发展框架。

一、跨学科教学素养的内涵意蕴

　　德国的跨学科教学是指以一个学科为中心,然后在这个学科中选择一个中心题目,接着围绕这个中心题目,运用不同学科的知识对所指向的共同题目进行加工和设计的教学。[1] 此外,也有学者指出,跨学科教学的核心特征可表现为:在跨越单一学科的基础上,围绕一个"主题"展开设计与实施。[2] 因此,跨学科教学是一种以主题或项目为载体,有机融合两门及以上学科的知识和方法,以问题解决为导向的教学实践活动。

　　对特定的职业而言,素养是个体为了能够胜任某项工作而需具备的相关知识、技能及其特质。素养的突出特征在于:个体能否选择和应用已有的认知和非认知资源来应对现实工作中的各种复杂需求和挑战。[3] 教学素养作为教师"安身立命"之本,是教师在长期的教学理

---

① 杜惠洁,舒尔茨.德国跨学科教学理念与教学设计分析[J].全球教育展望,2005,34(8):28—32.
② 任学宝.跨学科主题教学的内涵、困境与突破[J].课程·教材·教法,2022,42(4):59—64,72.
③ 宋歌,管珏琪.面向整合式STEM的教师跨学科素养:结构模型与发展路径[J].现代远程教育研究,2022,34(3):58—66.

解、教学设计、教学实施和教学研究等专业化学习和实践反思中所发展出来的教学专业化素养,动态形成于教学知识、教学能力和教学情意的积淀过程中。因此,教师跨学科教学素养的本真要义在于教师能够胜任跨学科教学,即能够找到不同学科之间的连接点,如具有跨学科特征的大概念、主题项目、问题情境等,且能够基于整合其他学科、服务主学科教学的"跨学科",开展跨学科教学实践活动。①

结合新课标的具体内容,本教材将跨学科教学素养理解为教师以培养学生核心素养为目标,在以问题解决为导向进行跨学科教学理解、设计、实施、评价与研究的过程中,动态形成的跨学科教学知识、跨学科教学情意、跨学科教学能力和跨学科专业发展能力等内在品质与能力素质的综合体。

二、新课标导向下的中小学教师跨学科教学素养模型

新课标作为教师教学的基本遵循,在一定程度上明确了跨学科主题学习"教什么"和"如何教"的问题。在各学科的新课标中,均设置了跨学科主题学习板块和相应的教学建议与案例,为中小学教师跨学科教学素养模型的确定提供了重要指导。同时,已有研究也对教师跨学科教学素养的组成要素和维度结构提供了有益的探索,从不同角度揭示了教师应具备哪些能力素质以有效开展跨学科教学。下面将以新课标为纲,挖掘跨学科教学素养的关键要素和主要表现,并从已有跨学科教学素养相关模型的内容架构中吸取经验,建构新课标导向下的中小学教师跨学科教学素养模型。

（一） 总体框架

通过深入分析新课标中的教学建议、教学实施、教学案例部分,以及其他蕴含跨学科教学特征的语句、段落,并结合国内外教师跨学科教学素养相关研究的成熟经验,可以将新课标导向下的中小学教师跨学科教学素养总体框架解构为 4 个一级核心维度和 12 个二级维度,即跨学科教学素养的"KAID"模型(也称三角模型,见图 1-4)。一级核心维度包括跨学科教学知识、跨学科教学情意、跨学科教学能力和跨学科专业发展能力四个方面。

（1）跨学科教学知识表征教师胜任跨学科教学实践所必须具备的知识结构,包括跨学科内容知识、跨学科教学法知识、跨学科教学技术知识。具体表现为:教师在对本学科知识体系有深入理解和把握的基础上,能够掌握如何将本学科与其他学科内容进行关联和整合的知识;理解基于大概念的教学理念,并掌握典型的跨学科教学模式,知道有效开展跨学科教学的方法;在教育数字化转型以及人工智能与教学深度融合的背景下,应具备对相关教学技术工具的功能性和操作性知识,以及如何将这些技术有效整合到跨学科教与学过程中的知识。

（2）跨学科教学情意表征教师对跨学科教学的情感、态度、价值观和动机特征,包括跨学

---

① 朱德全,彭洪莉. 教师跨学科教学素养测评模型实证研究[J]. 华东师范大学学报(教育科学版),2023,41(2):1—13.

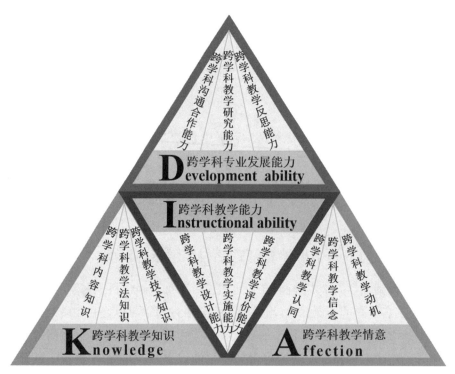

图 1-4　教师跨学科教学素养"KAID"模型

科教学认同、跨学科教学信念、跨学科教学动机。具体表现为：教师能够从国家社会发展和学校课程建设层面认同跨学科教学的育人价值；具备主动开展跨学科教学的积极意愿和成功开展跨学科教学的充足信心，以及关怀学生和自我提升的跨学科教学内驱动力。

（3）跨学科教学能力表征教师在设计与实施跨学科主题学习时应具备的实践技能，包括跨学科教学设计能力、跨学科教学实施能力、跨学科教学评价能力。具体表现为：教师能够基于文化、社会科学议题选择相应的跨学科主题，以此组织结构化教学内容、制定综合性教学目标、设计表现性任务群，以及利用多元资源合理地进行教学规划；在课堂中能够创设真实的问题情境，推进学习活动并提供学习指导，以保障跨学科教学实践活动的有效开展；充分利用数字技术，并综合多元内容、方法和参与主体，对学生的跨学科学习进行科学、客观、全面的评价。

（4）跨学科专业发展能力表征教师在跨学科教学环境中持续提升自我、更新知识技能、适应并推动教学变革的能力，包括跨学科沟通合作能力、跨学科教学研究能力、跨学科教学反思能力。具体表现为：教师能够在跨学科教育实践中与多方教育工作者进行有效沟通，并能与其他学科教师合作统筹与实施跨学科教学；可以借助数字技术资源主动学习跨学科教学的相关知识与技能，并系统探究和解决真实教育问题；具备证据意识和批判思维，能够对跨学科教学实践及专业发展的过程和效果进行深入反思、自我诊断，并积极寻求改进策略。

以上 4 个核心维度共同作用于教师在跨学科教学情境中的教学行动与决策，彼此联系又相互影响，形成了结构稳定的跨学科教学素养"KAID"模型。跨学科教学知识（K）和跨学科教学情意（A）位于模型两侧，共同构成教师跨学科教学素养的基础支撑层，为教师开展跨学科教学提供了必要的心理和认知准备。其中,跨学科教学知识是教师将跨学科教育理念转化为真实课堂实践的重要前提,是跨学科教学能力形成的认知基础。教师应以本学科为锚,建立多学科知识间的横向关联以及跨学科知识间的网状关联,并整合教学法知识和技术知识,为学生规划合理的知识建构路径。跨学科教学情意是教师有效教学的内在驱动。新课标首次将跨学科教育上升至国家课程层面,全体学科教师是否理解、接纳这一教学理念并持积极态度,将影响教师学习跨学科教学知识、锤炼跨学科教学能力、提升跨学科专业发展能力的意愿和效果。

跨学科教学能力(I)嵌于模型中心,是教师跨学科教学素养的核心表征,为教师在复杂的教学环境中灵活整合多学科的知识技能提供了实践保障。教师应围绕学科大概念与跨学科大概念,基于真实问题情境设计启发性的问题链以及指向核心素养的表现性任务群,由传统的接受式教学转向主题式、单元式、项目式等以学生为中心的输出式教学。

跨学科专业发展能力(D)置于模型顶点,是教师跨学科教学素养进阶提升的关键,为教师重塑和优化自身素养结构提供了内生动力。跨学科专业发展能力是教师沟通合作能力、终身学习能力、元认知能力等高阶素养在跨学科教育中的迁移应用,为跨学科教学可持续开展和创新性发展提供了活力源泉,是教师跨学科教学素养由新手水平到专家水平的转变关键,引领着教师在专业学习和跨学科教学实践中不断进阶与成长。

（二）指标体系

根据《中华人民共和国教师法》《义务教育课程方案和课程标准(2022年版)》,以及《中学教育专业师范生教师职业能力标准(试行)》[①],并结合已有研究成果、数字化时代对教师角色的新要求,教师跨学科教学素养总体框架可被进一步细化,见表1-1。这些指标紧扣新课标内容,充分体现了对教师开展跨学科教学知行合一、内外兼修的素质要求。

表1-1　教师跨学科教学素养指标体系

一级指标	二级指标	三级指标	指标描述
1. 跨学科教学知识	1.1　跨学科内容知识	1.1.1　学科本体知识	掌握所任教学科的核心概念、体系结构与思维方法,理解学科核心素养的内涵,以及所任教学科与其他学科间的关系
		1.1.2　跨学科整合知识	识别和分析多学科交叉的主题、项目、任务与问题,以(跨)学科大概念为核心,整合不同学科的概念、理论和方法,建立基于跨学科主题学习的学科知识图谱

① 说明:该能力标准包括《中学教育专业师范生教师职业能力标准(试行)》《小学教育专业师范生教师职业能力标准(试行)》《学前教育专业师范生教师职业能力标准(试行)》《中等职业教育专业师范生教师职业能力标准(试行)》《特殊教育专业师范生教师职业能力标准(试行)》五个文件。

一级指标	二级指标	三级指标	指标描述
	1.2　跨学科教学法知识	1.2.1　基于大概念的教学理念	掌握大概念教学的基本理念和过程要素,理解跨学科主题教学目标、内容、实践与评价的设计需要围绕大概念展开
		1.2.2　典型的跨学科教学模式	掌握以问题解决为目标导向的主题式学习、单元式学习、项目式学习等典型跨学科教学模式的内涵特征与实施方式
	1.3　跨学科教学技术知识	1.3.1　技术工具知识	了解多种教育技术工具的功能特征和操作方法(如动态演示技术、课堂互动技术、学习分析技术、生成式人工智能技术等),知道如何根据跨学科教学的需要,选择有助于知识整合和实践探究的工具
		1.3.2　技术应用知识	掌握将技术与跨学科教学设计和实施的各个环节有效整合的知识(如赋能环境建构、资源开发和支架设计等),用于提高教学效率和优化学习体验
2. 跨学科教学情意	2.1　跨学科教学认同	2.1.1　跨学科教学价值认同	从国家人才战略和社会发展需求层面,认同跨学科主题学习对培养拔尖创新人才和发展学生核心素养的意义和价值
		2.1.2　跨学科教学定位认同	理解跨学科主题学习在学校课程体系中的重要位置,认识跨学科教学与本学科教学、相关学科教学、综合实践活动等其他课程之间的协同育人关系
	2.2　跨学科教学信念	2.2.1　跨学科教学意愿	认识到教师是跨学科主题学习落地实施的关键,愿意以"引导者"与"协作者"的角色定位开展跨学科教学实践
		2.2.2　跨学科教学信心	具备成功实施跨学科教学的知识与技能,相信自己能够通过把握跨学科教学的理念和方法来提升教育成效
	2.3　跨学科教学动机	2.3.1　学生成长关怀	希望通过跨学科教学实践调动学生的主动性和创造性,挖掘学生跨学科学习潜质,以适应未来的学习和生活
		2.3.2　自我提升意识	希望通过跨学科教学实践提升专业水平、增进职业情感、提高师德修养,以应对未来教育的挑战

续　表

一级指标	二级指标	三级指标	指标描述
3. 跨学科教学能力	3.1　跨学科教学设计能力	3.1.1　教学内容组织	基于文化议题、社会议题、科技议题遴选具有综合性、实践性、探究性的跨学科主题,从中提取学科大概念与跨学科大概念,以组织结构化的教学内容
		3.1.2　教学目标制定	基于学生的认知规律、学习需求以及所涉及学科的核心素养,设计涵盖基础知识技能、学科思维(思考和解决问题的思维方法)、高阶素养(运用多学科知识创造性地解决劣构问题和复杂任务的能力)三层次的综合性教学目标
		3.1.3　教学任务设计	构建指向核心素养的表现性任务群,基于动机激发、认知冲突、自主建构、自我监控、迁移应用等策略设计递进式的教学活动
		3.1.4　教学资源开发	开发支持学生跨学科实践全过程的教学资源和学习活动资源(评价量表、任务单、学历案、测试题等),充分利用互联网以及地区、学校、社区等资源拓展跨学科学习环境
		3.1.5　教学统筹规划	合理规划跨学科教学的实施形式和时间安排,保证10% 的课时空间有效落实,把握活动周期与难度,增强跨学科教学的计划性和目标意识
	3.2　跨学科教学实施能力	3.2.1　问题情境创设	创设与学生生活实际相关的真实问题情境或教学场景,呈现指向和突出大概念的核心问题,形成具有开放性、挑战性、探索性、应用性等特性的进阶式问题链
		3.2.2　教学活动推进	结合学历案或任务单,利用多种技术手段,配合启发式、探究式、互动式等教学方法,促进学生主动、有序地参与体验模拟、社会调查、实验探究、项目实践等多样化的学习活动
		3.2.3　教学指导反馈	为学生提供适切的学习支架(如情境型支架、资源型支架、策略型支架、评价型支架和交流型支架),关注学生的任务表现情况,提供及时反馈,借助人工智能技术实施个性化指导和差异化教学
	3.3　跨学科教学评价能力	3.3.1　多元内容评价	基于教学目标和教学活动明确评价内容,综合考虑学生在跨学科实践过程中的知识与技能运用水平、学习态度、参与程度、思维表现、学习成果等关键维度

一级指标	二级指标	三级指标	指标描述
		3.3.2　评价方式选择	灵活选择适切的评价方式,包括学习性评价(收集学生的表现性证据)、学习的评价(通过单元测试、项目评审等对学生的阶段性学习成果进行总结)、学习式评价(引导学生进行自我评价与反思)等方式,并借助信息化手段采集和分析学生在跨学科学习中的伴随性数据
		3.3.3　评价过程管理	有效组织和管理评价活动的实施过程,确保评价的连续性、适时性和针对性,合理协调多元主体(包括学校、相关学科教师、学生、家长、社会相关人士等)参与评价,通过综合多方反馈来全面了解学生的学习成效
4. 跨学科专业发展能力	4.1　跨学科沟通合作能力	4.1.1　沟通交流能力	具备良好的沟通技能和方法,能够在跨学科教学实践中与同行教师、其他学科教师、教育专家等进行有效交流
		4.1.2　合作教学能力	能够基于跨学科主题,主动与其他学科教师进行统筹规划、学习研讨、协同教学和教学创新等活动,整合多学科的思想与方法开展跨学科教学实践
	4.2　跨学科教学研究能力	4.2.1　数字化学习能力	善于利用丰富的数字化资源(如国家中小学智慧教育平台、名师空中课堂、教研直播等),主动、持续、有目的地学习跨学科教学相关知识与技能
		4.2.2　问题探究能力	运用教育科学研究的系统方法,识别、分析和研究跨学科教育教学的真实问题,形成具有创新性、可行性的解决方案
	4.3　跨学科教学反思能力	4.3.1　证据分析能力	能够基于教学证据分析跨学科教学设计、实施、专业发展的各个环节,善于发现教学、合作过程中的问题,以及自身跨学科教学素养的不足
		4.3.2　批判改进能力	具备批判性思维,对跨学科教学实践中的问题进行科学诊断和评估,提出改进策略并进行验证

　　跨学科教学素养已经成为新时代教师的必备素养。面对日益复杂的教育环境,教师必须主动求"变",积极革新与重塑自身的能力素质结构,主动迈向跨学科时代的教育变革与发展。新课标导向下的跨学科教学素养结构模型为中小学教师和师范生的专业发展提供了清晰可行的指导框架。通过深入理解、实践和反思上述能力指标,教师能够逐步构筑坚实的跨

学科教学知识和能力体系,塑造可迁移的专业发展能力,涵养启智润心的教学情意,以此更为高效、科学、富有创意地设计和实施跨学科教学实践活动,促进学生必备品格和关键能力的培育。

> **问题研讨**
>
> 　　扫码阅读"教师跨学科教学素养的要素探析",了解《STEM 教师能力等级标准(试行)》、创客教师能力素质结构、跨学科教学素养测评模型和教师数字素养框架等相关研究成果,结合你的教学经验和对新课标内容的分析,谈谈你认为跨学科教学素养应该涵盖哪些关键要素,以及你准备如何提升自身的跨学科教学素养。
>
>
> 教师跨学科教学素养的要素探析

本章小结

　　本章着重分析了新课标导向下跨学科主题学习的内涵特征,以及教师有效开展跨学科主题学习应具备的能力素质结构。第一节聚焦跨学科主题学习的核心要义,从历史溯源、基本内涵和主要类型三个方面解读其时代内涵。第二节聚焦教师跨学科教学素养的内涵意蕴和教学素养模型,厘清了教师跨学科教学素养的操作性定义,并从总体框架和指标体系上明晰了跨学科主题学习对教师能力素质提出的新要求。本章内容旨在让广大师范生及一线教师对新课标导向下的跨学科主题学习形成清晰直观的认识,了解跨学科主题学习到底是什么,以及设计和实施跨学科主题学习应做好哪些准备。

思考与练习

1. 简答题

(1)跨学科主题学习和 STEM/STEAM 教学有什么区别?

(2)跨学科主题学习对教师的能力素质提出了哪些新要求?与传统教学有何区别?

2. 实践操作题

(1)选取自己感兴趣的跨学科主题,基于"C‐POTE"模型(概念群→问题链→目标层→任务簇→证据集)的核心脉络,初步形成自己的设计框架,并通过思维导图的形式进行表达。

(2)以教师跨学科教学素养的结构模型为自我评估工具,从跨学科教学知识、跨学科教学情意、跨学科教学能力和跨学科专业发展能力四个方面反思自己的跨学科教学素养水平,并撰写一份简短的反思小结。

第二章

概 念 群

▶ 本章导语

　　大概念作为学生核心素养发展的重要载体,承担着异质性知识耦合的任务。新课标导向下的跨学科主题学习,其教学内容的划分强调用概念群进行统领和安排,明确以大概念为核心促进学生核心素养的转化。教师若能掌握从学科到跨学科的基本概念架构,将有助于在教学中促进学生对学科知识的记忆保留及学习的迁移,使学生在跨学科实践的过程中,能够明晰与大概念相关的生活与自然中的现象及过程,运用概念术语对事物或现象进行描述和解释,并知道大概念之间的联系以及应用范围。可见,概念群作为整个"金字塔"模型的基底,是跨学科主题学习的出发点。因此,本章将阐述大概念的基本意蕴、生成机理和提取路径等知识,帮助教师理解以概念为本的跨学科主题学习的设计方法。

学习目标

1. 知识层面

（1）理解大概念的定义、类型、基本特征与表述形式。

（2）了解国内外课程标准中运用大概念对课程内容进行结构化组织的方法。

（3）理解大概念生成的依据,包括知识的演化机制、学习的发生机制以及脑区的作用机制。

（4）掌握大概念的提取路径,包括标准演绎法、问题回溯法和主题列表法。

2. 能力层面

（1）能够运用不同的表述形式描述跨学科主题中的大概念。

（2）能够运用标准演绎法、问题回溯法和主题列表法提取跨学科概念群。

（3）能够从思维视角和知识视角生成不同层次的大概念。

3. 素养层面

（1）增强利用大概念组织教学的意愿和兴趣。

（2）提升主动学习国家课程标准的内驱力。

知识地图

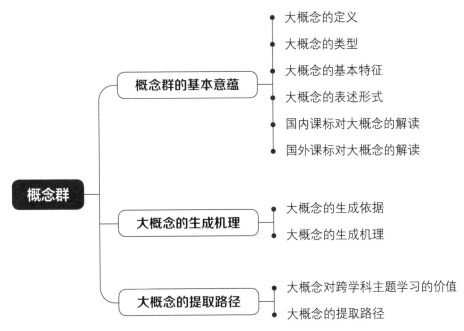

概念群

概念群的基本意蕴
- 大概念的定义
- 大概念的类型
- 大概念的基本特征
- 大概念的表述形式
- 国内课标对大概念的解读
- 国外课标对大概念的解读

大概念的生成机理
- 大概念的生成依据
- 大概念的生成机理

大概念的提取路径
- 大概念对跨学科主题学习的价值
- 大概念的提取路径

学习建议

1. 学习重点

大概念的基本意蕴、生成机理和提取路径。

2. 课前活动

（1）观看导学视频"概念群"，了解本章的主要内容。

（2）根据本章提供的教学案例，开展案例分析与研讨，深刻理解大概念的含义，形成对大概念的直观认识。

导学视频

概念群

3. 课后活动

（1）完成本章的"思考与练习"。

（2）选择自己教授学科或感兴趣学科的课程标准，详细阅读其中与大概念相关的内容，明确大概念对于教学的重要性。

第一节　概念群的基本意蕴

本节学习目标

　　通过本节学习,了解大概念的定义、类型、基本特征、表述形式,以及国内外课标对大概念的解读等内容,为后续深入学习跨学科主题学习相关内容奠定基础。

　　基础教育课程改革的力度逐年加大,这标志着以核心素养为导向的教学将成为教育发展的新方向。大概念作为核心,统整各学科课程内容,引领着课程与教学改革。在这一背景下,跨学科主题学习以大概念为抓手打通学科壁垒,实现了学科内和学科间的统整,促进了教与学的不断优化与创新。本节主要从大概念的定义、类型、基本特征等方面介绍大概念的基础知识。

一、大概念的定义

▶ 微课探究

　　扫码观看微课视频"大概念的基本意蕴",尝试理解大概念的定义、表述形式等内容。

大概念的基本意蕴

　　大概念的英文为"Big Ideas",而不是"Big Concept",因此,有学者也将其译为大观念。在新课标中,大概念和大观念这两个名词反复出现。为了避免陷入语义上的歧义,本教材统一将触及学科本质的有一定抽象水平的概念或观念统称为大概念,并尝试从认知发展、课程教学、知识结构三个维度来厘清其基本内涵。

　　一是认知发展的维度。克拉克认为,大概念提供了构建理解的认知框架或结构,可以帮助个体整理归档无限数量的信息。① 怀特利强调,概念是理解的建筑材料,是一种有意义的模式,用以联结零散的知识点。② 奥尔森指出,大概念是在忘记具体的经验和事实之后还能够长久保留的中心概念,是学生可带走的信息。③ 从皮亚杰认知发展理论的观点来看,学习

---

① 李刚,吕立杰. 大概念课程设计:指向学科核心素养落实的课程架构[J]. 教育发展研究,2018,38(Z2):35—42.

② Whiteley M. Big ideas: a close look at the Australian History curriculum from a primary teacher's perspective [J]. Agora, 2012,47(1):41—45.

③ Olson J K. Concept-focused teaching: using big ideas to guide instruction in science [J]. Science and Children, 2008,46(4):45—49.

者之所以能对刺激做出反应,是因为他们具有应对这种刺激的思维或行为图式,能对客体的信息进行整理、归纳,使信息秩序化和条理化,从而理解信息和认识事物本质。

二是课程教学的维度。格兰特和格雷迪认为,大概念是对一个问题或内容的概括,用来帮助教师思考和决定教什么。[①] 威金斯和麦克泰格提到,大概念是处于课程学习中心位置的观念主题、辩论、悖论、问题、理论或原则等,是联结其他学科知识的"概念锚点",使课程教学更加聚焦和连贯。[②] 查尔斯和卡梅尔立足数学学科,将整个数学学科体系看作一个连贯的大概念集合。他们认为,围绕大概念展开学习,将有助于调动学生学习的积极性,促进其深层次的理解,减少记忆性知识。[③] 正如布鲁纳所说,学习结构的目的在于当记忆部分丧失时,会有线索把一件件事情重新组织起来。因此,教学应该是让学生以概念为锚点,形成体系化的概念网络。

三是知识结构的维度。埃里克森认为,大概念是指向学科的核心概念,是在事实基础上抽象出来的深层次的、可迁移的概念。它通过对多个事实、技能与经验的关联和组织来提供含义的广度。[④] 哈伦认为,大概念是用于解释和预测较大范围内物体和现象的概念。[⑤] 杨文正和许秋璇认为,大概念是指能涵盖学科内部纵向知识发展和学科间知识横向关联的概念框架。[⑥] 实际上,课程内容往往由体系化的知识组成,如果学生只是系统地学习零散的课本知识,那么离开学校后,"系统学习"的知识就很有可能被"系统忘记"。因此,知识的学习因有了大概念这个固着点而被赋予现实意义,使学生掌握得更加牢固和持久。

综上所述,我们将大概念定义为:基于事实抽象出来的,能够解释和预测较大范围内的事物和现象,涵盖基本知识与基本技能,帮助学生认识世界和理解世界的少数的、可迁移的、具有较高抽象程度的核心概念。

二、大概念的类型

因研究者切入视角的不同,大概念具有复杂内涵与多维结构。按照不同的分类标准,大概念可分为不同的类型。

① Grant S G, Gradwell J. The road to ambitious teaching : creating big idea units in history classes [J]. Journal of Inquiry and Action in Education, 2009,2(1):1.

② Wiggins G , McTighe J. Understanding by design [M]. expanded 2nd edition. Alexandria:Assn. for Supervision & Curriculum Development, 2005:370.

③ Charles R I, Carmel C A. Big ideas and understandings as the foundation for elementary and middle school mathematics [J]. Journal of Mathematics Education Leadership, 2005,7(3):9—24.

④ Erickson H L. Stirring the head, heart, and soul: redefining curriculum and instruction [M]. California: Corwin Press, 1995:30.

⑤ Harlen W. Principles and big ldeas of science education [M]. Hatfield: the Association for Science Education, 2010:1.

⑥ 杨文正,许秋璇. 融入"大概念"的 STEAM 跨学科教研:模式构建与实践案例[J]. 远程教育杂志,2021,39(2):103—112.

（一）依据大概念统摄性分类

依据大概念的统摄性，可以将大概念分为学科大概念、跨学科大概念和超学科大概念。学科大概念具有学科特性，是学科的基本骨架，是具有统领性的核心概念，能够将具体、烦琐的学科知识进行有序、结构化的组织，同时增加其深度和复杂性。跨学科大概念是不同学科领域、不同学段的学科核心概念的综合、联结与再抽象，其层次一般比学科大概念更加上位和通用，能够反映多个学科之间的共同特性，但各学科的范畴仍可区分。超学科大概念是完全打破学科边界的大概念，是在超越学科的视野之上构建的全新框架、研究范式或基本原理。因此，超学科大概念很难被归属于或导源于某个或某几个具体学科，它是一种哲理性知识。

📊 案例分析　●●●

"中草药智慧种植"跨学科主题学习大概念

超学科大概念：人与自然和谐健康发展。

跨学科大概念：中草药具有一定的药用价值。

学科大概念：

（1）地理：不同的种植气候条件和地理位置会影响中草药的药用价值。

（2）生物：中草药在不同生长阶段的药效价值也不一样。

（3）化学：中草药中的有效成分大多是化学物质。

💬 问题研讨

请根据对大概念统摄性分类的理解，围绕自己感兴趣的跨学科主题，尝试按照超学科大概念、跨学科大概念和学科大概念，写一写该主题所囊括的概念群。

跨学科主题：＿＿＿＿＿＿＿＿＿＿＿＿＿＿＿＿＿＿＿＿＿＿＿＿＿＿＿

超学科大概念：＿＿＿＿＿＿＿＿＿＿＿＿＿＿＿＿＿＿＿＿＿＿＿＿＿

跨学科大概念：＿＿＿＿＿＿＿＿＿＿＿＿＿＿＿＿＿＿＿＿＿＿＿＿＿

＿＿＿＿＿＿＿＿＿＿＿＿＿＿＿＿＿＿＿＿＿＿＿＿＿＿＿＿＿＿＿＿

学科大概念：＿＿＿＿＿＿＿＿＿＿＿＿＿＿＿＿＿＿＿＿＿＿＿＿＿＿

＿＿＿＿＿＿＿＿＿＿＿＿＿＿＿＿＿＿＿＿＿＿＿＿＿＿＿＿＿＿＿＿

＿＿＿＿＿＿＿＿＿＿＿＿＿＿＿＿＿＿＿＿＿＿＿＿＿＿＿＿＿＿＿＿

（二）依据使用大概念的阶段指向分类

面对复杂的劣构问题，激活并运用大概念是问题得以解决的关键。从问题解决的过程来看,大概念有明确的阶段指向。因此,大概念可以分为静态的内容大概念与动态的过程大概念。① 内容大概念主要是概念、原理、理论、策略或模型等;过程大概念是与获取和有效使用知识有关的技能,如观察、实验、控制变量、制定假设、解释数据等。例如,《美国国家核心艺术标准》中提到的联系过程、创造过程、表现过程、反应过程,就是四个过程大概念。② 跨学科主题学习不仅应关注大概念中的静态内容知识,也应该关注大概念在创造性问题解决过程中的动态应用,通过构建相互补充的概念群来促进学生的有效学习。

（三）依据大概念的内容结构分类

依据大概念的内容结构,陈情将大概念划分为结果结论类大概念、思想方法类大概念和作用价值类大概念。(1)结果结论类大概念:属于知识的最终成果的一类大概念,包括学科中所涉及的理论、结构和模型等,集中揭示的是概念、原理与类目之间的相互关系,如物理学中的原子模型、数学中的等体积变换模型、地理学中的地球板块论、天文学中的宇宙大爆炸理论等。这类大概念往往是关于"答案"的知识。(2)思想方法类大概念:属于体现知识的发现与建构的一类大概念,主要包括以思维为核心的问题解决方案和学科学习方法。它们能够帮助学生获得有效从事学习与问题解决所需要的策略、方法和程序,如等量替代法、转化法、数形结合的方法、关键信息提取法、溯源法、自然类比法等,以及学习策略、反省认知策略、问题解决策略等。这类大概念往往是阐述"如何学习"的知识以及与智慧运用技能相关的知识。(3)作用价值类大概念:属于体现知识迁移与运用的一类大概念,主要指知识本身所具有的功能和价值,以及人类对知识的情感、态度、价值观,如乘法对生活的简化作用、方程对人类思维的价值、仿生技术给人类带来的利弊、世界上唯一不变的就是变、科学只能证伪不能证实、哲学是所有学科之母等。这类大概念往往是回答"学习有何用"的知识。③

💬 **问题研讨**

依据大概念的内容结构对以下大概念进行分类,判断它们各属于哪一类大概念,并将相应序号填写在答题线上。

① 音乐的体裁与形式,以及演唱技巧的选择,都服务于音乐的情感表达。

② 穷不失义,达不离道。

③ 物态变化伴随着吸热和放热。

④ 从多个个别的事物中可获得普遍的规则。

---

① Chalmers C, Carter M, Cooper T, et al. Implementing "big ideas" to advance the teaching and learning of science, technology, engineering, and mathematics (STEM) [J]. International Journal of Science and Mathematics Education, 2017,15:25—43.

② 美国国家核心艺术标准联盟. 美国国家核心艺术标准[M]. 徐婷,译. 上海:上海音乐出版社,2018:6.

③ 陈情. 大概念统整的学科项目化学习设计研究[D]. 成都:四川师范大学,2020:35—36.

⑤ 空间的分割和融合体现出数学的比例之美。

结果结论类：＿＿＿＿＿＿＿＿ 思想方法类：＿＿＿＿＿＿＿＿ 作用价值类：＿＿＿＿＿＿＿＿

三、大概念的基本特征

根据对大概念的内涵分析与分类讨论可以发现，大概念是根植于学科的基本结构和方法，它指向的是具体知识背后的核心概念，而不是具体问题的简单答案或事实。对大概念本质属性的理解，可从以下五个方面进行概括。

（一）大概念呈现中心性（Centrality，C）

大概念不是基础概念，而是聚合概念。大概念就如同一个文件夹，提供了归档无限小概念的有序结构或合理框架。大概念的这种中心性特征与舒尔曼提到的"结构"有类似之处，"大量的结构作为组织学科基本概念和原则的方式，包含了所有的事实"，这些"结构"可被视为大概念间的联系与联结。[①] 有限的大概念之间相互联结，共同构成了学科的连贯整体，使学科不再被视为一套断断续续的概念、原则、事实或方法。大概念居于学科的中心位置，可以是某一学科的大概念，也可以是某一单元的大概念，起着提纲挈领的重要作用。大概念群集中体现了学科结构和学科本质。

（二）大概念呈现持久性（Enduring，E）

大概念是对学科的深入理解。有的教师会在教学中思考：学生能从这门学科学到什么，在忘记了那些事实性的知识之后还剩下什么，这里的"什么"其实就是这门学科中的大概念。大概念不是暂时保存的记忆，而是具有持久性的记忆，即在经验和事实消失之后还能够存留的核心概念。大概念的习得不是一蹴而就的，而是缓慢且逐渐深化的。随着大概念在课程与教学中不断螺旋式地出现，学生也会持续深化对大概念的理解。

（三）大概念呈现网络状（Network，N）

大概念并不是无序游离在学科结构中的，而是呈现出网络状结构。这种网络状结构包括学科内网络结构和学科间网络结构，每一个大概念则是完成网络结构间通信的"基站"。基于学科内网络结构的大概念网是指将某一学科进行纵向联结，不同学段以大概念为中心进行课程内容的选取和组织，是课程设计的关键线索；基于学科间网络结构的大概念网是指将某些学科进行横向联结，跨越两个或者多个知识领域，不同学科之间基于某一个共同的大概念进行合理对接，从而有效地统整不同学科的知识逻辑。

---

① Shulman L S. Those who understand: knowledge growth in teaching [J]. Educational Researcher, 1986, 15(2):4—14.

（四）大概念呈现迁移性（Transferability, T）

布鲁纳认为，迁移是教育过程的核心。他主张使用基本的和一般的观念来不断扩大和加深认识。从本质上说，这种迁移一开始不是学习一种技能，而是学习一个一般观念，然后这个一般观念可以作为认识后继问题的基础，而这些后继问题则是初始所掌握的观念的特例。

埃里克森指出，大概念有极大的迁移价值，随着时间的推移能被应用于许多其他纵向的学科内情境和横向的学科间情境，以及学校以外的新情境。[①] 大概念不仅是一个事实或者一个模糊的抽象概念，而且是一种概念性工具，用于强化思维，连接不同的知识片段，使学生具备应用和迁移的能力。

（五）大概念呈现灵活性（Flexibility, F）

大概念的灵活性表现在两个方面：第一，具有强大的兼容性。大概念为我们提供了认识与改造外界的基础和准则，它对新知识具有很强的兼容性，能够将新知识迅速纳入自身的结构框架之中，帮助人们不断解构、重组、修正、创建自己的认知结构。第二，具有较强的拓展性。大概念蕴含着一个意义世界，可以帮助人们对知识与知识、自我与他人、自然与社会进行深度理解与持久建构，可以拓展到一般性的适用范围，从而更快速、更全面地解决问题。

四、大概念的表述形式

大概念的不同表述反映出教师对教学理解的差异及对大概念功能定位的不同认识，同时直接关系着教师的教学设计水平和学生的课堂学习效果。一万个人对大概念有一万种理解方式，通过梳理近年来国内外的相关研究，可以归纳出一些线索、规律和一般性结论。

（一）大概念的表述形式

威金斯和麦克泰格认为，在教学实践中，大概念通常可以表述为以下几种形式。

（1）概念，如适应、函数、量子论、洞察力等。

（2）主题，如正义总是能战胜邪恶、传统文化、西部开发等。

（3）反论，如自由必须有节制、离开家寻找自我、虚数等。

（4）有争议的结论或观点，如先天与后天、保守派与自由派等。

（5）理论，如经过自然选择的进化论、宿命、能量守恒理论等。

（6）基本假设，如文本是有意义的、市场是理性的等。

（7）反复出现的问题，如"这是公平的吗""如何证明它"等。

---

① Erickson H L. Stirring the head, heart, and soul: redefining curriculum and instruction [M]. California: Corwin Press, 1995:221.

（8）理解或原则，如形式追随功能、读者需要带着疑问来理解内容等。

实际上，大概念可以以各种形式体现，如一个词、一个短语、一个句子或者一个问题。反过来说，一个核心概念、一个基本问题或一个正式理论都可以是大概念，只是用不同的方式表达出来而已。在实际的教学应用中，由于威金斯和麦克泰格所提出的大概念的八个表述较为零散，因此，本教材将这些表述聚类为三类。

第一类：概念。这里指的是一种狭义的概念，指对一类事物本质特征的抽象概括，它是大概念的一种典型表述形式。比如，"生态系统是指在自然界中，由生物和环境共同构成的处于相对稳定的动态平衡状态中的统一整体"，这就是概念形式的大概念。实际上，一些重要的、核心的概念可以表现为两种类型：第一种是"高位的概念"，可以覆盖许多概念和现象，如"生态系统"概念、"函数"概念等。第二种是"关键的概念"，指对于理解来说非常重要和关键的概念，如"能量可以通过各种方式在物体之间传递"（因为能量可以通过传导、对流和辐射等方式实现不同物体间的转移，能量并不会凭空消失，其本质依旧是守恒的）。

第二类：观念。观念可表现为一种看法和观点，常常反映了概念与概念之间的关系。比起概念，观念的形式更为多样和丰富，像原理、理论、法则等都可以写成观念的形式。比如，"神话反映了古代人民对创世大问题的集体意识""计时工具的设计和制作符合特定的科学原理""估算要考虑效率和质量之间的平衡"。因此，观念形式的大概念是最常见的。

第三类：论题。有些大概念很难有明确的答案，这时可能表现为论题，主要出现在人文艺术领域。比如，对艺术作品和文学作品的评价等论题，我们就很难给出确切的答案。然而，正是对这些论题的研讨，能够帮助学生建立专家思维，有效提升他们的文学和艺术鉴赏能力。因此，从这一角度看，论题也是一种特殊形态的大概念。

总体来说，观念形式的大概念最为常见，概念形式的大概念次之，而论题形式的大概念则一般只出现在人文艺术领域，而且是人文艺术领域中比较高位的大概念。不过即使是在人文艺术领域，大部分的大概念也是概念和观念的形式，论题形式的大概念只占少数。[①]

（二）大概念的表述取向

李刚在《大概念课程与教学：从理论到实践》[②]一书中，用四种表述取向描述了大概念。

（1）知识取向：指将大概念表述为简短的词语或词组形式，如"数据""算法""物质和能量"等。

（2）目标取向：指将大概念表述为学生需要达到或完成的要求的祈使句形式，如"建构对观察的理解并进行观察实践"。

（3）主题取向：指将大概念表述为围绕某一主题的短语形式，如"写作的目的和意义""积累素材的途径与方法"。

---

① 刘徽. 大概念教学：素养导向的单元整体设计[M].北京：教育科学出版社，2022：25.
② 李刚. 大概念课程与教学：从理论到实践[M].北京：社会科学文献出版社，2022：25.

（4）理解取向:指将大概念表述为两种及两种以上概念之间关系的陈述句形式,如"生物体需要能量和营养物质,为此它们经常需要依赖其他生物或与其他生物竞争"。

上述四种不同的大概念表述取向,代表了大概念在教师教学过程中的不同角色。其中,知识取向、目标取向和主题取向这三种表述取向仍旧将大概念困圄在传统教学思维网络中,虽然它们仍保有大概念的中心性特征,却失掉了大概念在认识论、方法论及学习论方面的价值,没有将大概念提到更高的意义理解层面,关联性、持久性及迁移价值都大大降低。因此,在设计跨学科主题学习时,应倾向于理解取向的大概念。原因主要有两点:第一,基于理解取向的大概念,有利于教师把握整个跨学科主题学习的结构与课时结构,系统地对教学进行整体化设计。第二,目标是否达成要看学生有没有真正理解大概念,因为只有当学生能够清晰地表述出各层次大概念之间的关系时,他们才能建立概念网络并进行更大范围的迁移。

五、国内课标对大概念的解读

（一）人文社科类学科大概念

布鲁纳指出:"结构化的难易是随着学科而异的,相较于自然科学学科,人文社会学科课程内容的结构化是困难的。"[①]人文社会学科以研究人类社会现象及精神文化为核心,其大概念的呈现具有独特的组织方式。人文社科类各学科的大概念提炼,主要源于新课标中对核心素养内涵主要表现的阐释。此外,不同学科又因自身学科的固有特征而存在不同的大概念凝练方式,这在不同学者的研究中有详细的呈现。因此,本教材结合课标中的相关表述以及已有研究,系统梳理了国内人文社会学科大概念的共性与差异,从而为相关教学的设计与实施提供有价值的参考。

1. 语文

《义务教育语文课程标准(2022 年版)》中没有明确提出大概念,但强调"基于核心素养发展要求,遴选重要观念、主题内容和基础知识,设计课程内容,增强内容与育人目标的联系,优化内容组织形式"。[②]观念作为大概念的表述形式之一,其重要性毋庸置疑。

语文学科属于过程为本、技能驱动的学科,其基本特征是运用阅读与表达的概念性理解及其技能、策略、过程来理解文本的内容情感和表达主体的思想观点。语文学科的问题常常是复杂的劣构问题。语文课标也明确指出,若要强化课程的综合性和实践性,应着重培养学生的语文实践能力,而培养这种能力的主要途径便是语文实践。因此,我们可以依据"使用大概念的阶段指向"这一维度对语文的大概念进行分类,即将语文大概念分为静态的内容大概念与动态的过程大概念,见表 2-1。语文课程所具有的鲜明的言语实践特性,决定了有关言语过程的概念性理解(过程大概念)相对更为重要,即在理解过程大概念的同时,实现对内

---

① 钟启泉. 现代课程论(新版)[M]. 上海:上海教育出版社,2006:132.
② 中华人民共和国教育部. 义务教育语文课程标准(2022 年版)[M]. 北京:北京师范大学出版社,2022:4.

表 2-1 语文学科大概念

大概念维度	内　　涵
内容大概念	关于读写内容的大概念包括:概念(如语音、文字、词汇、语法、修辞、文化等)、原则(结合实际需要运用语言文字)、理论(如汉语的韵律特点)、策略(如联结、释疑、综合)或模型(如概率模型)
过程大概念	关于读写过程的大概念包括:与获取和有效使用内容知识相关的智力技能(如学习的自我监控、阅读监控,以及预测、提问、确定重点、推断等)

容大概念的理解是语文教学的理想境界。

以学习古诗《静夜思》为例,在阅读和理解这首诗时,我们需要从两方面来运用大概念。一方面,需要运用过程大概念中的各种智力技能。譬如,通过自我监控和阅读监控来确保对诗句的理解准确无误,并预测下一句诗的内容,同时提出问题、寻找答案,确定诗句中的重点,以及推断诗人的情感和意图等。这些技能可以帮助学生更好地获取和有效使用内容知识,提升阅读理解能力。另一方面,也需要实现对内容大概念的理解,即通过分析诗句中的语音、文字、词汇、语法、修辞等内容,了解它们在诗歌中的作用和表达方式。例如,诗人使用了对比、倒装等修辞手法,从而使诗句更具艺术感和感染力。

2. 英语

《义务教育英语课程标准(2022年版)》中没有提及具体的大概念,但围绕大概念的理论探讨及其教学组织与实施等话题,已经引起了广大教育工作者和英语教师的广泛关注。英语是一门兼具工具性与人文性双重属性的学科,具有基础性、实践性和综合性的特点,其初衷和目的不是要学生在英语知识和技能上达到专业水平,而是要让学生将语言作为一种手段和工具,用以认识自我、接纳他人和了解社会。学生通过学习学科内的本体知识,能够发展出运用英语来理解和表达意义、意图及情感态度的能力,进而形成初步的语感,并获得一定的语言意识,为未来的发展奠定基础。有学者基于学科和跨学科的双重视域,将英语学科的大概念分为语言大概念和主题大概念。这两类大概念作为"可迁移的概念性理解",彼此之间相互依存、互为补充,见表2-2。

我们通过对比语文学科和英语学科的大概念可以发现,英语学科更强调跨学科视角、国际视野和跨文化交流。在学习和运用英语的过程中,学生能够了解不同文化、比较文化异同和汲取文化精华,逐步形成跨文化沟通与交流的意识和能力,培养国际视野,涵养家国情怀,坚定文化自信。作为语言学习的学科,英语和语文都强调工具性与人文性的统一。从大概念的阶段指向来看,与语文学科大概念一样,英语学科中的语言大概念和主题大概念本身也具有"静态"和"动态"属性,其原因在于英语学科也是过程为本、技能驱动的学科,面临的问题同样是复杂的劣构问题。

表 2 - 2　英语学科大概念①

大概念维度	内　　涵
语言大概念	从学科视域出发:学生在学习和使用语言的过程中,所感知和体悟到的关于语言是如何理解和表达意义的知识结构、方法策略和学习观念。例如,学生感知记叙文的"六要素"(when、where、who、what、why、how)
主题大概念	从跨学科视域出发:学生在完成学习后,能够基于主题建构并生成新的认知,解决问题的思想、方法,以及正确的价值观念。例如,依据人与自我、人与社会、人与自然这三个主题形成的主题大概念,是有机融合语言、文化、思维和学习能力的"化合物"观念形态

3. 道德与法治

《义务教育道德与法治课程标准(2022 年版)》没有明确提出大概念,但是课标中有提到:青少年要了解中国特色社会主义制度的优越性,坚定道路自信、理论自信、制度自信、文化自信,在生活和学习中自觉维护国家主权、尊严和利益,弘扬光荣传统,赓续红色基因;明确中国共产党的核心领导地位,拥护中国共产党,坚持中国特色社会主义道路;等等。有学者依据课标里呈现的不同水平学业成就表现的关键特征,提炼出"政治认同"这一核心素养的关键特征,而后提出具有高度抽象化、概括性和学科思想价值的大概念:坚定"四个自信"、做到"两个维护"。这是作用价值类大概念,蕴含了认识论和方法论的意义,彰显了学科价值导向,见表 2 - 3。

表 2 - 3　道德与法治学科大概念②

大概念维度	内　　涵
坚定"四个自信"	① 道路自信:是对中国特色社会主义道路发展方向和未来命运的自信 ② 理论自信:是对中国特色社会主义理论体系的科学性、真理性、正确性的自信 ③ 制度自信:是对中国特色社会主义制度具有制度优势的自信 ④ 文化自信:是对中国特色社会主义文化先进性的自信
做到"两个维护"	① 坚决维护习近平总书记党中央的核心、全党的核心地位 ② 坚决维护党中央权威和集中统一领导

例如,在"维护宪法权威"这一课中,可以将大概念设计为"坚定制度自信、坚持党的领

① 王蔷,孙万磊,赵连杰,等. 大观念对英语学科落实育人导向课程目标的意义与价值[J]. 教学月刊·中学版(外语教学),2022(4):3—14.
② 杨亮. 思想政治学科大概念的内涵、特征和效用[J]. 中国德育,2021(17):73—77.

导"。在对大概念的深度理解中，"四个自信"与"两个维护"之间的关系并非孤立存在，它们的本质是对党领导下的我国政权运行、制度建设和治国理政效能的理解和认同。因此，要深入掌握课标中关于党的相关知识，我们必须将党的地位置于推动民族发展的历史进程中，以及党与人民、制度建设、各项事业建设、国家治理体系之间的密切关系中，进行全面而深入的理解与落实。这一思路的确定也呼应了"培养学生关键能力对思维训练的要求"，实现了大概念落实过程中世界观和方法论的统一，使得学生在对大概念的领悟与升华过程中，能够自然而然地将那些具体的知识点融会贯通。

4. 历史

《义务教育历史课程标准（2022年版）》提出，大概念可以从多层面进行整合和提炼。[①] 比如，它可以统领整个学习板块中的大概念，即"统一多民族国家""民族独立、人民解放""社会主义现代化""多元文明""资本主义发展、社会主义运动、民族解放""战争与革命、和平与发展"六个板块。这些学习板块中的大概念，虽然体现了学科结构，但没有体现学科本质。因为这些大概念都偏向历史事件和现象，它们虽然重要，却没有突出历史学科更广泛的关注点，如历史概念、历史方法、历史思维、历史重要原理和历史观点的多样性等。因此，有学者基于中学历史学科的内容和认知特点，依据大概念的内容结构，将历史大概念分为结果结论类大概念（史论概念）、思想方法类大概念（重要原理）和作用价值类大概念（重要命题），见表2-4。在结构上，历史大概念是围绕知识结构展开的，即知识由概念、命题、原理构成；在表述形式上，史论概念属于概念，重要原理和重要命题属于观念，它们都能指向具体知识背后的核心内容。

表2-4 历史学科大概念[②]

大概念维度	内　涵
史论概念	指超越具体史实概念之上的抽象概念，大致可分为政治类概念（改革、革命、民主、专制、社会治理、阶级斗争等）、经济类概念（社会分工、商品交换、生产力发展、技术革新等）、思想文化类概念（文明互鉴、思想启蒙、宗教信仰等），以及认识论、方法论的历史哲学概念（因果、解释、证据）
重要原理	主要包括唯物史观的基本原理，如生产力与生产关系的辩证关系、经济基础与上层建筑的辩证关系、人民群众是历史创造的主体、具体问题具体分析等
重要命题	这是历史学科大概念中最主要的呈现类型。这一类大概念除了具有大概念的统摄性和迁移性等特征外，还凸显了历史学科的意义性和价值性等特征。例如，可以将"北洋政府的黑暗统治"一课的大概念提炼为"民主政治的发展道路是艰难的、曲折的"

① 中华人民共和国教育部. 义务教育历史课程标准（2022年版）[M]. 北京：北京师范大学出版社，2022：57.
② 陈新民，韩文杰. 历史学科大概念的界定与教学课例[J]. 历史教学（上半月刊），2021(5)：3—8.

以"隋唐制度的变化与创新"这课为例,可以看到历史学科中的史论概念、重要原理和重要命题的运用。首先,该主题涉及隋唐时期的政治改革、社会治理方式的变化、经济分工和商品交换的发展,以及思想启蒙和文化传承等方面的概念。其次,可以运用唯物史观的原理,分析生产力与生产关系的辩证关系,经济基础与上层建筑的相互作用,以及人民群众在历史发展中的主体地位等。最后,可以提炼出一些重要命题,如"隋唐时期的制度变革推动了社会发展和国家统一""隋唐时期的创新思想促进了文化繁荣和科技进步"。综上所述,史论概念、重要原理和重要命题的运用可以帮助学生把握历史的本质和发展规律,深入理解历史事件背后的意义和影响。

5. 地理

《义务教育地理课程标准(2022 年版)》没有明确地给出学科大概念,但提出要认识世界地理位置、空间分布,认识区域特征、区域差异和区域联系,从"空间-区域"的视角认识地理环境及人地关系,综合地认识地理环境及人地关系,以及对人类活动与地理环境之间的关系秉持正确的价值观。地理学科大概念是有组织、有结构、有逻辑的学科知识模型,是包含思维、方法、原则和观念等在内的统一体,是学科领域中最有价值的核心内容(包括概念、观念和论题)。依据大概念的内容结构,可以将地理大概念分为思想方法类大概念(区域认知、时空观念、尺度、综合思维)和作用价值类大概念(人地关系),见表 2-5。

表 2-5 地理学科大概念①

大概念维度	内　　涵
区域认知	指人们从"空间-区域"的视角认识地理环境及人地关系的思维方式和能力
人地关系	包括地理环境对人类活动的影响、人类活动对地理环境的影响等
时空观念	指在特定的时间和空间中对事物进行观察分析的意识和思维方式
尺度	指地理事象在空间和时间上的量度,即空间范围大小和时间间隔长短;又可指观察和研究地理事象时所采用的空间和时间单位
综合思维	指人们综合地认识地理环境及人地关系的思维方式和能力

以"自然地理环境的整体性"这一课为例,它的大概念包括区域认知、人地关系和综合思维三个维度。其中,区域认知大概念要求学生能够从空间的角度去认识和理解自然地理环境。通过将地球划分为不同的区域,可以帮助学生更好地把握各个区域的特点、差异和联系,进而深入了解其自然要素及相互关系。人地关系大概念可以帮助学生理解自然地理环

---

① 中华人民共和国教育部. 义务教育地理课程标准(2022 年版)[M]. 北京:北京师范大学出版社,2022:5.

境对人类活动的影响,以及人类活动对地理环境的影响。综合思维大概念能够使学生深入地认识和理解自然地理环境的整体性,将各个要素及其关系和变化相互联系起来,从而形成更为全面、准确的认知和分析。

6. 体育与健康

《义务教育体育与健康课程标准(2022年版)》虽未提出具体的学科大概念和跨学科大概念,但明确提出要体验多种动作技术之间的有机联系,加强动作技术与生活实际的联系,培养创造性思维,在参与体育运动的过程中表现出良好的运动能力,养成良好的体育品德,表现出良好的礼仪。体育学科大概念是指在体育与健康学科中,根据体育教学特性和体育课程结构特征,在各项事实的基础上抽象出一种俗称"经验"的东西,通过多角度、多维度、多层次、多方向的总结,又可运用到多种场景的且能帮助学生理解体育的道理,是实施体育教学的背景基础。[①]

有学者列举了体育学科中的一些大概念,如项群、超越器械、限制进攻区域、技能主题,见表2-6。体育与健康学科大概念也可以依据"使用大概念的阶段指向"进行分类,即分为静态的内容大概念(项群、超越器械)与动态的过程大概念(限制进攻区域、技能主题)。教师可通过选择合适的教学内容来帮助学生建立起体育学科的大概念,使学生在探究的过程中进行高通路迁移,而不受限于某个运动项目或某项运动技能。

表2-6 体育与健康学科大概念[②]

大概念维度	内　　涵
项群	根据某些本质属性的异同,可将运动项目划分为不同的项群。由于运动项目间存在共同要素,因而教师在教学的过程中应使学生认识到这些要素的存在,并能够对项目间的异同进行归纳概括。显然,"项群"是内容大概念,涉及不同运动项目之间的分类和共同要素
超越器械	超越器械是运动技术方面的一项基本原理,它是指在学习和掌握某项特定运动技能时,所获得的技能和动作能够迁移到其他不同的运动项目中
限制进攻区域	限制进攻区域与项群或超越器械类似,也是对项目间共同要素的强调,只是它所强调的不是运动技术方面的基本原理,而是同场对抗类项目在战术方面的一项基本原则
技能主题	在技能主题取向课程模式中,教学围绕技能主题展开,它不限制学生具体要掌握哪些运动项目,而是教给他们一些基本的、可迁移性强的运动技能,强调学习和发展运动技能的方法

---

① 姜勇,刘宝登.谈落实体育学科核心素养的课程转化设计——以体育学科大概念为核心[J].体育研究与教育,2022,37(1):47—53,59.
② 刘忠鑫,朱伟强.论体育学科的大概念教学[J].体育学刊,2021,28(5):70—76.

以篮球的教学为例,教师可以运用前文提到的大概念来帮助学生更好地理解和学习篮球的技术与战术。首先,运用项群大概念可以将不同的篮球技术和战术划分为不同的项群。例如,可以将进攻技术、防守技术、传球技术、投篮技术等归类为不同的项群,使学生清晰地了解各个技术和战术之间的异同点,并有助于他们系统地学习篮球的技术与战术。其次,超越器械大概念可以指代一些基本的篮球技术原理,如身体平衡、手部协调、眼观手动等,使学生更好地理解篮球技术的本质,并能够将这些原理应用到具体的技术动作中。再次,限制进攻区域的大概念可以指导学生如何在进攻时选择合适的位置,以及利用空间优势和团队配合等策略来突破对方防守并得分。最后,通过以技能主题为导向的教学,可以帮助学生掌握一些基本的、迁移性强的篮球技能。例如,传球、接球、运球、投篮等都可以作为技能主题进行教学。这样,学生不仅可以学会具体的篮球技能,还可以获得更广泛的运动技能和运动素养。

7. 艺术

《义务教育艺术课程标准(2022年版)》没有提出明确的大概念,且现有研究也没有指明艺术学科的大概念。但是,我们可以基于艺术课标的相关表述,并结合国外已有研究(如《美国国家核心艺术标准》中提到的联系过程、创造过程、表现过程、反应过程这四个过程性大概念),剖析我国艺术课程的大概念。下面将分为音乐、美术和戏剧三门子课程做具体介绍。

(1)音乐。音乐课程是一门充盈着人文性、审美性与实践性的面向全体学生的必修课。通过提炼音乐学科大概念开展课堂教学,实现学生对学科知识、技能的深度内化与灵活运用,已成为当前音乐学科教学实践研究的重要内容。我们可以通过将音乐学科中分散的事实、概念、经验和问题进行有机整合,进而凝练出音乐学科最本质、最深层的概念,以此反映音乐学科的本质规律、核心内容和关键思想,见表2-7。

表2-7 音乐学科大概念①

大概念维度	内　涵
音乐认知	① 音乐基本要素(力度、难度、节奏等) ② 音乐情绪与情感(欢快的、激烈的、悲愤的等) ③ 音乐体裁与形式(室内乐、交响曲、协奏曲等) ④ 音乐流派与风格(古典、流行、摇滚等)
音乐实践	① 鉴赏(欣赏、品鉴、艺术联想等) ② 演唱(独唱、合唱、重唱等) ③ 演奏(独奏、合奏、重奏等) ④ 创编(创编歌词、节奏、旋律等)

① 刘菀青,许锋华. 高中音乐学科大概念的内涵意蕴、框架构建及其运用[J]. 教师教育论坛,2022,35(12):9—12.

大概念维度	内　涵
	⑤ 舞蹈(赏析实践、舞种特征、创编表演等) ⑥ 戏剧(赏析了解、戏剧品质、创编表演等)
音乐理解	① 音乐内涵(社会、文化、历史等) ② 音乐文化(地域、民族、时代等)

以学唱中华人民共和国国歌为例,它涉及音乐认知、音乐实践、音乐理解三个大概念。首先,在音乐认知上,需要了解力度、难度、节奏等要素,以准确地演唱出每个音符的时长和强度(音乐基本要素)。此外,国歌作为国家的象征,承载着庄严肃穆的情感表达。因此,在学唱国歌时,学生需要理解并传达其中所蕴含的激情和自豪感(音乐情绪与情感)。其次,在音乐实践中,学唱国歌需要学生进行欣赏、品鉴,通过倾听和分析来理解国歌的音乐特点和表达方式(鉴赏)。最后,在音乐理解上,需要学生了解歌曲所涉及的社会、文化和历史背景,以更好地理解国歌的意义和象征(音乐内涵);需要了解歌曲所属的地域、民族和时代,以更好地把握国歌的风格和特点(音乐文化)。

(2) 美术。在现实生活和美术学科中,存在着不同等级的概念和原理。学生在日常生活中,能够具体说出一些艺术风格的名称,如印象派、抽象表现主义等。在之后的成长过程中,尤其是在美术教育的干预下,学生会将它们上升为"风格"的概念来认识。在未来的学习中,"风格"这一大概念,不仅能够帮助学生认识不同的艺术流派和创作要素,也可以帮助他们更好地理解和欣赏世界上的各种艺术表现形式。一旦完成了这一过程,也就完成了由所谓"初学者"到"专家型学习者"的转变。因为"专家型学习者"在进行美术学科的学习时,正是从大概念的角度出发的。这种过程和转变赋予了美术教育独特的魅力。有学者提出,美术学科大概念可以分成两类:一是学科类,二是社会类,见表 2 - 8。

表 2 - 8　美术学科大概念[①]

大概念维度	内　涵
学科类	能够帮助学生理解学科问题的上位概念。譬如,美国著名美术教育家悉尼·沃克提出的整体、风格等概念应属于学科类的大概念
社会类	能够帮助学生理解社会问题,且具有覆盖性和迁移性的上位概念。例如,悉尼·沃克提出的生活圈、敬畏生命、个人身份、社会秩序等概念都是社会类的大概念

① 尹少淳. 在少儿美术教育中融入"大概念"[J]. 美术,2018(7):18—19,21.

在实际教学中,我们常常将学科类和社会类的大概念同时呈现。以"人性的觉醒——文艺复兴美术"这一课为例,涉及的学科类大概念有:①文艺复兴美术强调整体性,追求艺术作品的完整性和协调性(整体)。这一概念能够帮助学生理解作品中各个元素之间的关系,以及整体效果的重要性。②文艺复兴美术有着独特的风格特点,如透视法、人体比例的准确表现(风格)。学生通过理解风格概念可以更好地分析和欣赏文艺复兴时期的艺术作品。该课涉及的社会类大概念有:①文艺复兴美术反映了当时社会的生活方式、价值观和审美观念(生活圈)。通过研究作品中的生活圈概念,学生可以了解文艺复兴时期人们的生活状态和文化背景。②文艺复兴美术注重对人体的描绘和尊重,体现了对生命的敬畏和赞美(敬畏生命)。这一概念可以帮助学生理解作品中人体形象的重要性,以及艺术家对生命的态度。

(3)戏剧。关于戏剧育人的内涵、方式和路径等问题早有讨论,如中国现代话剧的开拓者和教育家熊佛西早在20世纪30年代就通过戏剧大众化实验,分析了戏剧在与日常生活的互融共生过程中所展现出的育人价值,并且称"到那时,戏剧不但会成为人人生活中不可缺少的精神食粮,同时更会成为他们生活的一部分"。目前,尚无研究提出戏剧的大概念,因此这里以初中语文教材戏剧单元的大概念作为参考,即台词、演员、角色冲突,见表2-9。

表 2-9　戏剧学科大概念①

大概念维度	内　　涵
台词	台词是角色的语言,是作家根据叙事、表演和主题的需要为角色设计的
演员	戏剧是由演员将剧本故事表演出来的一种综合艺术
角色冲突	戏剧往往制造角色冲突,从而透视作家对人生或社会的深思

在戏剧《屈原》中,台词是角色的语言,通过台词可以展现角色的思想、情感和行动。例如,屈原在剧中的台词可以表达他对国家命运的担忧、对君主的忠诚等。演员是将《屈原》剧本故事表演出来的关键角色。他们通过表演技巧和表情来传达角色的内心世界及情感变化。演员需要准确地理解剧本中的角色,并通过自己的演绎将角色栩栩如生地呈现给观众。此外,在这部作品中,屈原与国君之间的矛盾和冲突是重要的情节线索。通过这种角色冲突,作家表达了对权力、忠诚和个人价值观的思考。

(二) 自然科学类学科大概念

自然科学旨在揭示自然界的本质与物质运动的规律,追求认识的真理性,试图规范和指导改造自然的实践活动。自然科学主要在认识论的框架下展开,强调工具理性维度,追求自然界的规律性;运用以实证、说明为主导的理性方法,强调对事实、规律、原因等概念的使用,

---

① 白松涛.文体知识为核心的初中戏剧教学项目化重构[J].教学与管理,2022(28):41—45.

并通过客观语言传递信息,追求统一性、一致性、简单性和必然性,引导人们从多样性和特殊性走向整体性。自然科学与社会科学互相补充,各自承载着独特的角色和价值,为人们全面认识和理解世界提供了不同的视角和方法。

1. 数学

发展数学学科思维的基本方法是对少量的、典型的学科范例展开深度探究,从而促进课程架构由"数学学科事实覆盖型"向"数学学科观念理解型"过渡。数学是研究数量关系和空间形式的科学。数学课标并未明确提及大概念,而只明示了学科核心素养。由于大概念属于知识体系范畴,而核心素养属于目标体系范畴,因此,前者需要经过一定操作性转化来实现对后者的提取。基于这样的理解,可提取出 10 个数学学科大概念,以及 4 个数学跨学科大概念,见表 2-10 和表 2-11。

表 2-10　数学学科大概念①

核心素养	学科大概念	内　涵
数感	数的本质与关系	数用来表示物体个数或事物顺序;事物蕴含简单的数量规律;对事物的数量或算式的结果做出的大概推断或估计;数的意义与数量关系
量感	量的测量与比较体系	事物具有可测量性;统一度量单位可确保测量的准确性和一致性;量的相对性与绝对性;量的单位换算;度量工具和方法会引起误差
符号	符号系统的表达与运算	符号具有传递信息和表达思想的现实意义;符号可以用来表示数量、关系和一般规律;符号表达的运算规律和推理结论具有一般性
抽象	数量关系与空间形式的抽象	从具体的事物数量或问题情境中抽象出数(自然数、分数、代数式)、形(几何图形及其性质、坐标系)关系(数量关系、空间关系、变量与变量关系)、数学模型等
推理	逻辑推理与数学证明	归纳或类比可用于猜想或发现初步结论;从一般到特殊的论证与推理;推理的基本形式和规则;命题的结构与联系
运算	运算规则	运算法则与运算律;运算的对象和意义;算法与算理之间的关系
几何直观	图形、运动、模型和表征直观	几何图形及其组成元素;图像特征与几何图形分类;图形的运动具有变化中的不变性;图形和数量存在直接联系;图表可用于描述和分析问题
数据	数据的收集、处理与解释	数据的来源、性质;数据的意义和随机性;数据蕴含信息和规律;同一组数据具有不同的表达方式;数据收集、整理和分析的方法;定量的方法可以描述随机现象的变化趋势及随机事件发生的可能性大小

① 中华人民共和国教育部. 义务教育数学课程标准(2022 年版)[M]. 北京:北京师范大学出版社,2022:7—11.

核心素养	学科大概念	内　　涵
数学建模	模型构建与应用	数学模型具有普适性；数学建模是数学与现实联系的基本途径；数学符号可通过方程、不等式、函数等来表示数量关系和变化规律
空间观念	空间结构与位置关系的认知	空间物体或图形的形状、大小及位置关系；几何图形可以联想出实物的形状；实物的形状可以抽象出几何图形；图形的运动和变化规律

表 2 - 11　数学跨学科大概念

跨学科大概念维度	内　　涵
数据与模型	数据：事实或观察的结果，是对客观事物的逻辑归纳，是用于表示客观事物的未经加工的原始素材 模型：反映系统结构特点和复杂关系的实体或虚拟的表达与表征
关联与结构	关联：关系、联系 结构：自然界中物质、事物的构成与形状，生物与环境的子结构及其组合
表征与转换	表征：信息记载或表达的方式，即能把某些实体或某类信息表达清楚的形式化系统，以及说明该系统如何行使其职能的若干规则 转换：更改、改换
语言与表达	语言：以数学学科特有的概念、定理、公式、符号、图表等要素或规则去刻画、描述客观世界背后的数量关系和空间形式 表达：通过数学语言清晰、准确、严谨地表达数学的研究对象（概念、关系和结构）及思想方法

以"全等三角形"这一课为例，可以基于数感、量感、符号、运算、几何直观、数学建模和空间观念等学科核心素养来转化大概念。①数感：通过数来表示三角形的边长、角度大小等数量关系。②量感：选择合适的度量单位来测量三角形的边长，并进行不同单位之间的换算。③符号：使用符号表示三角形的边长和角度，以及运用符号表达全等三角形的运算规律和推理结论。④运算：根据全等三角形的运算规律进行正确的计算和推导。⑤几何直观：用图表描述和分析问题，通过几何图形的直观性来帮助理解和解决与全等三角形相关的问题。⑥数学建模：通过将实际问题转化为全等三角形的模型，可以更好地理解和解决实际问题。⑦空间观念：通过全等三角形可以联想出实物的形状，同时也可以从实物的形状抽象出全等三角形。在全等三角形中，可以通过空间观念来理解和分析三角形的形状和性质。

同样以"全等三角形"这一课为例，涉及的跨学科大概念包括四个方面。①数据与模型：收集和分析相关的数据，如三角形的边长、角度等，使用模型来表示和表征全等三角形的结构特点和复杂关系。②关联与结构：全等三角形涉及三角形之间的关系和联系，如全等三角形的判定条件和性质。同时,全等三角形的结构也是其重要的特点,包括边长和角度的组合以及形状的构成。③表征与转换:使用符号和图形等方式进行表征,将三角形的边长、角度等信息进行形式化的表示,利用全等三角形的性质进行推导和计算。④语言与表达:将自己的思想和理解通过语言、图表等方式进行表达,相互分享和沟通关于全等三角形的知识与见解。在各个学科中,都会有特定的学科表达方式,如艺术家通过视觉作品来与观众交流,观众通过欣赏和解读作品来理解艺术家的意图。

2. 科学

《义务教育科学课程标准(2022 年版)》提出了 13 个学科大概念,是所有学生在义务教育阶段应该掌握的科学课程的核心内容,同时还确定了结构与功能、系统与模型、稳定与变化、物质与能量这四个跨学科大概念。科学课标要求,将科学观念、科学思维、探究实践、态度责任等核心素养的培养有机融入学科核心概念的学习过程中,具体见表 2－12 和表 2－13①。科学学科的跨学科大概念对学科大概念具有补充与支持的作用,有助于学生将科学观念和科学思维等方面的认识扩展至更为广阔的科学实践领域,帮助他们了解科学发展的原因与方式,进而将自身形成的条目型科学观念加以组合或综合,促进科学核心素养的整体发展。

表 2－12　科学学科大概念②

大概念维度	内　　涵
物质的结构与性质	认识物质的组成、结构、性质及用途
物质的变化与化学反应	认识物质是变化的,物质的变化伴有能的转化
物质的运动与相互作用	探究运动与相互作用之间的关系
能的转化与能量守恒	能的形式是多样的,可以通过做功来转化。能在转移与转化的过程中,总量保持不变
生命系统的构成层次	生命系统是一种复杂的开放系统,与其他物质系统一样具有层次性,遵循自然界的共同规律
生物体的稳态与调节	生物体是一个在内部和外部不断进行物质循环、能量流动及信息交流与反馈的开放系统,能通过自我调节机制维持稳态
生物与环境的相互关系	地球上每一种生物的生存都与环境密切相关,生物与环境之间的相互作用、相互协调构成了生态系统的动态平衡
生命的延续与进化	生物通过生殖、发育和遗传,使遗传信息代代相传,实现生命的延续。在生命延续的过程中,遗传信息可能会发生改变。生物的遗传、变异与环境因素的共同作用导致了生物的进化

① 说明:在初中学段,物理、化学、生物等学科的跨学科大概念,是科学学科的跨学科大概念的延伸拓展,因此,表 2－13 中所列的 4 项跨学科大概念也适用于物理、化学、生物等学科,下文不再重复列举。
② 中华人民共和国教育部. 义务教育科学课程标准(2022 年版)[M].北京:北京师范大学出版社,2022:16.

大概念维度	内　涵
宇宙中的地球	地球是太阳系中的一颗行星,人类对太空的探索,正在逐步揭开宇宙的奥秘
地球系统	地球是一个由不同圈层组成的系统
人类活动与环境	坚持绿水青山就是金山银山的理念,合理利用自然资源,科学防灾减灾,践行绿色低碳生活方式,是人类社会可持续发展的必然选择
技术、工程与社会	人类在与自然界打交道的过程中,为了适应自然、改善生存条件而产生了技术;人类对已有的物质材料和生活环境进行系统的开发、生产、加工、建造,以满足自身的需求
工程设计与物化	工程活动的本质是创造人工实体,设计与物化是其中的重要环节

表 2-13　科学跨学科大概念

跨学科大概念维度	内　涵
结构与功能	结构:自然界中物质、事物的构成与形状,生物与环境的子结构及其组合 功能:呈现结构的特征、用途及相互关系
系统与模型	系统:由不同元素和组件组成的执行某些功能的集合,是输入、输出和内外部元素组件相互作用与影响的关系的总和 模型:反映系统结构特点和复杂关系的实体或虚拟的表达与表征
稳定与变化	稳定:在可观测范围内,系统某些方面保持不变的状态,或是在影响与干扰结束后的恢复状态 变化:系统随时间推移变得不同的过程,是受到众多因素影响的持续状态
物质与能量	物质:有质量并占据空间,具有特殊的结构和行为特征 能量:可以流动,有不同的形式且可以相互转化,使自然界中的变化与运动成为可能

以"能的转化与能量守恒"这一课为例,涉及的核心概念包括四个方面。①能的转化与能量守恒:例如,学生明白,在木柴燃烧时,化学能可转化为热能和光能,总能量保持不变。②人类活动与环境:人类利用能源进行生产、交通、供暖等活动。然而,这些活动也会对环境产生影响,如能源的消耗、排放物的释放等。因此,我们要合理利用自然资源、科学防灾减灾,以及践行绿色低碳的生活方式。③技术、工程与社会:人类通过技术和工程手段,利用能量进行各种生产和建设活动。例如,利用太阳能发电、风能发电等技术,将自然界的能量转化为可用的电能。④工程设计与物化:在能的转化与能量守恒的应用中,工程设计起着重要作用。例如,在设计能源系统时,需要考虑能量的转化效率、能源利用率等因素,以实现能量的最大化利用。

同样以"能的转化与能量守恒"这一课为例,涉及的跨学科大概念包括三个方面。①系统与模型:能量的转化可以看作是一个系统,其中包括输入能量、输出能量,以及内部元素和组件之间的相互作用和影响。我们可以通过建立模型来描述和解释这个系统的结构与行为。例如,使用能量守恒定律和能量转化的数学模型来预测能量的变化和转化过程。②稳定与变化:在能量的转化过程中,系统可能处于稳定状态或发生变化。例如,当一个物体从高处落下时,其具有的势能会逐渐转化为动能,物体的速度增加,直到达到稳定状态。③物质与能量:能量的转化涉及物质和能量之间的相互关系。物质可以储存能量,同时能量可以通过物质的转化释放出来。例如,在化学反应中,物质的化学键会断裂和形成,释放或吸收能量。

3. 物理

《义务教育物理课程标准(2022年版)》将物理观念分为物质观、物质与相互作用观,这就是学科核心素养结构体系的学科大概念,是物理学科的基本骨架(见表2-14)。这些学科大概念具有统领性,能很好地反映出物理学科的特性,并能将具体、烦琐的物理学科知识进行有序、结构化的组织,同时能够增加其深度和复杂性。此外,物理的跨学科大概念与科学相似,包括结构与功能、系统与模型、稳定与变化、物质与能量(可参见表2-13中的相关内容)。

表2-14 物理学科大概念[①]

大概念维度	内　涵
物质观	物质观念是物理学的一种基本观念,它认为物质是能够占据空间、有质量和惯性的实体。物质可以用基本粒子(如电子、质子、中子)来描述,而这些粒子之间的相互作用是通过基本力(电磁力、弱力和强力)来传递的
运动和相互作用观	自然界存在多种多样的运动形式,如机械运动、热运动、电磁运动等,且世界处在不停运动的状态中;力的作用是相互的,一个物体在对另一个物体施加作用力的同时,这个物体也同时受到来自对方的作用力
能量观	能量可以流动,有不同的形式且可以相互转化,使自然界中的变化与运动成为可能

以"牛顿第一定律"这一课为例,主要涉及运动和相互作用观、能量观。①运动和相互作用观:牛顿第一定律描述了物体在没有外力作用时的运动状态,即保持静止或匀速直线运动。这一观念强调了运动的多样性,表明了不同形式的运动都遵循相同的物理原理。同时,牛顿第一定律也揭示了力的相互作用观。②能量观:牛顿第一定律涉及能量观念,尽管该定律并未直接提及能量。根据能量观,物体的运动状态与其能量有关。在牛顿第一定律中,当物体处于静止或匀速直线运动时,其动能和势能保持不变,这表明能量在物体的运动过程中得到了守恒。

---

① 中华人民共和国教育部. 义务教育物理课程标准(2022年版)[M].北京:北京师范大学出版社,2022:8.

同样以"牛顿第一定律"这一课为例,涉及的跨学科大概念有物质与能量、稳定与变化。①物质与能量:牛顿第一定律涉及物质和能量的概念。物体作为物质,具有质量并占据空间,同时具有特殊的结构和行为特征。能量在物体的运动过程中起着重要作用,能够流动、有不同的形式且可以相互转化,使得物体的运动和变化成为可能。②稳定与变化:根据该定律,当物体没有受到外力作用时,会保持静止或匀速直线运动,即保持稳定状态。而当物体受到外力作用时,它会发生变化,即改变其运动状态。因此,牛顿第一定律揭示了稳定与变化之间的关系。

4. 化学

《义务教育化学课程标准(2022年版)》指出,大概念是反映学科本质,且具有高度概括性、统摄性和迁移应用价值的思想观念;要求构建大概念统领的化学课程内容体系,精心选择能够促进学生核心素养发展的化学课程内容,注重结合学生已有生活经验,反映化学科学发展的新成就,体现化学课程内容的基础性、时代性和实践性,注重学科内的融合及学科间的联系,明确学习主题,凝练大概念,反映核心素养在各学习主题下的特质化内容要求。此外,化学课标结合学习主题特点,明确了化学科学本质、物质的多样性、物质的组成、物质的变化与转化、化学与可持续发展等学科大概念及其具体内涵要求(见表2-15),以及结构与功能、系统与模型、稳定与变化、物质与能量、可持续发展、比例与定量等跨学科大概念(前四项参见表2-13中的相关内容,后两项见表2-16)。

表2-15 化学学科大概念①

大概念维度	内 涵
化学科学本质	化学是研究物质的组成、结构、性质、转化及应用的一门基础学科,其特征是从分子层次认识物质、通过化学变化创造物质等
物质的多样性	物质既有天然存在的也有人工创造的,既有无机物也有有机物;物质可以分为纯净物和混合物、单质和化合物等
物质的组成	基于元素和分子、原子认识物质及其变化;物质的宏观和微观视角之间的关联;物质的性质与其组成、结构有关
物质的变化与转化	物质是在不断变化的,物质的变化过程伴随着能量变化,在一定条件下通过化学反应可以实现物质转化,化学反应中的各物质间存在定量关系
化学与可持续发展	科学和技术有助于解决社会问题,使用科学和技术时要考虑其对社会和环境的影响,理解科学、技术、社会、环境之间的相互关系

① 中华人民共和国教育部. 义务教育化学课程标准(2022年版)[M].北京:北京师范大学出版社,2022:59—61.

表 2－16　化学跨学科大概念(部分)

跨学科大概念维度	内　　涵
可持续发展	既满足当代人的需要,又不损害后代人满足需要的能力的发展
比例与定量	比例:表示两个或多个比例相等的式子 定量:指的是一定的数量,也指测定物质所含各种成分的数量和比例

以"水的组成与变化"这一课为例,涉及四类大概念。①物质的多样性:水是一种无机化合物,也是地球上最常见的物质之一。它存在于自然界的各种形式中,包括液态、固态和气态。②物质的组成:水是由氢原子和氧原子组成的化合物,化学式为 H_2O。在水分子中,一个氧原子与两个氢原子通过共价键连接在一起。③物质的变化与转化:水可以经历物理变化和化学变化。物理变化包括水的凝固(从液态变为固态)、融化(从固态变为液态)和汽化(从液态变为气态)。化学变化则指水参与化学反应,例如,水的电离产生氢离子和氢氧根离子,或水的电解产生氢气和氧气。④化学与可持续发展:水资源的合理利用和保护对可持续发展至关重要。了解水的组成及变化有助于我们更好地利用水资源、处理废水和保护水环境。同时,我们也需要考虑化学反应对水质的影响,以确保水资源的安全和可持续利用。

同样以"水的组成与变化"这一课为例,涉及的化学跨学科大概念有五个方面。①可持续发展:了解水的组成及变化,有助于我们更好地利用水资源、处理废水和保护水环境,从而实现可持续发展的目标。②系统与模型:水可以被看作是一个系统,由氢原子和氧原子等组件组成,并通过共价键相互作用。通过建立模型,可以更好地理解水的结构特点和复杂关系。③比例与定量:水分子的化学式 H_2O 表示的是,在一个水分子中,氢原子和氧原子的数量比例关系为 2:1。同时,我们也可以通过定量的方法测定水中各种成分的数量和比例。④结构与功能:水的结构是由氢原子和氧原子的排列方式决定的。水的功能包括溶解其他物质、参与化学反应等。水的结构特征决定了它的功能。⑤稳定与变化:在适当条件下,水可以保持稳定状态,如在常温下呈现液态。然而,水也可以随着温度的变化转变为固态(冰)或气态(水蒸气),这是水的变化过程。

5. 生物

生物课程的设计与实施追求"少而精"的原则。教师应优化课程内容体系,提炼大概念,精选学习内容,以突出重点,并确保这些内容切合学生的认知特点,从而使学生能够深刻理解和应用重要的生物学概念。《义务教育生物课程标准(2022 年版)》以句子的形式描述了 9 个生物概念。为了使教师掌握这 9 个概念的本质,可以将其总结为词语式的大概念,见表 2－17。此外,生物学科涉及的跨学科大概念共有 5 项,前 4 项可参见表 2－13 中的相关内容,最后一项见表 2－18。生物学基本知识的核心在于理解生命。生物学课程标准均以几个生物学大概念来统领学科内容,概括地回答了生物学"是什么""怎么样"和"为什么"等问题。

生物的结构层次、生物的多样性等大概念回答了"生命是什么"这一问题;生态系统、植物的生命周期与生态功能、结构与功能、健康与疾病威胁等大概念揭示了"生命活动是怎样进行的";遗传信息、生物进化等大概念解释了"生命为什么是这样的"。

表 2-17 生物学科大概念①

大概念维度	内 涵
生物的结构层次	生物体具有一定的结构层次,能够完成各种生命活动
生物的多样性	生物可以分为不同的类群,保护生物的多样性具有重要意义
生态系统	生物与环境相互依赖、相互影响,从而形成多种多样的生态系统
植物的生命周期与生态功能	植物有自己的生命周期,可以制造有机物,直接或间接地为其他生物提供食物,参与生物圈中的水循环,并维持碳氧平衡
结构与功能	人体的结构与功能相适应,各系统协调统一,共同完成复杂的生命活动
健康与疾病威胁	人体健康受传染病、心血管疾病、癌症及外部伤害的威胁;良好的生活习惯和医疗措施是健康的重要保障
遗传信息	遗传信息控制生物性状,并由亲代传递给子代
生物进化	地球上现存的生物来自共同祖先,是长期进化的结果
综合运用多学科知识解决生物问题	真实情境中的问题解决,通常需要综合运用科学、技术、工程学和数学等学科的概念、方法和思想,设计方案并付诸实施,以寻求科学问题的答案或制造相关产品

表 2-18 生物跨学科大概念(部分)

跨学科大概念维度	内 涵
因果关系	原因和结果是揭示客观世界中普遍联系着的事物具有前后相继、彼此制约的一对范畴。原因是指引起一定现象的现象,结果是指由原因的作用而引起的现象

以"光合作用"这一课为例,涉及的生物大概念包括四个方面。①生物的结构层次:光合作用是植物体内进行的一种生命活动,它涉及植物细胞的不同结构层次,包括叶绿体、叶片、细胞器等。②生态系统:光合作用是生态系统中的一个重要环节,通过光合作用,植物能够将光能转化为化学能,并释放氧气,从而为其他生物提供食物和氧气。③植物的生命周期与生态功能:光合作用是植物生命周期中的一个关键过程,它使植物能够制造有机物,为自身生长发育提供能量和营养,并间接或直接地为其他生物提供食物。此外,光合作用还参与水循环

① 中华人民共和国教育部. 义务教育生物课程标准(2022 年版)[M].北京:北京师范大学出版社,2022:9—30.

及维持碳氧平衡等过程。④结构与功能:光合作用需要与植物细胞中叶绿体的结构与功能相适应,即通过叶绿体中的色素分子吸收光能,并在光合作用的过程中将其转化为化学能。

在这一课涉及的跨学科大概念中,主要介绍其中的三个方面。①系统与模型:光合作用可以被看作是一个系统,通过输入光能、水和二氧化碳等物质,继而输出氧气和葡萄糖等物质。研究者可以建立模型来描述光合作用的过程和影响因素。②物质与能量:光合作用将光能转化为化学能,通过这一过程,植物能够合成有机物质并储存能量。③因果关系:光合作用的结果是植物能够生长和存活;光合作用的发生受到光照、温度、水分等因素的影响。

通过对科学、物理、化学、生物等学科大概念的对比可以发现,在分类方法上,它们都是依据大概念统摄性分类的,从学科内和跨学科的双重视角来建构大概念的层次体系,且跨学科大概念明显有交叉重复的部分。在表述形式上,学科大概念以概念、观念的形式表述;跨学科大概念则以概念的形式表述。它们都强调以内容为本,利用大概念整合学科内的知识与方法,帮助学生把握学科本质内容,形成学科思维;具备跨学科视野,打通不同学科间的壁垒;运用跨学科知识和技能去分析、解决问题,推动核心素养的落实。正如科学课标中提出的,根据研究对象不同,可将科学分为物理学、化学、生物学、天文学、地球科学等分支。这些分支具有研究方法上的差异,也共享一些通用的科学方法,呈现出相互渗透、交叉融合的态势。

6. 信息科技

《义务教育信息科技课程标准(2022 年版)》要求,从信息科技实践应用出发,注重帮助学生理解基本概念和基本原理,引导学生认识信息科技对人类社会的贡献与挑战,提升学生的知识迁移能力和学科思维水平,体现"科"与"技"并重。信息科技课标依据"数据、算法、网络、信息处理、信息安全、人工智能"六条逻辑主线统筹安排各学段学习内容,故现有研究将这 6 条逻辑主线称为学科大概念,见表 2-19。

表 2-19 信息科技学科大概念①②

大概念维度	内　　涵
数据	数据来源的可靠性;数据的组织和呈现;数据对社会的重要意义
算法	问题的步骤分解;算法的描述、执行与效率;解决问题的策略和方法
网络	网络搜索与辅助协作学习;数字化成果分享;万物互联的途径、原理和意义
信息处理	文字、图片、音频和视频等信息的处理;使用编码建立数据间内在联系的原则和方法;基于物联网生成、处理数据的流程和特点

① 中华人民共和国教育部. 义务教育信息科技课程标准(2022 年版)[M]. 北京:北京师范大学出版社,2022:12.
② 王帆,邢瑶,高露. 信息科技课程六条逻辑主线的潜在分布与发展方向——2022 年全国初中信息技术优质课分析[J]. 电化教育研究,2023,44(11):97—104.

续 表

大概念维度	内 涵
信息安全	文明礼仪、行为规范、依法依规、个人隐私保护;规避风险原则、安全观;防范风险、风险评估
人工智能	应用系统体验;机器计算与人工计算的异同;伦理与安全挑战

以"制作 BMI 计算器"这一课为例,涉及的学科大概念包括四个方面。①数据:在制作 BMI 计算器时,需要收集用户的身高和体重数据。这些数据是信息的载体,用于计算 BMI 指数。②算法:在 BMI 计算器中,需要使用特定的算法来计算 BMI 指数。算法描述了计算 BMI 所需的步骤和指令。例如,将用户提供的身高和体重数据进行计算和转换,便可得出 BMI 指数的结果。③信息处理:制作 BMI 计算器涉及一个简单的信息系统,包括用户界面、输入模块、计算模块和输出模块。用户通过界面输入身高和体重数据,信息系统便会将这些数据传递给计算模块进行处理,并将计算结果通过输出模块展示给用户。④信息安全:制作 BMI 计算器是信息社会中的一个应用场景。通过创造和应用信息技术,人们可以方便地计算和监测自己的 BMI 指数,从而更好地管理健康。这反映了信息社会中的个人和组织利用信息技术获得生存和发展优势的特点。

（三）劳动

劳动学科作为跨学科实践的载体,没有明确的学科属性,因此我们将劳动学科单独进行分析。当前,我国正着力构建新时代德智体美劳全面培养的教育体系,提出了全面加强大中小学综合性、开放性劳动教育课程一体化建设的要求,将劳动教育贯穿学生的整个学习历程。在劳动教育课程中的具体实现需要劳动教育大概念作为阶梯和基点加以转化。李刚和吕立杰认为,劳动学科的大概念是素养导向下的目标取向型大概念。[①] 通过梳理《义务教育劳动课程标准(2022 年版)》中核心素养的相关表述发现,劳动课程没有明确提出大概念。因此,我们结合李刚和吕立杰的研究,将劳动课程的大概念划分为劳动观念、劳动能力、劳动习惯和品质、劳动精神。[②] 而对子概念内涵的阐述将借鉴已有研究成果和劳动课标进行介绍。

1. 劳动观念

劳动观念是指在劳动实践中逐渐形成的,对劳动、劳动者、劳动成果等方面的认知和总体看法,以及在此基础上形成的基本态度和情感。谭天美和魏凤银认为,劳动观念正在由零散提及向系统强调马克思主义劳动价值观转变。[③] 劳动观念的子概念,具体见表 2-20。

[①] 李刚,吕立杰. 大概念视域下我国大中小学劳动教育课程一体化建设的思考[J]. 教育科学,2020,36(5):19—26.
[②] 中华人民共和国教育部. 义务教育劳动课程标准(2022 年版)[M]. 北京:北京师范大学出版社,2022:4—7.
[③] 谭天美,魏凤银. 变与应变:《义务教育劳动课程标准(2022 年版)》中的"课程目标"流变与思考[J]. 教育科学研究,2023,(7):77—84.

表 2-20 劳动观念的子概念

子概念	内 涵
本源性价值	个体要认识到劳动具有超时代性,劳动是创造物质世界与美好生活的根本;不同职业劳动者的辛苦与快乐是不一样的;"三百六十行,行行出状元"
经济性价值	个体要认识到一切商品的价值都是由人的劳动创造的,具有劳动最光荣、劳动最崇高、劳动最伟大、劳动最美丽等观念
社会性价值	个体要认识到劳动对个人生活、家庭幸福、社会进步、国家富强和人类发展的意义,懂得劳动创造人、劳动创造财富、劳动创造美好生活的道理

2. 劳动能力

劳动能力是指顺利完成与个体年龄及生理特点相适宜的劳动任务所需的胜任力,是个体的劳动知识、技能、行为方式等在劳动实践中的综合表现。劳动知识与劳动技能是形成劳动行为方式外显的基础。此外,纪德奎和陈璐瑶认为,劳动行为方式应侧重于劳动创新。[①] 因此,劳动能力包括劳动知识、劳动技能、劳动创新三个子概念,见表 2-21。

表 2-21 劳动能力的子概念

子概念	内 涵
劳动知识	个体在劳动过程中所形成的普遍经验和基本知识,包括理论知识和实践知识
劳动技能	个体运用一定知识和经验独立或合作完成简单的劳动项目,并能够熟练运用常见的劳动工具等,从日常劳动中学习基本的生活技能
劳动创新	通过知识与技能的学习,个体在各类劳动实践活动中所形成的劳动创新思维,以及在以往劳动基础之上继承创造的能力

3. 劳动习惯和品质

劳动习惯和品质是指通过经常性劳动实践形成的稳定行为倾向和品格特征。其中,劳动习惯是人们在经常性的劳动实践过程中所巩固起来的自动化地进行劳动的需要或倾向,如安全劳动、规范劳动、有始有终等。良好的劳动习惯能使人们在一定情况下自主、自动、自愿地进行劳动,并将劳动视为生活的需要。而劳动品质不仅体现在对劳动的价值认同和情感层面的强烈表达上,还包括在实践过程中的行动状态和境界层面的行动准则。具体来说,崇尚劳动、热爱劳动、辛勤劳动、诚实劳动这四个方面共同构成了劳动品质的核

---

① 纪德奎,陈璐瑶. 劳动素养的内涵、结构体系及培养路径[J]. 天津师范大学学报(基础教育版),2021,22(2):16—20.

心内涵。① 劳动习惯和品质的子概念,见表2-22。

表2-22 劳动习惯和品质的子概念

子概念		内　　涵
劳动习惯	劳动自立	个体具有独立进行生产生活劳动的能力、自主处理劳动事务的能力,如生活自理、家务劳动等
	公益劳动	个体自动自愿、不计报酬地服务于公益事业的劳动,如看望孤寡老人、维护公共卫生等
劳动品质	崇尚劳动	对劳动的尊重和推崇,是价值层面的高度认同
	热爱劳动	满腔热忱地去从事人类创造物质和精神财富的活动,将对劳动的价值认同转化为劳动热情,是情感层面的强烈表达
	辛勤劳动	辛辛苦苦、勤勤恳恳地从事生产劳动,是实践过程中的行动状态
	诚实劳动	言行一致、脚踏实地、诚实守信的劳动行为,是境界层面的行动准则

4. 劳动精神

劳动精神是指在劳动观念、劳动能力、劳动习惯和品质的培养过程中形成和发展的,在劳动实践中秉持的关于劳动的信念信仰和人格特质。劳动精神是对劳动实践中广大劳动者的高度肯定,是劳动者在长期劳动中沉淀下来的实践结晶,是谱写新时代劳动者之歌的内核。劳动精神主要包括劳动意义、优良传统和"四个精神"三个子概念,见表2-23。

表2-23 劳动精神的子概念

子概念	内　　涵
劳动意义	劳动是一切幸福的源泉;幸福是奋斗出来的
优良传统	继承中华民族勤俭节约、敬业奉献的优良传统
"四个精神"	弘扬开拓创新、砥砺奋进的时代精神;感知爱岗敬业、甘于奉献的劳模精神;培育百折不挠、艰苦奋斗的革命精神;培育精益求精、追求卓越的工匠精神

以"制作风筝"这一课为例,涉及的劳动大概念包括四个方面。①劳动能力:在制作风筝的过程中,学生需要掌握一定的手工技巧,以顺利完成风筝的制作任务。②劳动习惯和品质:制作风筝需要耐心和专注的态度。学生对风筝制作的认识、情感和行为的倾向,会影响他们的劳动态度。积极的劳动态度能够激发人们的创造力,提升工作技巧和劳动知识,如能

---

① 庄得宝,刘文静.弘扬劳动精神的四重意蕴[J].求知,2024(5):49—52.

够选择合适的材料以及剪裁、缝制方式等。这些经验、技能是通过实践和训练获得的，能够激发制作热情，使学生更加投入风筝的制作过程中。③劳动精神:制作风筝需要学生付出努力和智慧。劳动精神体现在学生对于克服困难的信心、意志和勇气上。只有具备坚韧不拔的劳动精神，才能战胜制作过程中的挑战，取得成功。④劳动观念:制作风筝是一种劳动行为，它体现了人们对于劳动价值的认同。在制作风筝的过程中，学生通过劳动创造出美丽的艺术品，具有一定的经济价值。

💬 问题研讨

人文社科类(跨)学科大概念的共性是什么? 自然社科类(跨)学科大概念的共性是什么? 这两者之间的区别有哪些?

六、国外课标对大概念的解读

（一）美国

1. 科学教育课程

其他国家课标对大概念的解读

2013 年美国以科学教育课程改革的纲领性文件《K-12 科学教育框架:实践、跨学科概念与核心概念》为蓝本，发布了标志新一轮科学教育改革正式开始的文件——《新一代科学教育标准》。该标准提出了美国科学课程的新范式:由科学与工程实践、跨学科概念、学科核心概念三个维度相互融合而成，同时标注了每个学习内容所对应的预期表现;遴选了 7 个打通学科界限的具有较强解释力的概念作为跨学科概念，分别为模式、因果关系、系统与系统模型、物质与能量、结构与功能、稳定与变化以及尺度、比例和数量。[1] 下面以跨学科概念"物质与能量"为例，介绍它在各年级的表述及其对应的学科核心概念，具体可见表 2-24。

表 2-24 跨学科概念"物质与能量"的表述及其对应的学科核心概念

年级	跨学科概念	学科核心概念
二年级	物体可以分裂成小块，也可以拼接成大块，或改变形状	物质的结构和性质
五年级	能量可以通过各种方式在物体之间传递	化学过程和日常生活中的能量
		生物体内物质和能量流动的组织结构 食物为动物提供身体修复和生长所需的养料，以及维持体温和运动所需的能量

[1] 李刚. 大概念课程与教学:从理论到实践[M].北京:社会科学文献出版社,2022:10.

续 表

年级	跨学科概念	学科核心概念
中学	物质是守恒的,因为原子在物理和化学过程中是守恒的	化学反应
	能量有多种形式(如场能、热能、运动能)	能量守恒和能量传递
	物质是守恒的,因为原子在物理和化学过程中是守恒的	生物体内物质和能量流动的组织结构 植物、藻类(包括浮游植物)和许多微生物利用光能,通过光合作用将大气和水中的二氧化碳制成糖(食物),同时释放出氧气。这些糖可以立即使用,也可以储存起来供生长或日后使用
		化学过程和日常生活中的能量

根据《K-12科学教育框架:实践、跨学科概念与核心概念》,美国科学教育涵盖了物理科学、生命科学、地球与空间科学,以及工程、科技与科学应用四大领域。跨学科概念能够对科学教育的内容进行有效的横向整合,表现为跨学科概念与学科领域内容相对应,并基于学科领域内容,建立具体知识间的联系。[①] 例如,"物质与能量"这一跨学科概念,五年级学生除了需要掌握表2-24中所列的生物学科核心概念"生物体内物质和能量流动的组织结构",同时也需要掌握化学学科核心概念"化学过程和日常生活中的能量"。

跨学科概念除了能有效完成横向学科间的融合,对在纵向上实现不同学段的知识深度的进阶同样具有优势。通过围绕一个跨学科概念,可以将不同学段所涵盖的学科核心概念串联起来。例如,围绕"物质与能量"这一跨学科概念,可以将二年级的学科核心概念"物质的结构和性质",五年级的学科核心概念"生物体内物质和能量流动的组织结构",以及中学阶段的学科核心概念"化学反应""能量守恒和能量传递"等串联起来。[②]

美国跨学科概念的课程设计蕴含了学习进阶的思想。在K-12教育的不同阶段,对每一个跨学科概念都有不同水平的要求,具体表现在随着年级的上升,学生学习跨学科概念的目标要求和复杂程度随之加大。另外,美国科学教育中的跨学科概念来源于学科核心概念,因此,其跨学科概念与学科核心概念有着密不可分的关系。

2. 人工智能课程

2018年,由美国人工智能协会(AAI)和计算机科学教师协会(CSTA)共同发起的AI4K12工作组,制定了针对K-12阶段人工智能课程的国家性标准文件。其中,人工智能教育

---

① 高潇怡,孙慧芳.当前国际科学课程标准中的跨学科概念探析——以美国、澳大利亚、加拿大、新加坡为例[J].教育学报,2019,15(6):25—33.
② 李春密,赵芸赫.STEM相关学科课程整合模式国际比较研究[J].比较教育研究,2017,39(5):11—18.

用 5 个学科概念作为框架(感知、表征与推理、机器学习、人机交互和社会影响)[1],不仅覆盖了人工智能研究与应用的基本领域,也包括了人工智能的社会影响层面[2],具体见表 2-25。

表 2-25 美国人工智能学科大概念[3][4]

学科大概念	内 涵
感知	计算机使用传感器来感知世界
表征与推理	智能代理能够保持对现实世界的表征,并用表征进行推理
机器学习	机器学习是一种从数据中找到规律的统计推断
人机交互	智能代理可识别人类的面部表情和情感,并利用文化和社会习俗等方面的知识来推断所观察到的人类行为的意图,理解并使用人类的语言与人类进行交互
社会影响	AI 的应用对社会既有正面影响也有负面影响,它在为人类的工作、出行、沟通和生活带来便利的同时,也为设计和开发 AI 系统带来了道德层面的约束

人工智能学科大概念遵循从感知输入到表征推理,再到实现人机交互的操作逻辑,这一过程与人工智能技术实际应用的操作过程是相对应的。从主题范围演变这一维度对人工智能学科大概念进行分析,它所呈现出的是从具体演变到抽象的进阶性特点。以"感知"主题为例,从幼儿园到 2 年级,学生的课程目标是识别传感器;到了 3—5 年级,是描述传感器输入机制;而 6—8 年级则要求能解释传感器对计算机的影响。"感知"这一线索始终将各学段的课程目标串联在一起。[5]

美国人工智能课程在低学段以单一主题设计为主,在高学段则采用多主题融合设计。随着课程内容的深入和学生认知水平的发展,这样的设计有利于学生将碎片化知识构建成整体。[6] 进言之,美国人工智能课程的大概念框架建构和课程内容的组织设计,均充分考虑了学生的年龄特点与认知能力。

---

[1] 欧阳嘉煜,王宇,汪琼. 美国 K-12 阶段人工智能课程大概念与课例设计解读[J]. 现代教育技术,2022,32(12):13—22.

[2] 方圆媛,黄旭光. 中小学人工智能教育:学什么,怎么教——来自"美国 K-12 人工智能教育行动"的启示[J]. 中国电化教育,2020(10):32—39.

[3] Touretzky D, Gardner-Mccune C, Martin F, et al. Envisioning AI for K-12: what should every child know about AI?[J]. Proceedings of the AAAI Conference on Artificial Intelligence, 2019,33(1):9795—9799.

[4] 欧阳嘉煜,王宇,汪琼. 美国 K-12 阶段人工智能课程大概念与课例设计解读[J]. 现代教育技术,2022,32(12):13—22.

[5] 方圆媛,黄旭光. 中小学人工智能教育:学什么,怎么教——来自"美国 K-12 人工智能教育行动"的启示[J]. 中国电化教育,2020(10):32—39.

[6] 欧阳嘉煜,王宇,汪琼. 美国 K-12 阶段人工智能课程大概念与课例设计解读[J]. 现代教育技术,2022,32(12):13—22.

3. 社会研究课程

2013 年,美国的国家社会研究委员会(NCSS)颁布了《为大学、职业及公民生活做准备的社会研究州立标准框架:提高 K–12 公民、经济、地理和历史学科严谨性的指导》。这份文件将社会研究分成公民、经济、地理和历史四门学科,每门学科下还细分了三至四部分内容。例如,公民学科下还细分了三个部分:公民和政治机构;参与和商议;应用公民美德和民主原则;程序、规则和法律。该文件对每个学段下的每门学科中的每个部分都提出了核心概念,共有两百多个核心概念。这些核心概念构成了各个学科中不同部分的课程框架;各个部分相互融合,共同构建出每门学科的课程框架;而后学科间又相互连接,共同构成了社会研究这一整体的跨学科课程,具体见表 2–26。

表 2–26　美国社会研究课程"经济"学科中"经济决策"的核心概念(部分)①

学段	K—2	3—5	6—8	9—12
核心概念	解释稀缺性如何导致决策的必要性	比较个人选择的利益和成本	解释经济决策如何影响个人、企业和社会福祉	分析激励措施是如何影响选择,以及可能会影响不同群体的成本和收益范围的政策
	识别做出各种个人决定所带来的好处和成本	识别影响人们决策的积极和消极的激励因素	从不同群体和整个社会的利益及成本的角度来评估当前经济问题的替代方法或解决方案	使用边际效益和边际成本来构建支持或反对某一经济问题的方法或解决方案的论点

根据表 2–26 可知,不同核心概念之间存在逻辑性关系。在纵向学段的变化上,核心概念随着学生认知水平的发展而不断增加探究的深度。② 例如,从探究影响个人决策的因素上升到影响不同群体的决策制定,体现了核心概念深度上的变化。

美国社会研究课程之所以要从公民、经济、地理和历史这四门学科中提取基本概念和技能,是因为该课程核心概念的一个重要作用是作为学生准备参加公民生活的重要工具,而这些基本概念和技能对学生作为公民理解政策制定者和公民所面临的问题、议题和争议至关重要。③ 美国社会研究课程框架采取 K–12 年级一贯制,各年级的核心概念层层递进,既考

---

① Swan K, Barton K C, Buckles S, et al. The college, career, and civic life (C3) framework for social studies state standards: guidance for enhancing the rigor of K–12 civics, economics, geography, and history [J]. Chain Leader, 2013:36.

② 姚冬琳. 以探究为中心的学习与教学——美国 C3 框架述论[J]. 现代中小学教育,2016,32(10):103—108.

③ Croddy M, Levine P. The C3 framework: a powerful tool for preparing future generations for informed and engaged civic life [J]. Social Education, 2014,78(6):77—83.

虑了不同学科知识的横向联系与交叉,又将各年级之间知识的纵向衔接与学生能力的可持续发展纳入考虑范围,从而有效避免了课程目标定位不当、课程内容组织不合理的情况。[1]

(二) 新加坡

1. 科学课程

2022 年 10 月,新加坡颁布了最新的《小学科学教学大纲》。该教学大纲基于科学核心概念构建科学课程内容框架。其中,科学核心概念以主题的形式进行呈现,而主题下又细分了若干个专题,交叉分布在不同年级。课程的五个核心概念分别为:多样性、循环、系统、相互作用和能量。这些主题包含了生命科学和物理科学中的核心概念体系,学生需要从小学三年级到六年级学习这五个核心概念及其专题内容(选修基础科学的学生则不需要学习其中的部分专题或内容),具体见表 2 - 27。

表 2 - 27　新加坡《小学科学教学大纲》主题框架

年级	三年级	四年级	五年级	六年级
主题	多样性、循环、系统、相互作用、能量			
专题	① 生物和非生物的多样性(一般特征和分类) ② 材料的多样性 ③ 植物和动物的周期 ④ 力的相互作用(磁铁)	① 植物系统(植物的各个部分和功能) ② 人体系统(消化系统) ③ 物质和水的循环 ④ 能量的形式和用途(光) ⑤ 能量的形式和用途(热)	① 植物和动物的周期(繁殖) ② 物质和水的循环(水) ③ 植物系统(呼吸系统和循环系统) ④ 人体系统(呼吸系统和循环系统) ⑤ 电的系统	① 能量的形式和用途(光合作用) ② 能量转换* ③ 力的相互作用(摩擦力、引力、弹力*) ④ 环境中的相互作用

注:选修基础科学的学生不要求学习带"*"的专题或内容。

根据《小学科学教学大纲》中的介绍,核心概念的作用是帮助学生理解科学不同分支学科内容的一致性和概念性联系。虽然该教学大纲的内容被组织成五个主题,且每个主题下还细分若干个专题,但每个专题都不能被看作是独立的知识块。每个主题之间没有明确的界线,不同主题下的细分专题可能存在交叉重叠。该教学大纲以螺旋式的方法组织课程知识,可以在不同的层次帮助学生越来越深入地重温概念和技能。例如,学生在四年级学习"系统"中的专题"植物系统(植物的各个部分和功能)",在五年级学习"系统"中的专题"植物系统(呼吸系统和循环系统)"。

---

[1] 姚冬琳. 以探究为中心的学习与教学——美国 C3 框架述论[J]. 现代中小学教育,2016,32(10):103—108.

2. 社会研究课程

2020 年,新加坡颁布了新的《小学社会研究课程教学大纲》。该教学大纲在课程内容模块采用了专题教学法,围绕"身份认同、文化与文物""人与环境""社会的治理与组织""冲突、合作与解决""经济与全球化"五个关键主题来设计和组织课程框架。在课程内容中,这些关键主题表现为对应的三个研究簇,每个研究簇分为两个不同年级的学习水平,每个年级对应一个等级的学习水平内容,每个学习内容对应一个焦点问题,即学生每两个年级学习一个研究簇。在每个年级的学习内容中,所涉及的大概念和关键概念见表 2-28。

表 2-28　新加坡小学社会研究课程中的大概念和关键概念

研究簇	学习水平	大概念	关键概念
发现自己和周围环境	一年级:认识自我、他人和周围环境	① 自我、周围的人和周围的环境 ② 个体所扮演的角色,以及如何影响周围的人与环境	个人身份、社会认同、社区、场所
	二年级:民族团结	① 新加坡是由不同群体组成的,社区有各自的习俗和传统 ② 国家标志和共同经历有助于民族团结	多样性、文化、国民身份、共同经历
了解新加坡的过去和现在	三年级:了解新加坡的环境和挑战	人类通过不同方式适应环境,克服挑战,以满足自身需求	地点、环境、保护、变化和延续性、适应性
	四年级:了解我们的过去	新加坡被他国占领对人民生活的影响,以及不同的人在战争期间如何为新加坡做出贡献	文化遗产、变化和延续性、多样性、贡献、独立性
欣赏新加坡、我们生活的地区和世界	五年级: ① 了解新加坡作为一个国家的发展历程 ② 了解东南亚的多样性和相互关联性	① 国家认同可以通过新加坡的国家标志、国家事件和标志性建筑来建立 ② 东南亚多样的自然环境和人们的生活方式	国家建设、贡献、地区、多样性、互联性、适应性
	六年级:了解各种文明的特征和遗产	印度次大陆文明、中华文明以及东南亚古代王国和帝国的遗产	文明、传统、变化和延续性、文化遗产

💬 **问题研讨**

对比与分析上述国家课标中的大概念,尝试从知识体系与课程框架两个维度对其中的共性和差异进行讨论与交流。

第二节　大概念的生成机理

本节学习目标

通过本节学习，了解大概念的生成依据，包括知识的演化机制、学习的发生机制和脑区的作用机制；从思维视角和知识视角，掌握大概念的生成机理。

大概念的生成强调知识的整体性、系统性和内在联系，通过将教学重点聚焦于领域内的核心概念和原理上，可帮助学生建立起知识结构和认知框架。鉴于大概念的生成过程遵循知识的演化、学习的发生以及脑区的作用等联动机制，本节将通过解析大概念的生成依据，从知识和思维两个视角厘清大概念的生成机理。

一、大概念的生成依据

（一）知识的演化机制

1. 知识的学科结构

知识是经过人的思维整理过的信息、数据、形象、意象、价值标准以及社会的其他符号化产物。[1] 而学科知识是关于客观世界某个领域或某个层面的本质及其规律的观念化、符号化的信息组合。每一门学科都包含许许多多个由语词表达的概念及系列概念逻辑关系，借助这些具体的语词、语句、符号体系、具体概念及特定逻辑关系等，学科知识的信息便可得以储存并实现有序的组合。但是，学科中所蕴含的语词或语句所表达的命题，并不都是等量齐观的。有的语词、概念或命题只是起阐释学科基本知识原理的作用，可将它们视之为辅助性语词、非基本概念或普通命题，因而对学科内在结构不产生根本性影响。而另一些语词、概念、命题则对学科面貌、学科性质有直接的决定性影响，可将这类概念、命题称之为基本概念、基本命题。所谓知识的学科结构，就是学科中的基本概念、基本命题及基本原理的组成方式和结合方式。

知识的学科结构并不是基本概念和基本命题的简单罗列，而是它们之间的系统联系与有机统一。概念、命题、理论之间的内在逻辑关联越强，其学科结构也就越稳固。反之，概念、命题、理论之间缺少逻辑关联，或者平行排列、简单罗列，其结构就越松散。学科结构的严密性、统一性对一个学科理论的科学性、真理性有着不同程度的影响。一个学科的结构松散，概念、命题及原理之间就会缺乏内在关联，这必然会影响到该学科的科学性。

---

[1] 刘畅. 知识管理与实践[M]. 长春:吉林人民出版社,2021:3—8.

任何一个确定的、具体的学科知识,都不是孤立的、封闭的观念体系,而是一个开放的、具有涨落变化的理论体系。简单地说,每门学科内部所包含的基本概念、基本命题及基本原理往往是同相邻学科的概念、命题及原理相关联的。这种关联使得学科与学科之间具有一种相互依存、相互作用的关系,进而使多个单学科知识结合为一个统一的不可分割的整体。[①] 以物理学为例,物理学中的基本概念、命题和原理与数学密切相关。数学提供了物理学所需的工具和语言,如微积分、线性代数和概率论等,用于描述和分析物理现象。同时,物理学中的实验数据和观测结果也为数学提供了实际应用和验证的基础。物理学和数学相互支持,数学为物理学提供了精确的数学模型和推导方法,而物理学则为数学提供了实际应用和具体问题的背景。这种相互关联使得物理学和数学不再是孤立的学科,而是相互交融、相互促进的整体。

2. 知识的一般结构和过程的一般结构

1995 年,林恩·埃里克森在《激荡头脑、心智和灵魂:重新定义课程与教学》中提出"知识的结构"(见图 2-1)。2013 年,洛伊斯·兰宁在《为英语语言艺术设计一个概念为本的课程:以完整智力实现共同核心课程标准》中提出"过程的结构"(见图 2-2)。[②][③] 其中,知识的结

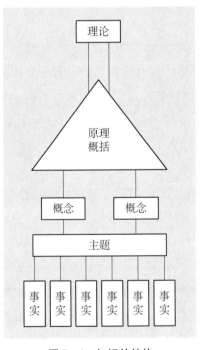

图 2-1 知识的结构

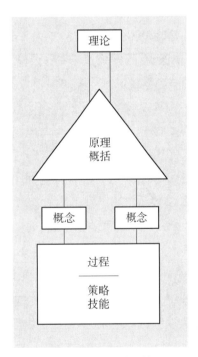

图 2-2 过程的结构

① 昌家立.关于知识的本体论研究:本质 结构 形态[M].成都:巴蜀书社,2004:55—61.
② 林恩·埃里克森,洛伊斯·兰宁.以概念为本的课程与教学:培养核心素养的绝佳实践[M].鲁效孔,译.上海:华东师范大学出版社,2018:25—44.
③ 说明:作者基于《以概念为本的课程与教学:培养核心素养的绝佳实践》一书中的研究成果,对知识的结构和过程的结构做了少许改进。

构主要涉及事实、概念、原理/概括、理论四个类别,过程的结构主要涉及技能、策略、原理/概括、理论四个类别。除了共同的上位成分"原理/概括"和"理论"外,知识的结构和过程的结构之间的区别还体现在:前者是从事实上升为概念,后者是由技能上升为策略。

📖 **拓展阅读**

知识的结构与过程的结构

知识的结构与过程的结构本质上都是以"概念为本"的教学,二者的关系是共生、互补的,具有灵活性。"概念为本"的教学强调面向理解的教学,更加关注过程、策略、技能背后的概念、原理与概括的建构及理解,要认识到重要且可迁移的概念是嵌入在复杂过程中的。因此,下文呈现相关概念,以帮助读者进一步理解图 2-1 和图 2-2。

(1)主题和事实:主题和事实无法跨时间、跨文化、跨情境迁移,它们被锁定在特定的时间、地点和情境当中。例如,主题有二战、雷诺阿的画、人体、亚洲文化等;事实是主题框架内的特定知识片段。

(2)技能:指嵌入策略中的较小操作或行动,同时,如果能够适当地运用技能,则可以帮助策略发挥作用。技能支撑了更复杂的策略。

(3)策略:可以将策略看作是学习者自觉(元认知)地适应,并监督自身以提高学习表现的一项系统计划。策略是很复杂的,其中包含了许多技能。为了有效地使用某项策略,个体必须掌握足以支持在特定背景下运用策略的多种技能,且能够流畅而灵活地使用这些技能,以及适当结合其他相关的技能和策略。例如,采取"推断"这一策略,需要使用背景知识、做出预测及得出结论等技能。为了有效地运用"推断"这个策略,学习者必须熟练而灵活地使用相关的支撑技能。

(4)过程:指产生结果的行动。过程是连续的,会经历不同的阶段。在每个阶段中,不同的输入(材料、信息、人们的意见和时间等)可能会改变过程演进的方式。过程定义了需要做的事情,如书写过程、阅读过程、消化过程、呼吸过程等。这些过程是连续的,只有当干预发生时才会停止。结果的质量可能取决于输入的内容。在某个过程的各个阶段,输入会转变该过程演进的方式,同时,结果也会呈现不同于最初的特性。所以,过程是复杂而抽象的,最终结果的质量取决于适当的策略以及嵌套于过程中的技能的运用。

(5)概念:可以跨时间、跨文化、跨情境迁移。它们是以共同属性框定一组实例的心智建构。例如:(跨学科的)宏观概念有变化、系统、独立等;(更多是学科内的)微观概念有角度、文化、恐惧、栖息地等。概念的标准有:①不受时间影响;②具有普遍性;③使用一两个词或者短语来表述;④不同程度的抽象(从宏观到微观);⑤多个实例分享共同属性。

（6）概括：用以表述两个或两个以上概念之间关系的句子。它们是跨时间、跨文化、跨情境、可迁移的理解。概括是由事实性实例支撑的真理。当这种观点很重要但又不能包含所有实例时，可以使用限定词（如经常、可能、或许等）。例如，国家可能使用斡旋来解决国际冲突。但要注意的是，过度使用限定词可能会削弱概括的力量，因此仅在必要时使用。

（7）原理：指对概念性关系的表述，但它上升到了更高的层次，如定律；或是有着迄今为止最好证据的真理，如牛顿定律、数学公理等。原理从来不含限定词。

（8）理论：指一个推论或者一组用来解释现象或实践的概念性观点，如达尔文的进化论。

（二）学习的发生机制

1. 信息加工模式

认知心理学家加涅提出了关于学习的一般过程的信息加工模式，总结出人类学习的一般过程：刺激信息作用于感受器，进入感觉记忆；感觉记忆将有意义的信息筛选出来并送到工作记忆；在工作记忆中，信息被加工处理，在此过程中，工作记忆会根据需要不断地从长时记忆中激活并提取有关的知识；经加工处理后，人获得了新信息的意义，并将加工的结果送到长时记忆中保存起来，同时通过反应发生器与效应器做出反应，见图2-3。

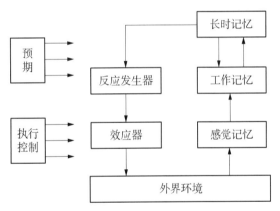

图2-3 学习过程中信息传播的机制

新的信息若要为学生所接受，其关键的环节是要在工作记忆中被加工处理。在跨学科主题学习探究中，问题解决的起点在于外部信息的输入以及主体对信息的理解和解读。信息作为高度概括的概念系统，它构成了介于意义联想和概念之间的"结"和"线"。信息加工理论指出，在外部客观信息被呈现并输入的情况下，主体可以完成对外部输入信息的感知、识别、表征或定义。知识则是通过信息的合成、演绎和推理获得的，且是已被验证为准确和具有客观性的信息。可见，个体在外部信息获取的基础上，经由知识和思维的内在统一，方能促成问题的解决。

2. 学习双机制

学习双机制理论是关于人的学习的理论，是关于人类个体在后天生活过程中获得心理机能（主观经验）与知识经验（客观经验）的过程的理论。个体运用不同的学习机制去获得经验，则可形成不同类型的学习。因而，有机体的学习也相应地分为联结性学习与运算性学习。对学习类型及其机制的这种理解与划分，是学习双机制理论的核心，也是其基本的理论框架。

联结性学习，是指个体通过将同时出现在工作记忆中的若干客体联系起来而获得经验的学习。例如，在巴甫洛夫的研究中，狗获得了铃声是进食信号的经验。实际上，认知心理学家提出的陈述性知识的学习也是一种联结性学习，因为这种学习的过程就是将同时出现在工作记忆中的各个节点联系起来形成新命题，从而获得命题表达的经验。因此，这个命题表达的经验的学习过程，主要是依赖于联结机制而实现的联结性学习。

运算性学习，是指个体通过复杂的认知操作而获得经验的学习。例如，学习"三角形内角和等于180度"这个命题，需要个体通过复杂的认知操作才能获得。有许多知识的获得不能仅仅通过在工作记忆中将若干个激活点联结起来而实现，而是需要在工作记忆中进行一系列复杂的认知活动（或称运算）才能获得。例如，儿童要获得皮亚杰的守恒经验，就需要在头脑中进行逆反性或互反性的运算，而不可能仅仅通过将同时出现在工作记忆的若干激活点联结起来而实现，这种情况下的学习便是运算性学习。

学习双机制理论认为，联结性学习与运算性学习是辩证的统一，它们是相互结合、相互渗透的。实际的学习活动尽管还是可以根据其基本机制大致地归为联结性学习或运算性学习，但完全纯粹的联结性学习或运算性学习是没有的。简单的联结性学习，如模式辨别学习过程，就包括了概括化的认知加工的环节；而复杂的运算性学习，其进行过程也往往会掺杂着许多联结性学习，需要不断运用过去在联结性学习中所获得的经验。例如，在学习"玩具"这个概念的过程中，个体可能会多次将"玩具"这个词与若干具体的玩具（如某个布娃娃、小气球等）形成联结，也就是需要经过多次的联结性学习；而后在这个基础上，个体进行了概括（即认知活动），从而形成了"玩具"这个概念。可见，在形成"玩具"概念的运算性学习过程中，也掺杂着许多局部的联结性学习。[①]

（三）脑区的作用机制

大概念教学一直受"大脑如何实现最佳学习"这一问题的引导。大脑遵循两个主要的生存指令，即寻求快乐和寻求模式，它们都在大概念教学中得以体现。

1. 大概念教学更容易让人兴奋

大脑的功能区域和边缘系统可参见图2-4、图2-5。杏仁核附近有伏隔核，伏隔核会向前额叶皮层区域释放多巴胺流，产生正面情绪，这种积极愉悦的反应会强化相应的神经记忆网络。[②] 大概念教学易让人兴奋的主要原因有三个方面。

[①] 莫雷，等. 学习过程与机制研究：我国学习双机制理论与实验[M]. 北京：经济科学出版社，2012：16—18.

[②] McTighe J, Willis J. Upgrade your teaching: understanding by design meets neuroscience [M]. Virginia: ASCD, 2019：6—8.

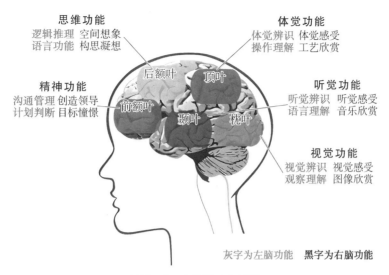

思维功能
逻辑推理 空间想象
语言功能 构思凝想

体觉功能
体觉辨识 体觉感受
操作理解 工艺欣赏

精神功能
沟通管理 创造领导
计划判断 目标憧憬

听觉功能
听觉辨识 听觉感受
语言理解 音乐欣赏

视觉功能
视觉辨识 视觉感受
观察理解 图像欣赏

后额叶　顶叶
前额叶
颞叶　枕叶

灰字为左脑功能　**黑字为右脑功能**

图 2-4　大脑的功能区域

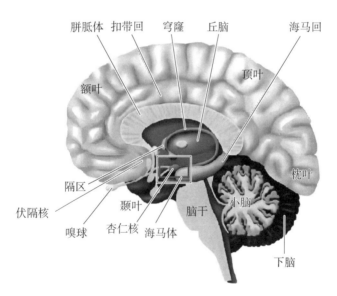

胼胝体　扣带回　穹窿　丘脑　海马回
额叶　顶叶
枕叶
隔区　颞叶
伏隔核
嗅球　杏仁核　海马体　脑干　小脑
下脑

图 2-5　大脑的边缘系统

首先,大概念教学强调要明确预期的学习结果,从而为人的学习指明方向。从神经科学来看,我们的大脑不断地接收信息,这些信息来自感觉系统(听觉、视觉、味觉、触觉、嗅觉)和感觉神经末梢(分布在肌肉、关节和各个器官内),但其中只有约 1% 的信息能进入大脑。这是因为大脑在信息加工处理的过程中要付出大量精力,高密集和高活跃度的新陈代谢活动使大脑要消耗人体中 20% 的氧气和营养物质。一旦信息进入大脑加工系统,就会被许多“切换站”转发,其中,最高水平的加工过程会发生在大脑的外层,也就是皮层。当大脑有明确的目标时,会让人集中注意力,搜索与目标相关的感官输入,并从记忆中寻找已有的信息以关联新的信息。

其次,大概念教学强调挑战性,应当能够引发人的好奇心。比如,复杂的真实性问题、带有挑战性的问题等,会被大脑优先接收。因为根据神经科学理论,人的后脑下部有一个"感觉摄入过滤器",也被称为"网状激活系统",这一系统会优先接收新的、不同的、有变化的和意想不到的信息。这也是人和动物在生存过程中发展起来的本能,因为那些"不一样"的信息往往预示着危险的靠近。同时,好奇心会激活大脑的多巴胺奖励系统,从而引起人的注意,促使其不断努力。

最后,大概念教学中的"预测"成功会给人带来成就感。除了强调"具体—抽象"的归纳,大概念教学也强调"抽象—具体"的演绎。这其实就是让学生在具体案例中运用大概念去判断和预测,而成功的预测会让大脑释放多巴胺,从而强化模式。不仅人类如此,动物也一样。比如,狐狸发现天气冷的时候兔子会较早入洞,于是会将"低温"和"兔子"建立联系,会在天冷的时候更早地候在兔子的洞穴边,且预测的成功会进一步强化这一模式。所谓模式,在很大程度上就是我们所说的抽象的大概念,大脑借此能更好地预测接下来会发生什么。通过预测得到的反馈,会让人产生成就感。脑成像和神经电子学的相关研究表明,反馈能促进前额叶皮层的活动,且会强化这种模式。也就是说,如果人和动物能体验到这种活动的价值,那么大脑会付出更多努力来投入此类活动。[①]

2. 大概念教学更容易保持记忆

首先,大概念教学强调抽象大概念的建立。抽象大概念从某种程度上来看就是一种模式。模式是对事物之间的关系和共性的分类与组织。事实上,主导我们思维和行动的信息往往不是存储在单个神经元上的,哪怕只是一个简单的拍手行为。每个神经元都拥有一个微小的片段,当多个神经元通过突触连接形成神经回路时,这些回路的活动模式就构成了记忆。换言之,大脑是以模式为单位来存储信息的,只有模式才能更快地识别、存储、检索和提取信息。新的感觉信息经由杏仁核进入下脑后,在海马体中停留的时间不到 1 分钟,那么能否从短时记忆上升到长时记忆,在很大程度上就取决于是否能识别和激活现有的存储器,进而对新的信息进行处理,使之与已有信息形成联结。

大脑形成模式的一个基本方法就是寻找相似性和差异性,从而形成概念类别。这有助于我们理解为什么大概念教学要让学生区分正例和反例,因为在比较中可以加强学生对大概念的理解。这也解释了为什么类比是大概念学习的一种非常有效的方式,因为类比的对象常常是学生更为熟悉的、强大的记忆模式。比如,"好的故事就像坐过山车,那些情节能让你体会起伏",通过过山车可以帮助学生很好地理解好的故事。

其次,大概念教学的学习机制是高通路迁移,遵循"具体→抽象→具体"的路径;而非低通路迁移所遵循的"具体→具体"的路径。高通路迁移实际是在不断地塑造强有力的神经网络,从而形成神经可塑性反应;而低通路迁移则只能形成微弱的神经通路。长期以来,我们

---

① 刘徽. 大概念教学:素养导向的单元整体设计[M].北京:教育科学出版社,2022:51—53.

持有一种错误的观念,认为大脑在我们出生时就已经定型了。事实上,尽管神经元的数量变化不大,但神经元之间的联结,也就是神经网络却会在人的一生中不断地增长和扩展。神经可塑性指的就是神经网络的持续发展,这里既包括联结更多的神经元(表现为树突或轴突的联结),也指增厚现有联结的髓鞘层。每一次有意义的信息输入都会激活神经元之间的电信号,形成神经回路,从而唤醒、加强、修正或改变神经网络。[①] 神经元之间的联结越多,灵活性就越强。这就好比我们的交通系统,如果只有一条路,那就只能走这条路,别无选择;而如果能开发出四通八达的道路,那就可以灵活地选择各种路线。髓鞘层越厚,就如同道路越宽敞,允许通行的车辆越多,这也就预示着处理信息的效率越高。神经科学有关研究发现,如果要求学生一遍一遍地重复相同的信息,那么只会形成微弱的、固定的"孤独"通路,只能用相同的提示去检索和激发,无助于神经网络的建构,也无法使学生将这种能力迁移到新的问题解决中去。

最后,大概念不易被遗忘,小概念容易被遗忘。神经可塑性既可能表现为加强,也可能表现为衰退。也就是说,如果长期没有被相关信息激活,树突的联结会逐渐减少,也会不断变薄,直至消失。这也解释了为什么我们在学校里学习的知识后来会"还给"教师,因为我们所建立知识的适用范围仅局限在课本上。

二、大概念的生成机理

(一) 思维视角下大概念的生成机理

大概念是超越具体的抽象,因此,很多人把重点放在了大概念的抽象特性上,甚至认为既然大概念那么重要,直接让学生把大概念背会就是了。这是对大概念特性的误解。事实上,专家思维是以大概念来组织的,但专家的知识常常镶嵌在应用的情境之中。"专家的知识不能简化为一些孤立的事实或命题,而应反映应用的情境,也就是说,这些知识受一系列环境的制约。"[②]换言之,专家的知识既是抽象的,也是鲜活的。抽象指的是它有大概念的支持,鲜活指的是它来自具体情境,并能返回到具体情境中被应用。

大概念的生成是"具体→抽象→具体"的循环过程。具体与抽象之间的互动所蕴含的两种思维活动,就是杜威所描述的归纳与演绎过程。"归纳性运动是要发现能起联结作用的基本信念;演绎性运动则是要检验这一基本信念,一一检验它能不能统一解释各分隔的细节,从而在此基础上将它予以肯定或否定或修正。"[③]

埃里克森称这种具体和抽象之间的互动为"协同思维",它是大脑低阶和高阶处理中心之间的能量互通。如果没有具体案例支持,抽象概念很有可能就是没有被充分理解的惰性

① McTighe J, Willis J. Upgrade your teaching: understanding by design meets neuroscience [M]. Virginia: ASCD, 2019:11—12.
② 约翰·D·布兰思福特,安·L·布朗,罗德尼·R·科金,等.人是如何学习的:大脑、心理、经验及学校(扩展版)[M].程可拉,孙亚玲,王旭卿,译.上海:华东师范大学出版社,2013:27.
③ 约翰·杜威.我们如何思维(第2版)[M].伍中友,译.北京:新华出版社,2015:91.

知识。而支撑大概念的具体案例越丰富、越多样,它的可迁移性就越强。同时,这些具体案例最好能与现实世界相关联,能转化为现实的行动或作品,从而有助于学生更好地形成有生活价值的大概念。也就是说:"知识需要不断被现实化……这种持续不断的调用可以使知识精细化或复杂化。"①其实,具体和抽象的协同思维也发生在日常生活中,人类天生就倾向于从具体案例中去归纳抽象概念,也就是俗称的"经验总结"。由于这样得出的概念还比较粗糙,因此我们称之为"日常概念"。如前文提到的,"正义总是能战胜邪恶"所形成的抽象原理就是日常概念,可见日常概念的形成也经历了一个"具体→抽象→具体"的过程。

综上所述,具体和抽象的协同思维构成了复杂的认知结构,既有抽象的概念,也有具体的案例,既有日常概念,也有作为科学概念的大概念和小概念。认知结构的层次越丰富,联结越多样,层次之间越融通,就越有利于迁移。这里有来自脑科学的依据:"大脑中突触分裂和关联的复杂性决定了整体表现的质量。"②斯特赖克和波斯纳提出的"概念生态圈"(conceptual ecology),实际上就描述了认知结构的复杂性、层级性、关联性和动态性。③

(二) 知识视角下大概念的生成机理

1. 基于奥苏贝尔有意义学习理论

基于奥苏贝尔有意义学习理论的核心要义是:学科认知结构的形成是以学科子概念作为节点自下而上建立网状联系的进阶过程。④ 这里从认知心理学视域出发进行剖析,以反映学科概念交叉和概念序列的显性化表征途径。有意义学习是指符号所代表的新知识与学习者认知结构中已有的恰当知识建立非人为的、实质性的联系。这种知识之间有意义的联系,主要依托于学习者在原有认知结构中找到与新知识联结的固着点,并从固着点出发,通过"类属学习"向下衍生出更为具体的下位概念,通过"总括学习"向上延伸出解释力和包容性更强的上位概念,通过"并列学习"横向拓展出学科知识之间的交叉联系。⑤ 透过知识视角,大概念层次框架可参见图 2-6。

大概念层次框架自上而下被划分为跨学科大概念层、学科大概念层和学科子概念层。位于跨学科大概念层的大概念是统摄多学科核心概念的内核和主线,譬如"抽象与具体、数量与比例、图式与模式、结构与功能、原因与结果"⑥,是面向综合跨学科知识解决问题能力培

---

① 安德烈·焦尔当.学习的本质[M].杭零,译.上海:华东师范大学出版社,2015:142.

② Erickson H L, Lanning L A, French R. Concept-based curriculum and instruction for the thinking classroom [M]. California: Corwin Press, 2009:8.

③ Strike K, Posner G. A revisionist theory of conceptual change [J]. Philosophy of Science, Cognitive Psychology, and Education Theory and Practice, 1992:147—176.

④ 邵瑞珍,等.教育心理学:学与教的原理[M].上海:上海教育出版社,1983:31—33.

⑤ 许秋璇,杨文正,卢雅,等.融入"大概念"的 STEM 整合课程设计模型构建与应用研究[J].电化教育研究,2020,41(7):86—93.

⑥ 张屹,李幸,黄静,等.基于设计的跨学科 STEM 教学对小学生跨学科学习态度的影响研究[J].中国电化教育,2018(7):81—89.

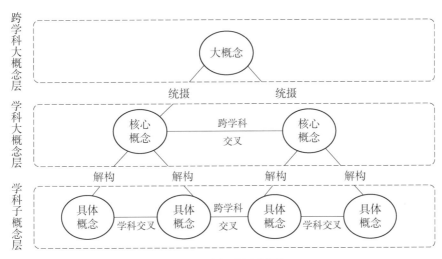

图 2-6　大概念层次框架

养的"高级规则";位于学科大概念层的核心概念是学科本质内容和思想方法的抽象,各学科提炼的核心概念之间所形成的跨学科交叉领域,正是抽象概括为大概念(跨学科大概念层)的基石,并且核心概念之间也可实现学科内部的交叉融合;位于学科子概念层的具体概念由各学科中最小单位的知识点组成,相同学科中的具体概念可以进行学科交叉,不同学科中的具体概念之间也可进行跨学科交叉。需要强调的是,在本章第一节所述的大概念统摄性分类中,跨学科大概念之上还包括超学科大概念,它是由多于两个的跨学科大概念交叉而成的,在此不做赘述。上述大概念层次框架与罗伯特·加涅提出的智慧技能层级说类似,即大概念学习以核心概念作为前提条件,核心概念学习又以具体概念学习作为先决条件,学生对大概念的习得过程就是从掌握基本概念向应用复杂规则、创造性解决问题转变的过程。①

2. 基于安德森修订的布卢姆目标分类学

安德森将知识分为四类,分别是事实性知识、概念性知识、程序性知识以及元认知知识②,上述四类知识为大概念的构建提供了一定的基础。①事实性知识:指学习者在通晓一门学科或解决某个问题时所必须知道的基本要素,是独立的知识点,主要是关于术语、具体细节和要素的知识,这类知识是零散琐碎的,不具备大概念的中心性特征。例如,三角形、地球半径。②概念性知识:是能够说明较大结构中基本成分之间的相关关系的知识,主要是分类或类目的知识,原理和概括的知识,理论、模型和结构的知识,这类知识具有一定的统摄性。例如,马斯洛需求理论、太阳东升西落。③程序性知识:指如何做某事、研究方法,以及运用技能、算法、技术的方法与标准,主要包括具体学科的技能和算法的知识、具体学科的技术和方法的知识、决定何时运用适当程序的标准的知识。例如,创造性问题解决步骤、项目

① 邵瑞珍.教育心理学(修订本)[M].上海:上海教育出版社,1997:93—94.
② 李刚.大概念课程与教学:从理论到实践[M].北京:社会科学文献出版社,2022:24—25.

管理流程。④元认知知识:指一般的认知知识和有关自己的认知的意识和知识,主要是策略性知识,包括思维策略、情绪感知和自我调控的相关知识。这类知识强调学生要对自己的知识和思维有更多的认识和负更多的责任。例如,知道自己在协作学习中的长处和短处。

上述事实性知识、程序性知识和元认知知识分别可以对应事实类大概念、技能方法类大概念、情感认知类大概念。概念性知识则特指这三类知识所通达的概念。知识的结构是指上述四类知识所形成的知识层次结构,见图2-7。大概念是在知识的基础上抽象出来的具有普遍性的词语、命题、原理或理论的表征。

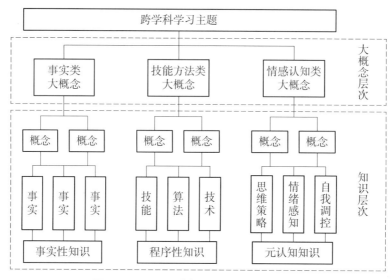

图 2-7 知识通达学科大概念的生成机理

事实性知识可以上升为事实类大概念。事实类大概念是对事实性知识的高级抽象与整合。它涵盖了多个相关的事实和观察结果,是由它们归纳出的更宽泛的概念。事实类大概念可以帮助学生理解事物之间的关系和共性,并能够将其应用到不同的情境中。比如历史课程中的法国大革命,它包括了关于法国社会、政治和经济变革的多个事实,如贵族特权的废除、人权宣言的颁布和共和国的建立等。

程序性知识可以上升至技能方法类大概念。技能方法类大概念是对程序性知识和技能的高级抽象与整合。它涵盖了由多个相关的技能、算法和技术所形成的方法、程序或标准,是由它们归纳和总结出的更广泛的概念。技能方法类大概念可以帮助学生理解和掌握某个领域或任务的关键技能和方法,并使这些技能和方法在实践中得到应用与发展。比如,信息技术课程中的算法设计。

元认知知识可以上升至情感认知类大概念。情感认知类大概念是对情感、认知和自我调控的元认知知识的高级抽象与整合。它涵盖了多个相关的思维策略、情绪感知和自我调控技巧。情感认知类大概念可以帮助学生理解和管理情感、思维和行为之间的相互关系,提高学生的自我发展能力,促进其形成正确的价值观念。比如,文化认同、家国情怀等。

第三节　大概念的提取路径

本节学习目标

通过前面两节内容的学习,我们已经了解大概念的定义及其生成机理。本节要求在明确大概念对跨学科主题学习的价值的基础上,掌握提取跨学科主题学习大概念的三种方法。

大概念因其强大的统整能力,在跨学科主题学习中发挥着重要作用,具体表现在对教师教学设计能力的提升和学生核心素养的发展两个方面。本节将介绍大概念对跨学科主题学习的价值以及大概念的提取路径。

一、大概念对跨学科主题学习的价值

大概念的呈现具有中心性、持久性、网络状、迁移性和灵活性等特性,以高站位的姿态在变革教育目标、统整学习内容、促进知识迁移等方面发挥着关键作用。下面将从教师教学主导地位与学生学习主体地位的角度出发,进一步梳理大概念对跨学科主题学习的价值,从而更为深入地理解大概念。

(一) 对教师教学的价值

1. 大概念有助于教师对跨学科主题进行结构化设计

大概念作为教师开展跨学科主题学习的锚点,能够帮助教师有机组织学科内与学科间的内容,高度凝练学科内与学科间的知识点和方法。跨学科主题学习强调本学科知识与其他学科知识的联系。依托大概念去组织学科知识、确定主题学习的知识框架,并在教学过程中渗透跨学科概念,能够有效解决教师在组织学科内容时所面临的一系列问题。

案例分析

基于大概念的跨学科主题结构化设计

在信息科技跨学科主题学习中,为避免出现因脱离学科而造成的"为活动而活动"的现象,主题学习的设计应依托大概念来组织学科知识,并通过结构化的方式"锚定"其知识框架。跨学科主题学习内容的组织,可以通过将学科大概念按照由易到难逐步递进的方式来实现。例如,围绕"网络"这一大概念,可将小学低年级的学习内容界定为"网络搜索和辅助协作学习",将小学高年级的学习内容界定为"网络数字化成果分享",

将初中年级的学习内容界定为"万物互联的途径、原理和意义"。另外,教师可基于知识的逻辑关系建立结构化概念体系。大概念涵盖众多子概念,例如"数据"这一大概念,可细化为"数据编码、数据传输、数据安全"等子概念,其中"数据编码"又可进一步细化为"编码作用、编码规则、编码信息量"。教师可以通过学科大概念将零散的知识组织起来,并基于对子概念的划定来进一步确立稳定的知识内容框架。①

跨学科大概念也可以迁移至人文社科类学科中。以初中语文小说阅读为例,教师可以选取科学课程中的系统与模型、结构与功能、稳定与变化等几个跨学科大概念来对小说的三要素(情节、人物、环境)进行关联性分析,进而构建基于大概念的学习认知体系,确定教学核心知识与内容,最终确保后续教学资源的准备和跨学科学习任务的展开。②

综上所述,以大概念为基础进行跨学科主题学习,能够将学科的各个知识点联系起来,促进学科知识和技能方法的整合。因此,教师需要紧紧围绕跨学科大概念来组织跨学科主题教学,确保跨学科学习的知识走向。③

2. 大概念能够帮助教师把握目标设定及育人导向

大概念作为素养目标的内核,在具体的情境中能够将三维目标(知识与技能、过程与方法、情感态度与价值观)进行整合。也就是说,没有大概念的素养目标是不完整的。教师可以大概念为基础,根据各学科课程标准所提到的核心素养,将其拆解为清晰、有序、可评价的教学目标,然后转化为跨学科主题学习要达成的"双基—思维—素养"三层次目标。

案例分析

●●●

基于大概念的跨学科主题目标设计

以地理课程标准中跨学科主题学习"探访'地球之肾'——湿地"为例,教师紧紧围绕生成的学科大概念及跨学科大概念,对各层次目标进行设计。①"双基"层学习目标的设计围绕地理学科的知识与技能进行,如了解湿地的地貌、气候等地理知识。②"思维"层关注学生在体验、认识等过程中所形成的解决问题的思维方法,如从多种地理要素知识中去发现它们之间的关联。③"素养"层关注学生在解决劣构问题的过程中所形成的良好品格等。

---

① 李锋,兰希馨,李正福,等.单元视角下的信息科技跨学科主题学习设计与实践[J].中国电化教育,2023(3):90—95,119.

② 徐洁.基于大概念的初中语文群文阅读分析[J].教学与管理,2019(22):41—43.

③ 万昆.跨学科学习的内涵特征与设计实施——以信息科技课程为例[J].天津师范大学学报(基础教育版),2022,23(5):59—64.

因此,基于大概念开展跨学科主题学习,有助于教师在课堂教学中把握教学目标的设定和育人素养导向的正确性。

3. 大概念有助于教师设计结构化问题链,实现任务导向的教学实践

跨学科实践包括两个要点:一是设计具有启发性的问题链;二是构建指向核心素养的表现性任务群。好的课堂提问除了可以诊断学生的学习情况外,还可以起到启发学生积极思维、激发学生非智力因素发展的效果。当下课堂存在着低认知水平问题设计居多、封闭性问题占主体、问题设计不分逻辑主次等现象。① 因此,在跨学科主题学习中,教师要善于从主干学科的核心知识和思想方法出发,以大概念为载体,按照由浅入深、由易到难的顺序,创设便于学生学习的教学问题,形成结构化的主问题链,从"为什么做"到"做什么"再到"怎么做",发起层层追问,让学生在问题解决的过程中不断深化对大概念的理解。

案例分析 ● ● ●

基于大概念的跨学科问题链设计

以高中地理跨学科主题实践活动"河流地貌"为例,教师以主题为线索,以创设真实的问题情境为开端,围绕学科大概念,联系历史学知识发起"为何古文化遗址均分布于长江干支流的中下游沿岸"的提问。接着,教师可进一步深化问题,引入初中语文课本中郦道元《水经注》一文对三峡的描写,分析上游、中游、下游地貌的区别,最后过渡到信息科技学科,利用虚拟现实(VR)、增强现实(AR)技术对长江三峡进行三维仿真模拟。②

可以看出,围绕大概念可以帮助教师设计少而精、逐层递进的问题,进而促进跨学科问题链的生成和跨学科主题学习的实践开展。③

此外,主题式教学作为跨学科整合的路径,构建表现性任务簇有助于将实践过程进一步细化。由劣构问题串联而成的问题链是学生参与深度学习的关键,而跨学科学习任务簇则是学生进行深度理解的助推器。开展跨学科主题学习需要教师围绕问题链,在情境中设置统领性的任务簇。

---

① 韩琴. 课堂提问能力实训[M]. 北京:高等教育出版社,2019:89—109.
② 戴文斌,夏志芳,朱志刚. 基于大概念的高中地理跨学科教学资源的整合——以"河流地貌"为例[J]. 地理教学,2018,(24):5—8,19.
③ 吴刚平. 跨学科主题学习的意义与设计思路[J]. 课程·教材·教法,2022,42(9):53—55.

案例分析 ● ● ●

基于大概念的跨学科任务簇设计

以《语文（三年级下册）》第八单元《漏》这篇课文为例，教师精心设计了富有启发性的问题链，进而围绕大概念设计了具有关联性的几个任务来推进跨学科主题学习。具体包括：①设计脚本——链接语文，文本读悟；②制作皮影——链接美术，描画裁剪；③选择配音——链接音乐，有声衬托；④确定灯光——链接科学，光影增效。[①] 这几个任务在紧扣多学科知识的同时，也能够帮助学生回答问题链中的问题。

---

4. 大概念有助于教师设计和开展表现性评价

跨学科主题学习通常涵盖多个学科的内容和技能，这一特性要求在真实情境中开展表现性评价时，应以核心素养目标为"航标"，以大概念为"锚点"，以确保评价的有效性和科学性。此外，为了评估学生对大概念的理解情况，需要设计情境化的任务，并制定相应的评分标准。

案例分析 ● ● ●

基于大概念的跨学科评价设计

以地理学科的"宇宙中的地球和地球运动"这一课为例，它的跨学科主题学习包括"人地关系"和"系统"这两个大概念。教师可以围绕大概念重构主题学习并设计素养目标，在问题链的驱动下引导学生完成表现性任务，随后组织学生进行宣讲答辩；根据学生表现性评价量表，从"计时原理""设计理念""实施价值"等方面对学生的作品进行评价。另外，教师应注意结合学生在跨学科主题学习中的过程数据，以检验学生地理学科核心素养的形成状况。[②]

因此，在真实情境中开展表现性评价，有助于教师关注学生在跨学科主题学习过程中的知识建构以及解决真实问题的能力。表现性评价为教师检验学生是否理解大概念提供了落实的途径。

---

① 俞向军，胡亦萌. 语文跨学科学习任务群：内涵、本质和实施[J]. 教学月刊小学版（语文），2022（10）：4—8，12.

② 张素娟，刘一明. 基于大概念的高中地理单元整合设计——以"宇宙中的地球与地球运动"单元为例[J]. 地理教学，2020（16）：4—8.

（二）对学生学习的价值

1. 大概念能够促进学生理解课程知识，形成跨学科观念

学生在学习的过程中，面对的问题往往具有复杂性和跨学科性，因此，大概念能够帮助学生在头脑中形成解决相关问题的跨学科观念，引导学生进行思维的建构。例如，"生命"是一个很多学科都会涉及的概念，科学会围绕细胞和遗传的学科概念展开，语文会从对生命的欣赏、赞美、体验等角度去思考，道德与法治会从尊重、安全、环保等视角展开。学生遵循以跨学科大概念统整的思路去理解"生命"，会感知到以大概念为本的相关学科的内容是一个完整的结构，进而形成解决综合问题和认识万物复杂性的高阶认知思维。[①]

2. 大概念有助于学生形成专家思维，达成素养目标

素养是在人的活动中形成、发展和显现的，因而我们需要在与活动的关联中去理解和把握素养问题。[②] 在学习实践中，学生的核心素养并非仅靠单纯的知识习得就能实现，而是更多地依托基于跨学科大概念开展的跨学科主题学习，这样才能更有效地促进学生的真实性发展。围绕大概念所开展的学习活动，作为整个学习过程中的关键一环，它以问题链为驱动，以任务簇为导向，聚焦于学生核心素养的发展，从而培养学生的专家思维。[③]

3. 大概念能帮助学生适应问题情境，发展应用迁移能力

现实世界中有着众多复杂的劣构问题，而这些问题的解决往往需要多学科知识的融入。基于大概念的跨学科主题学习，旨在帮助学生在一系列具有挑战性的任务中形成解决真实问题的能力。通过对大概念的理解，学生能够灵活地构建认知结构，根据具体情境来整合和重构知识，进而在将来面对不同问题情境时，能实现高通路的迁移。例如，21世纪科学教育课程的改革，强调科学实践的地位。学生在课堂中通过对科学大概念的理解，逐步完成一系列层层递进的任务，最终发展自身在真实情境中从科学的视角看待问题、用科学的手段解决问题的能力。[④] 大概念在连接学校教育和现实世界中发挥了关键作用。因此，大概念能够帮助学生迎接来自新情境的挑战，发掘适应性转化的应用迁移能力。

4. 基于大概念的评价能够促进学生反思，引导思考学科本质

基于大概念的评价能够促进学生反思，使他们深入思考和探索所学知识的本质。在跨学科主题学习中，常常采用多种评价相结合的方式，如表现性评价、持续性评价等。通过在评价过程中引入大概念，可以帮助学生理解事物的具体细节，以及把握事物背后的原理和内

---

① 伍红林，田莉莉.跨学科主题学习：溯源、内涵与实施建议[J].全球教育展望，2023，52(3)：35—47.

② 陈佑清.在与活动的关联中理解素养问题——一种把握学生素养问题的方法论[J].教育研究，2019，40(6)：60—69.

③ 刘徽."大概念"视角下的单元整体教学构型——兼论素养导向的课堂变革[J].教育研究，2020，41(6)：64—77.

④ 李刚，吕立杰.科学教育中的大概念：指向学生科学观念的获得[J].自然辩证法研究，2019，35(9)：121—127.

在联系。例如,学生在科学课程中学习了有关电能转化和运用的知识。传统的评价方式可能侧重于检验学生对具体概念(如电路图、电阻、电流)的记忆和应用能力。然而,基于大概念的评价则更加强调学生对电能本质特征和广义应用的理解。当在评价过程中引入大概念时,学生需要思考电能的转化、储存和传输对现实世界的影响。在最终完成作品时,学生需要展示他们对大概念的理解和运用,回顾并分析自身的学习经验。① 由此可知,基于大概念的评价能够激发学生的深度思考和自主学习,促进他们综合能力的发展。

二、大概念的提取路径

大概念的提取主要有三种方法。第一,依据课程标准、学科核心素养、专家思维和概念派生等进行提取的标准演绎法。第二,依据学习难点、日常经验、学生兴趣等内容进行提取的问题回溯法。第三,根据学科知识、主题内容逐步凝练的主题列表法。下面将根据这三种方法,结合相应的跨学科主题学习案例,对大概念的提取路径进行详细介绍。

> **▶ 微课探究**
>
> 扫码观看微课视频"大概念的提取路径",以及对应的案例讲解,掌握大概念的提取方法。

大概念的提取路径

(一)标准演绎法

学科课程标准或内容标准是各个国家指导课程与教学的基本依据,是教师开展日常教学活动的指导性文本。许多课程标准或内容标准,陈述或暗示了学科大概念,如以重要观念、重要概念、关键概念、重要原则等出现的陈述语句,以及反复出现的关键名词、形容词和动词等。标准演绎法是指学科教育者通过认真解析标准,将具体的、大量的、零散的知识内容聚焦在大概念的框架之中。② 从文本关键来源方面分析,采用标准演绎法来提取大概念,主要可围绕课程标准、教材分析、专家思维和概念派生四个方面来进行。其中,在从课程标准中提取大概念时,可以从"课程性质与理念""学科核心素养与课程目标""课程结构"和"课程内容"这四个部分进行提取。在从教材分析中提取大概念时,可以从"单元起始处(单元导读)""单元结尾处(单元小结)"和"教材单元内容"这三个部分进行提取。在从专家思维中提取大概念时,可以通过阅读相关的著作、论文等文献,或者通过听讲座、网络搜索等方式去提炼。常见的包含专家思维的资源有历史类、专著论文类和科普读物类。在从概念派生中提

① 胡久华,刘洋.基于课程标准设计核心素养导向的单元教学[J].课程·教材·教法,2021,41(9):101—107.
② 李刚,吕立杰.落实学科核心素养:围绕学科大概念的课程转化设计[J].教育发展研究,2020,40(Z2):86—93.

取大概念时,主要是通过大概念之间的相互关联及派生总结来形成新的大概念。例如,由"语言交流是有对象的目的性行为"这一高位大概念派生出"书面语言交流是有对象的目的性行为"和"口头语言交流是有对象的目的性行为"这两个大概念。①

案例分析

●●●

信息科技跨学科主题学习"在线数字气象站"的大概念设计

"在线数字气象站"是信息科技课程标准中互联智能设计板块的跨学科主题学习活动。该主题的主要内容是:通过物联网技术制作在线数字气象站,用以解决城市或区域的天气预报对校园这种小气候环境预测不够准确的问题。学生通过数字气象站中的各种传感器实时描绘校园气象的信息状态,探寻数据的变化规律,尝试得到一般性的结论;还可以将区域间多个数字气象站的信息进行汇总,从而发现更多的规律。本主题综合运用信息科技、地理、物理等知识,让学生感受在较长时间、较大空间和大量数据环境下提取有效信息、发现规律的一般过程。② 本案例主要通过标准演绎法中的课程标准、教材分析、专家思维和概念派生四个方面来提取大概念。

(1) 对信息科技课程标准中的学科核心素养、课程目标、课程内容,以及教材要求和相关论文、网络资料等文本进行分析,以明确"在线数字气象站"这一主题所涉及的教学内容、核心素养及教学目标,并基于此梳理出相应的跨学科子主题。例如,通过课标中"信息意识"这一核心素养、"万物互联给人类信息社会带来的影响、机遇和挑战"的主题内容,以及教材中"思考传感器在大气数据采集中的应用"这一要求,结合专家思维中的"了解数据的获取手段,以及信息科技的发展在气象站发展历程中的作用"这一内容要求,梳理出"搜索气象站发展历程"这一跨学科子主题。

(2) 进一步厘清跨学科子主题中涉及的学科,以及各学科对应的一级学科大概念,并在学科交叉的基础上演绎出二级跨学科大概念。例如,在"搜索气象站发展历程"这一跨学科子主题中,强调信息科技在气象站发展历程中的作用及其数据获取的方式,在此过程中涉及信息科技和历史两个学科。信息科技学科强调数据的获取,历史学科强调气象站的发展史以及信息科技的作用。基于以上分析,可以演绎出信息科技和历史的一级学科大概念,即"数据是描述事物的符号记录,是信息的载体,是计算工具识别、存储、加工的对象"和"科学技术是第一生产力"。在学科交叉的基础上结合"技术的发展可以为人类生活提供更优质的服务"这一概念,派生出"信息科技的发展可以为人类生活提供更优质的服务"二级跨学科大概念。

① 刘徽. 大概念教学:素养导向的单元整体设计[M]. 北京:教育科学出版社,2022:142—148.
② 中华人民共和国教育部. 义务教育信息科技课程标准(2022年版)[M]. 北京:北京师范大学出版社,2022:63—67.

　　(3) 在跨学科大概念的基础上继续生成最终的三级超学科大概念,即"数字技术赋能美好生活"。采用标准演绎法所涉及的步骤和方法较为烦琐,详细内容可见表 2 - 29。

表 2 - 29 "在线数字气象站"跨学科大概念生成示例

文本来源	主题	学科大概念	跨学科大概念	超学科大概念
1. 课程标准 ① 学科核心素养:树立正确价值观,形成信息意识 ② 课程内容:万物互联给人类信息社会带来的影响、机遇和挑战 2. 教材分析 教材要求:思考传感器在大气数据采集中的应用 3. 专家思维 专著论文类:了解数据的获取手段,以及信息科技的发展在气象站发展历程中的作用 4. 概念派生 技术的发展可以为人类生活提供更优质的服务	搜索气象站发展历程	信息科技:数据是描述事物的符号记录,是信息的载体,是计算工具识别、存储、加工的对象 历史:科学技术是第一生产力	信息科技的发展可以为人类生活提供更优质的服务	数字技术赋能美好生活
1. 课程标准 ① 课程目标:比较数字气象传感器和传统测量设备,搭建真实或模拟的数字气象站数据采集装置,通过物联网设备汇集多个数字气象站 ② 课程内容:经历气象数据的感知、传输、处理、呈现过程 2. 教材分析 教材要求:探究在线数字气象站的数据采集、获取与呈现的原理 3. 专家思维 网络资源类:数字气象站依托传感器技术,包括各种传感器和信号处理器	在线数字气象站基本原理测试	物理:传感器的基本原理是通过敏感元件及转换元件把特定的被测信号按一定规律转换成某种"可用信号"并输出 数学:数据是事实或观察的结果,是对客观事物的逻辑归纳,是用于表示客观事物的未经加工的原始素材	物联网(特别是传感器系统)是连接物理世界与数字世界的纽带和媒介	

续　表

文本来源	主题	学科大概念	跨学科大概念	超学科大概念
1. 课程标准 ① 学科核心素养:提高数字化学习与创新能力,发扬创新精神 ② 课程内容:设计并实现具有简单物联功能的数字系统 2. 教材分析 教材要求:搭建温度/湿度数据采集平台 3. 专家思维 专著论文类:确定校园气象站的选址和外观设计风格,使其在具有代表性和研究价值的同时,能够与周围环境相协调;对数字传感器的数据进行数据汇总测试和初步分析,得出结论	搭建校园在线数字气象站	信息科技:合理设计和应用信息系统,可以更好地感知、传递、处理和应用信息 地理:协调人类活动与地理环境的关系,是建立人与自然生命共同体的需要	在线数字气象站是物联网技术的典型应用	
1. 课程标准 ① 学科核心素养:提高数字化学习与创新能力,发扬创新精神 ② 课程内容:引导学生绘制项目总结思维导图;结合人工智能技术建立校际在线数字气象协作网 2. 专家思维 专著论文类:筹建区域间在线气象站的协作网络,探索其可能性	优化在线数字气象站设计	信息科技:创新、高效地使用信息技术,可以获得较大的个人或组织生存与发展优势 艺术:思想情感可通过媒介、技术和艺术语言表现	原始创新对国家可持续发展具有重要意义	

📍 **课例实践**

　　扫码观看课例视频"'在线数字气象站'的概念群设计",了解一线教师利用标准演绎法设计概念群的具体方法和思路,加深对标准演绎法的理解和认识。

"在线数字气象站"的概念群设计

（二）问题回溯法

问题回溯法是指围绕主题内容不断发问，提出多个相关的具有挖掘性、渗透性的问题，并根据问题的回答进行大概念的发现与提取。例如，为什么要研究、研究的内容是什么、研究的意义是什么等。问题回溯法能够全面梳理与主题内容相关的细枝末节，深入探寻问题与答案之间的关系，最终归纳整理出学科大概念。[①] 有学者基于问题的目标分类和问题的结构分类，从授业和求知两个维度，将问题分为概念性问题、事实性问题、比较性问题、因果性问题、方法性问题、假设性问题、意义性问题、反身性问题八类。[②] 基于此，在利用问题回溯法进行大概念筛选的过程中，可以从以上分类角度对跨学科主题学习的内容进行层层追问，从而形成递进式的问题，然后根据问题确定相应的跨学科主题，提取出大概念。

案例分析 •••

地理跨学科主题学习"认识家乡
——以黄麻布传统村落为例"的大概念设计

"我的家在这里"是初中地理课程标准中跨学科主题学习活动之一。该活动以课堂教学为基础，引导学生运用从课本中学到的学科知识和方法，通过观察、思考、交流和实践，在追寻自己家乡变迁的过程中，不断形成问题、产生兴趣，并自主建构学习框架，探寻解决问题的途径。[③] 在此基础上，教师依托黄麻布传统村落，围绕"认识家乡"主题开展跨学科主题实践活动。该活动以学习主题为统领，以真实情境为载体，以问题或任务为驱动，融合历史、地理、信息科技等多学科的知识与方法，引导学生在实践中认识世界，并学会综合运用知识解决实际问题。[④]

本案例在对学习内容深度分析的基础上，提出了相应的概念性问题（什么是传统村落、传统村落在哪里）、意义性问题（为什么要保护黄麻布传统村落、需要保护黄麻布传统村落的哪些地方）和方法性问题（如何让黄麻布传统村落焕发活力）。基于这些问题，梳理出对应的跨学科主题、一级学科大概念和二级跨学科大概念，并最终生成三级超学科大概念，具体见表2-30。

① 李刚，吕立杰. 落实学科核心素养：围绕学科大概念的课程转化设计[J]. 教育发展研究，2020，40（Z2）：86—93.

② 张汉林. 理解提问的三个维度[J]. 历史教学（上半月刊），2022（5）：24—29.

③ 中华人民共和国教育部. 义务教育地理课程标准（2022年版）[M]. 北京：北京师范大学出版社，2022：27.

④ 黄东舒，邹金伟. 跨学科主题学习之"认识家乡"活动设计——以黄麻布传统村落为例[J]. 地理教学，2023（9）：43—46.

表 2-30　"认识家乡——以黄麻布传统村落为例"跨学科大概念生成示例

基本问题	跨学科主题	学科大概念	跨学科大概念	超学科大概念
概念性问题:什么是传统村落?传统村落在哪里?	通过信息检索、文献阅读等方法,了解传统村落的文化内涵及历史沿革,掌握收集资料、分析史料的基本方法,初步感知传统村落与周边环境的空间关系	历史:对传统村落的文化内涵和历史沿革等史料的分析有利于培养家国情怀 信息科技:信息科技可以帮助我们获取、加工、管理、评价学习资源,用于解决学习问题 地理:传统村落与周边环境的空间关系感知	在传统村落的历史生成中,自然地理和独特自然资源优势奠定了村落初元生成的基础	传统村落是传承中华优秀传统文化的宝贵"基因库"
意义性问题:为什么要保护黄麻布传统村落?需要保护黄麻布传统村落的哪些地方?	通过实地考察,运用直接观察、影像记录、文字叙述等方法,了解传统建筑的基本情况,描述传统村落典型的自然与人文地理的特点;运用问卷调查、访谈、数据统计等方法,分析房屋空间重构和变迁的原因	地理:了解主体建筑的外观、数量、形态等基本状况,以及建筑结构与自然环境的关系对保护黄麻布传统村落具有重要意义 历史:传统的村落文化具有独特性和多元性 信息科技:合理设计和应用信息系统,有助于我们感知、传递、处理和应用信息	保护传统村落有助于彰显中华文化的本源性和历史传承性	
方法性问题:如何让黄麻布传统村落焕发活力?	通过实地参观、走进社区等活动,了解醒狮舞的历史发展和民俗特点;结合收集的数据,撰写集文字、图表、文创产品于一体的方案;通过小组汇报、展示成果等形式完善提案	地理:对于学生地理实践力的培育,有助于他们在真实环境中运用适当的地理实践活动方式观察和认识地理环境 艺术:文创产品的设计为传播传统文化提供了艺术载体	活化利用传统村落的文化资源,让它们在现代生活中找到立足点	

📍 **课例实践**

　　扫码观看课例视频"'认识家乡——以黄麻布传统村落为例'的概念群设计",了解一线教师利用问题回溯法设计主题概念群的具体方法和思路,加深对问题回溯法的理解和认识。

"认识家乡——以黄麻布传统村落为例"的概念群设计

（三）主题列表法

主题列表法是指围绕主题内容在概念列表中寻找提示性大概念，进而抽象出外延和内涵相统一的大概念。主题列表可以是一组相关可能概念，可以是一组相关且有提示性的概念词组，也可以是一组相关的陈述语句等，教师可以从中提取出大概念。[①] 与主题列表法类似，有学者提出了自下而上的大概念提炼思路，即从学习内容出发，思考每个部分学习内容背后真正的学习目标和学科思想方法，从现象到本质，将它们进一步概括、凝练成大概念。[②] 基于此，在利用主题列表法进行大概念筛选的过程中，需要在对课程标准、教学活动等内容进行分析的基础上，梳理出相应的主题内容、词汇列表和词组列表，并进一步总结归纳出所需的跨学科大概念。

案例分析 • • •

跨学科主题学习"基于碳中和理念设计低碳行动方案"的大概念设计

"基于碳中和理念设计低碳行动方案"是初中化学课程标准中的跨学科主题学习项目之一，主要是针对二氧化碳过量排放导致气候变暖等环境问题所引发的社会性科学议题而设计的，属于化学与环境领域的行动改进类实践活动，具有重要的现实意义。该项目以碳元素在大气圈、岩石圈、水圈的循环为主要研究对象，探究二氧化碳的性质与转化，承载学生必做实验"二氧化碳的实验室制取与性质"，融合生物、地理和物理等课程的相关内容，旨在发展学生的元素观、变化观等化学观念，进一步形成国际化视野以及人类命运共同体的意识，强化社会责任、国家认同和国际理解等素养，促进知、情、意、行的统一。[③]

本案例从课程标准中的育人价值和活动设计的相关表述中，梳理出相应的主题内容和四个具体任务，并在此基础上凝练出相应的词汇列表，然后根据词汇列表以及具体内容梳理出相应的词组列表，最终总结出跨学科大概念，即可持续发展，具体见表 2-31。

表 2-31 "基于碳中和理念设计低碳行动方案"跨学科大概念生成示例

维　度	内　　容
主题内容	"基于碳中和理念设计低碳行动方案"学习项目，是以碳元素在大气圈、岩石圈、水圈的循环为主要研究对象，探究二氧化碳的性质与转化，承载学生必做实验"二氧化碳的实验室制取与性质"，融合生物、地理和物理等课

---

① 李刚，吕立杰. 落实学科核心素养：围绕学科大概念的课程转化设计[J]. 教育发展研究，2020，40(Z2)：86—93.

② 李凯，范敏. 素养时代大概念的生成与表达：理论诠释与行动路径[J]. 全球教育展望，2022，51(3)：3—19.

③ 中华人民共和国教育部. 义务教育化学课程标准(2022 年版)[M]. 北京：北京师范大学出版社，2022：59—61.

续 表

维度	内 容
	程的相关内容,旨在发展学生的元素观、变化观等化学观念。该主题的主要任务如下: ① 激活已有经验,唤起情感,明确需要解决的问题。通过查阅相关资料,理解碳中和、低碳行动的意义 ② 寻找解决问题的基本思路,建立化学视角,构建解决问题的认识模型。通过实验探究二氧化碳的性质与转化,分析和解释生产生活中吸收、排放二氧化碳的过程,明确依据物质转化、碳元素守恒、碳中和的思想设计低碳行动方案的思路 ③ 系统设计具体措施,制定低碳行动方案。依据设计思路,综合考虑社会生活实际,结合定量分析结果权衡利弊,从个人、国家、国际层面系统设计低碳行动方案 ④ 成果展示,付诸行动。汇报、展示低碳行动方案及方案的制定过程,走进家庭、社区,践行低碳行动
词汇列表	碳中和、低碳行动、碳元素、大气圈、岩石圈、水圈、循环、二氧化碳、性质、转化、制取、元素观、变化观、碳元素守恒、吸收、排放
词组列表	性质和转化、元素观和变化观、二氧化碳排放量和二氧化碳吸收量
跨学科大概念	可持续发展

📍 **课例实践**

　　扫码观看课例视频"'基于碳中和理念设计低碳行动方案'的概念群设计",了解一线教师利用主题列表法设计主题概念群的具体方法和思路,加深对主题列表法的理解和认识。

"基于碳中和理念设计低碳行动方案"的概念群设计

本章小结

　　学科大概念和跨学科大概念是跨学科主题学习的基础。本章第一节主要从大概念的意蕴进行阐述,包括大概念的定义、类型、基本特征、表述形式,以及国内外课程标准或课程方案等对大概念和跨学科大概念的解读,旨在帮助读者清楚地认识到什么是大概念。第二节介绍了大概念的生成依据,包括知识的演化机制、学习的发生机制和脑区的作用机制,并在此基础上,从思维视角和知识视角提出了大概念的生成机理。第三节介绍了大概念的提取路径。在理解前两节内容的基础上,本节先从教师视角和学生视角阐释了大概念对跨学科主题学习的价值,然后基于此,介绍了标准演绎法、问题回溯法和主题列表法这三种大概念提取路径,旨在帮助读者明确提取学科大概念和跨学科大概念的具体方法。

 思考与练习

1. 简答题

(1)简述大概念的定义、类型、表述形式和基本特征。

(2)为什么说大概念有助于学生核心素养的发展?

(3)对比国内外课程标准对大概念的阐述和要求,分析两者之间存在哪些共性和差异。

2. 实践操作题

(1)围绕你教授的学科或感兴趣的跨学科主题,按照"学科大概念→跨学科大概念→超学科大概念",生成概念层次网络图。

(2)围绕你教授的学科或感兴趣的跨学科主题,使用标准演绎法、问题回溯法和主题列表法提取大概念。

第三章

问 题 链

▶ 本章导语

学起于思，思源于疑。问题是思维的源泉，更是思维的引擎。在跨学科主题学习中，通过引入问题链，教师能够引导学生逐步探索和解决复杂问题，促使学生在跨学科背景下建立起更加全面和深入的概念理解，培养他们的高阶思维和跨学科问题解决能力。

本章将深入探讨问题链的基本意蕴和设计方法，旨在帮助教师构建合理的问题链，使之成为学生思维构造过程中的桥梁或导引。此外，本章还将提供具体的案例，展示基于跨学科大概念设计有效问题链的实践做法。

通过学习本章内容，教师能够更加全面地了解问题链的概念、设计原则和设计方法，进而在教学实践中灵活运用问题链，有效提升跨学科主题学习的成效。

📖 学习目标

1. 知识层面

（1）理解问题链在跨学科主题学习中的重要性和作用。

（2）理解问题链的基本概念、特点及分类。

（3）掌握问题链的设计原则和设计方法。

2. 能力层面

（1）能够基于问题链的设计原则和方法，构建有效的问题链，以培养学生的跨学科思维和解决问题的能力。

（2）能够运用问题链促进学生对概念的理解及思维发展。

3. 素养层面

（1）增强在跨学科教学中主动使用问题链的意识。

（2）形成对教学策略多样性和创新性的认识。

知识地图

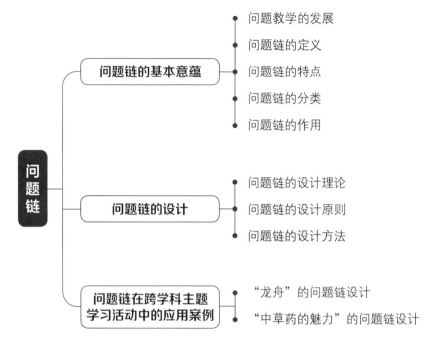

学习建议

1. 学习重点

问题链的定义和分类、问题链的设计原则和设计方法。

2. 课前活动

（1）观看导学视频"问题链"，了解本章的主要内容。

（2）阅读与问题链相关的实践案例，思考问题链在教学中的应用场景和效果。

（3）提前积累一些与跨学科主题或跨学科大概念相关的教学素材，为设计问题链做准备。

3. 课后活动

（1）完成本章的"思考与练习"。

（2）与同学、相关学科教师或教学指导者，分享自己在设计和应用问题链方面的观点和想法。

问题链

第一节 问题链的基本意蕴

🎯 本节学习目标

通过本节的学习,了解问题教学的发展历程,掌握跨学科主题学习问题链的定义,明确问题链的特点和分类,以及问题链对概念学习和思维培养的作用。

本节将探讨问题链在教学中的基本意蕴。通过梳理已有研究的观点,明确问题链的定义,厘清问题链的特点和分类,总结出问题链对概念学习和思维培养的作用。通过学习本节内容,我们将对"问题链是什么"这一问题形成清晰而明确的认识。

一、问题教学的发展

什么是问题? K·唐克尔说:"当一个有机体有了一个目标,但又不知道如何达到这个目标时,就产生了问题。"[①]大多数心理学家都认同,一个问题应由三个基本成分构成:一是已知条件,即一组关于问题条件的描述,也就是问题的起始状态。二是目标,即问题所期望达到的目标,也就是问题所要求的答案或目标状态。三是障碍,指那些阻碍目标实现的因素。当起始状态和目标状态是已知的,但从起始状态到达目标状态的路径是未知的时候,就存在了一个问题。[②] 通过问题来学习的思想由来已久,从苏格拉底的谈话法到杜威的问题教学法,再到布鲁纳的发现学习法,最终形成了马赫穆托夫的问题教学理论。虽然它们的名称各不相同,但都揭示了运用问题引导学生发展的路径。

(一) 苏格拉底的谈话法

问题教学最早可以追溯到古希腊苏格拉底的谈话法,这种学习方法也被称为产婆术、苏格拉底方法等。苏格拉底的谈话法以师生问答的形式进行。他在教学生获得某种概念时,不是把这种概念直接告诉学生,而是先向学生提出问题,让学生回答;如果学生回答错了,也不直接纠正,而是提出另外的问题引导学生思考,从而一步一步引导学生得出正确的结论。苏格拉底的谈话法能够促进学生主动地分析问题、思考问题,为之后的启发式教学奠定基础。

(二) 杜威的问题教学法

学校教学的重要任务是唤起学生的思维,培养学生的思维能力,而问题教学正是提升思维能力和思维习惯的有效方式。关于教学与思维要素的主张,杜威提出了思维的过程,即著名的"思维五步":一是情境,即疑难的情境,处于困惑、迷乱、怀疑的状态;二是问题,即确定

---

① 辛自强.问题解决与知识建构[M].北京:教育科学出版社,2005:3—4.
② 袁维新,吴庆麟.问题解决:涵义、过程与教学模式[J].心理科学,2010,33(1):151—154.

疑难所在,并从疑难中提出问题;三是假设,即通过观察和其他心智活动,收集事实材料,提出解决问题的种种假设;四是推断,即推断哪一种假设能够解决问题;五是检验,即通过实验验证或改正假设。[①] 根据思维的过程,杜威把问题教学的过程也分成五个步骤:一是教师为学生提供一个与真实生活经验相联系的情境,激发学生对这个情境的兴趣并产生问题;二是让学生有准备地去解决在这个情境中产生的问题;三是促使学生对要解决的问题产生思考和假设;四是引导学生对解决问题的方法加以整理和排列;五是帮助学生通过应用来检验这些假设是否成立。这种教学过程被称为"教学五步"。可以看出,"教学五步"实际上就是问题解决的过程。

(三) 布鲁纳的发现学习法

美国教育心理学家布鲁纳提出了发现学习法,其目的是通过探索性的学习活动,使学生学会解决问题的各种策略,认识并掌握相关的科学知识。发现学习法主要以学科的基本结构为内容,让学生通过再发现的步骤来进行学习。在布鲁纳看来,所谓"发现",不仅仅意味着人类对未知世界的科学性发现,其更深层的意义在于那些学生凭借自己的力量,对人类已有文化知识进行的再发现。

发现学习强调学生是积极的探究者,学生应通过自己的思考参与知识发现的过程。它的特点包括:①注重直觉思维,认为学生无须按照规定好的步骤,而是应勇于采取跃进式的、越级式的思维方式。②重视形成学生的内在动机,特别是能力动机,激励学生挑战自我。③强调信息提取的重要性,认为学生参与发现事物的活动,有利于信息的组织和提取。布鲁纳的发现学习法为学生的探索性学习提供了有力的教育支持,培养了学生自主学习和探究问题的能力。[②]

(四) 马赫穆托夫的问题教学理论

基于前人的研究,苏联教学论专家马赫穆托夫等人在 20 世纪六七十年代创立了问题教学理论(在心理学层面称为"问题性思维"理论)。根据"问题性思维"理论,人们常常面临活动条件与活动要求发生冲突的情境,因而需要解决问题。然而,现有的条件没有为人们提供解决问题的办法,同时,人们过去的知识经验中也没有包含经过验证的问题解决方案。为了摆脱这种处境,人们必须拟定出过去未曾有过的、新的活动策略,即完成创造性活动。这种情境被称为"问题情境",而解决其中问题的心理过程被称为"问题性思维"或"创造性思维"。

问题教学法是一种以问题为载体贯穿整个教学过程的教学方法。它旨在引导学生在分析、解决问题的过程中,产生学习的动机和欲望,逐渐养成自主学习的习惯,并在实践中不断提升学习能力。根据马赫穆托夫等人的观点,问题教学法具有三个本质特点:第一,问题教学是教师引导学生发现问题和解决问题的过程;第二,问题教学强调学生的独立性,即教师

---

① 丁念金.问题教学(第二版)[M].福州:福建教育出版社,2007:2—22.
② 丁念金.问题教学(第二版)[M].福州:福建教育出版社,2007:2—22.

引导学生独立获取知识;第三,问题教学强调学习的创造性。

以上四位学者都在一定程度上强调了问题教学的重要性(见表3-1)。在问题由起始状态到目标状态的解决过程中,知识和思维的螺旋式交替构成了问题的正确表征,从而确保问题得以顺利解决。因此,在教学过程中,教师要通过高质量的问题来培养学生的思维能力和习惯,使学生在探究和应用的过程中实现知识的高通路迁移。对于跨学科主题学习来说,关于问题的研究为主题内容的设计和教学的展开提供了理论基础和实践指导。由多个主干问题构成的问题链作为跨学科主题学习的承载,可以帮助学生深入探究问题,促进概念的形成与迁移,培养学生的综合能力和创新思维。

表3-1　问题教学的发展

教育专家	贡献	主要观点	特点
苏格拉底	谈话法	以师生问答的形式开展,通过提出问题引导学生思考	强调师生互动和问题引导
杜威	问题教学法	问题教学有助于唤起学生思维,培养思维能力	强调思维能力的培养,提出"思维五步"过程
布鲁纳	发现学习法	学生是积极的探究者,应引导他们通过自主思考来参与知识发现	注重学生的自主性、直觉思维和内在动机
马赫穆托夫	问题教学理论	问题教学强调学生发现问题和解决问题的过程	强调创造性思维和独立学习能力

注:这里仅讨论与问题教学相关的贡献。

二、问题链的定义

通常而言,问题链(也称问题串)是一种教学策略和教学设计方法,即通过有序连接一系列有针对性的问题和提示,引导学生在学习过程中逐步深入思考、探索和解决问题。关于问题链的定义,我国学者有不同的理解。王后雄认为,问题链是教师为了实现一个单元或一节课的教学目标,根据学生的已有知识或经验,针对学生学习过程中可能产生的困惑,通过有中心、有序列、相对独立而又呈系统性的一连串的教学问题展开教学。[①] 吴学录认为,问题链是在教学活动中将某一学习内容以"问题"为线索,并将难度较大的问题依照知识、能力、思维的层次与结构拆分成相关的多个问题,而后串联呈现。有效的问题链设计应该能够激发学生的兴趣,优化学生的思维品质。[②] 王后雄从问题链的形式结构角度出发,对其进行了定

---

① 王后雄."问题链"的类型及教学功能——以化学教学为例[J].教育科学研究,2010(5):50—54.
② 吴学录.以"问题串"为载体,实施化学有效教学[J].教学月刊(中学版),2010(4):12—14.

义,他认为问题链来源于教学问题;而吴学录则关注学生思维品质的优化,认为问题链来源于教学内容。上述学者提出的问题链定义都具有一定的局限性,即依据单个学科展开。然而,在以概念教学为基础的跨学科主题学习中,问题链应该是围绕概念展开的,且这些问题需按照难度和深度逐步推进。因此,本教材对跨学科主题学习中问题链的定义是:围绕学科大概念和跨学科大概念展开的主问题及子问题串。

▶ 微课探究

扫码观看微课视频"问题链与课堂提问",从日常教学实践出发,思考问题链与你在传统课堂中对学生的提问相比有什么区别和联系。

问题链与课堂提问

💬 问题研讨

请从教学设计和学生学习两个视角思考:大概念与问题链的关系是怎样的? 为什么要将大概念转化为问题链?

三、问题链的特点

(一) 问题链具有目标性

问题是推动学生思维发展的关键,也是进行教学实施的基本载体。建立目标与问题之间的对应关系,既是确保问题及问题系统具有清晰指向性的关键,也是顺利达成教学目标的重要保障。同一个目标可以通过几个子问题的推进,循序渐进地得以实现;不同的目标也可以通过一个核心问题的推进,整合性地得以实现。因此,目标与问题之间不是简单的一一对应关系,而可能是一对多或是多对一的关系。[1]

📈 案例分析

● ● ●

"气候变化与农业"问题链的设计(部分)

主问题:气候变化对农业的影响是什么?

　　子问题1:气候变化对土地有什么影响?

　　子问题2:气候变化对农作物的生长有什么影响?

---

[1] 王天蓉,徐谊,冯吉,等. 问题化学习教师行动手册[M]. 上海:华东师范大学出版社,2010:13—63.

子问题 3:气候变化对从事农业生产的人有什么影响?

子问题 4:气候变化对农产品的运输有什么影响?

在这组问题链中,每一个子问题其实都隐含了一个小目标,即了解气候变化对农业中某个要素的影响。通过解决各个子问题,学生能够更为全面地认识到气候变化对农业的影响,从而达成最终的学习目标。

(二)问题链具有系统性

问题链从系统的高度透视问题与问题之间的关系,关注每个问题在全局中的位置,把握多个问题之间的关系,并在问题的相互联系中理解、分析和解决它们。以问题系统来优化学习内容和学习过程,是问题链教学的重点。

案例分析

● ● ●

"文学作品中的英雄形象分析"问题链的设计(部分)

主问题:文学作品中的英雄形象有哪些共同特征?

子问题 1:文学作品中英雄的性格特点,如何影响他们的行为和决策?

子问题 2:文学作品中人物所处的背景和环境对其中英雄形象的塑造有何影响?

子问题 3:文学作品中的英雄形象如何反映社会和时代的价值观?

在这组问题链中,每个问题都紧密联系,共同构成一个关于"文学中的英雄形象"的系统性问题链。通过解决这些问题,学生可以逐步深入了解文学作品中英雄形象的共同特征,以及作者在作品中塑造这些英雄形象的背后原因。

(三)问题链具有连续性

问题链由一个接一个、一环套一环的问题组成。问题链像一条锁链,把疑问和目标紧紧地连在一起。问题链中的问题具有连续性,是相互依存的问题系统,按照由浅入深、由低级到高级、由简单到复杂的顺序连接。

案例分析

● ● ●

"光的折射现象"问题链的设计(部分)

主问题:什么是光的折射现象?

子问题 1:什么是光的折射? 它与光的传播有何不同?

子问题2:光在不同的介质中传播时,发生折射的原因分别是什么?

子问题3:折射定律是什么? 如何用数学公式来描述光的折射角?

子问题4:在不同介质之间,光的折射角与入射角之间有何关系?

在这组问题链中,每个问题都在前一个问题的基础上展开,形成连续的问题体系。学生通过连续的问题链逐步推进学习,探索光出现折射现象的原理和规律,从而深入理解光的折射现象。

（四）问题链具有层次性

问题链的层次性是指问题链中的问题之间存在逐级深入的关系,主问题与子问题、子问题与子问题之间相互依存,构成一个有机整体。问题的提出和解答呈现出一种递进、分层的特征。这种层次性有助于引导学生逐步深入、系统地理解和掌握跨学科大概念。

案例分析

"生物的生存策略"问题链的设计（部分）

主问题:为什么某些物种具有相似的生存策略?

子问题1:什么是生存策略?

子问题2:为什么生物会在进化的过程中发展出不同的生存策略?

子问题3:为什么某些物种需要相似的生存策略?

问题链的层次性主要体现在两个方面:一是主问题与子问题之间的层次性。主问题是一个广泛的问题,而每个子问题是为了回答主问题而提出的更具体、更深入的问题。二是子问题之间的层次性。例如,子问题2是建立在子问题1的基础上的,子问题3又是建立在子问题2的基础上的,以此类推。每个子问题都依赖于前一个问题的答案,从而构建出一个逐层深入的问题链。

（五）问题链具有开放性

问题链的开放性体现在它具有可继续扩展和延伸的空间,以及答案的不唯一性方面。众所周知,再好的课堂"预设",也无法预知课堂教学中的全部细节,因为课堂教学是一个师生互动、共同学习提高的过程,是一个充满教学变量与挑战的过程。"动态生成性"是相对于"预设性"而言的。教师备课时所"预设"的同一个问题,在课堂上可能会得到多种不同的答案,即学生对问题的看法是多角度的。因此,在进行教学设计时,教师要把握好问题链的开放性,可以针对教与学的双边活动、学生回答的动态变化情况,机智灵活地做出调整。① 此外,虽然问题链并未涵盖所有教学问题,但它可以逐层展开,形成一系列详细且相互关联的教学问题。

> **案例分析**
>
> ● ● ●
>
> **"世界上最伟大的领袖"问题链的设计(部分)**
>
> 主问题:世界上最伟大的领袖是谁?
>
> 　　子问题1:什么是伟大的领袖? 一个领袖需要有哪些重要的品质和特征?
>
> 　　子问题2:历史上有哪些人被认为是伟大的领袖? 他们分别取得了哪些重要的成就?
>
> 　　子问题3:如何评估领袖的伟大程度? 有哪些标准可以用来衡量一个领袖的影响力和贡献?
>
> 　　子问题4:不同国家和文化背景的人,对伟大领袖的看法可能存在差异吗? 为什么会出现这种差异?
>
> 　　在这组问题链中,每个问题的答案都非固定且唯一的,旨在鼓励学生尝试自主构建知识。同时,所列的四个子问题并不能完全覆盖主问题所涉及的问题空间,因此,教师可以在"子问题4"之后,根据学生的回答情况继续提问。

四、问题链的分类

在跨学科主题学习中,问题链的设计形式是多种多样的。它可以是针对某一个问题而设计的层层深入的纵向问题链,也可以是针对一系列问题而设计的横向问题链,等等。下面将按照知识内容的组织方式和教学功能两个维度对问题链进行分类,以帮助我们更为准确地理解问题链的特点和功能。

(一) 按照知识内容的组织方式分类

按照知识内容的组织方式,可以将问题链分为线性问题链、分支型问题链、网络型问题链和循环型问题链。

1. 线性问题链

线性问题链是指一系列问题按照线性顺序相互连接,其中每个问题的解答成为下一个问题探讨的基础,从而呈现出一种线性推进的结构。通过逐步探究问题,学生可以逐渐深入主题,构建完整的知识体系。线性问题链的设计目的是:通过逐步深入的方式,帮助学生建

---

① 王建强. 课堂问题链的设计、实践与思考[J]. 上海教育科研,2015(4):71—73.

立对特定主题的连贯性认知,以提高知识的系统性。在实际教学中,教师可以设计一系列具有逻辑联系的问题,引导学生根据每个问题的答案逐步深入探索,从而完善对主题的理解。

📋 案例分析 ● ● ●

"探究水资源管理"问题链的设计(部分)

问题1:什么是水资源?(地理、生物学)

问题2:全球水资源的状况如何?(地理、环境科学)

问题3:水资源的利用和管理策略有哪些?(地理、政治、生态学)

---

2. 分支型问题链

分支型问题链是指问题之间有多个选择,学生可以根据自己的选择来回答不同的问题,从而形成不同的问答分支。这样的问题链可以帮助学生理解不同方面或不同视角的问题,激发学生的思考和创新能力。分支型问题链的设计目的是:通过多样化的问题选择,培养学生灵活思考和解决问题的能力,促进学生的跨学科思维。在实际教学中,教师可以提供一系列问题,并明确学生可以选择回答的问题。同时,学生可以根据自己的兴趣、研究方向或解决问题的不同角度来选择相应的问题。

📋 案例分析 ● ● ●

"改善城市交通"问题链的设计(部分)

问题1:如何改善公共交通系统,使其更加高效和环保?(学生可以研究新型公共交通工具,如电动巴士或轻轨,思考如何减少碳排放)

问题2:如何减少私家车的数量,以缓解交通拥堵的情况?(学生可以研究共享出行方式,如拼车或共享单车,思考如何减少私家车的数量)

问题3:如何利用科技创新来解决交通问题?(学生可以研究智能交通管理系统或交通导航应用,思考如何优化交通流量)

---

3. 网络型问题链

网络型问题链可以用于引导学生探索复杂主题或概念。它以一个主题或大概念为核心,涵盖多个主问题;每个主问题都可以引出多个子问题串,形成一个复杂的问题网络结构。网络型问题链的设计目的是:通过探索主题的不同侧面和相关性,使学生能够深入理解复杂的概念,培养批判性思维、创造性思维及合作能力。在实际教学中,教师可以提供一系列有关联而又具有一定独立性的主问题,让学生围绕各个主问题分别探索不同方面的知识。每个主问题下,教师可以构建一个或多个相互关联的子问题串,从而帮助学生深入挖掘主问题的细节和相关性。

⊡ 案例分析
● ● ●

"气候变化与环境"问题链的设计(部分)

主问题 1:什么是温室效应?

　　子问题 1:温室气体的种类有哪些?

　　子问题 2:温室效应如何影响全球气候?

主问题 2:气候变化对生态系统有何影响?

　　子问题 1:气候变化导致了生态系统的哪些变化?

　　子问题 2:生态系统的适应策略是什么?

主问题 3:人类活动如何加剧了气候变化?

　　子问题 1:化石燃料的使用对气候变化有何影响?

　　子问题 2:可持续能源对减缓气候变化有何作用?

---

4. 循环型问题链

循环型问题链是一种学习方法,问题之间形成循环,学生需不断回到之前的问题来深化对该问题的理解。这种问题链可能是线性、分支或网络结构的。循环型问题链的设计目的是:通过不断回顾和深化理解,帮助学生形成更加全面而深刻的知识认知系统。在实际教学中,教师可以设计循环型的问题,让学生在不同阶段反复回顾之前的问题,并在每一次的循环中加深对该问题的理解。

⊡ 案例分析
● ● ●

"探究生态系统平衡"问题链的设计(部分)

问题 1:什么是生态系统?(生物学、地理)

问题 2:生态系统中的生物多样性为什么重要?(生物学、环境科学)

问题 3:环境变化对生态系统平衡有什么影响?(地理、环境科学)

在回答完问题 3 后,教师可以再次提问问题 1,以帮助学生从生物多样性和环境变化的角度加深对生态系统的理解。

（二）按照教学功能分类

按照教学功能，可以将问题链分为引入式问题链、冲突式问题链、诊断式问题链、探究式问题链、迁移式问题链、总结式问题链、对比式问题链和推理式问题链。

1. 引入式问题链

引入式问题链是教师在教学中出于引入新的课题、使不同课题之间平滑转接、唤起学生的求知欲望等目的而精心设置的一系列问题。它能够让学生回到原有的认知结构中，熟悉与新课相关的旧知识，并引导学生用类比、演绎、归纳等方法揭示新旧知识的联系。引入式问题链的设计目的是：为导入新课扫除障碍，让学生对新课产生兴趣，并为后续教学做铺垫。在实际教学中，教师可以通过设计一系列问题，引导学生主动思考并回顾与新课相关的旧知识，进而让新知识成为一个容易与旧知识联系的"临近发展区"。

案例分析

"印刷术的发明"问题链的设计（部分）

问题1：在印刷术发明之前，人们是如何复制书籍和文献的？（旧知识回顾）

问题2：你认为印刷术的发明对人类有何影响？（激发求知欲望）

问题3：印刷术是如何发挥作用的？（引入新课主题）

---

2. 冲突式问题链

冲突式问题链是指结果出人意料的一组相似的问题。这些问题与学生学习的前概念或常识相矛盾，能够引发学生强烈的认知冲突，激发学生的探索兴趣和求知欲望，促进学生对相关知识的同化与理解。冲突式问题链的设计目的是：让学生产生认知冲突，激发学生的学习兴趣，培养积极的认知情感，并帮助学生更好地理解和记忆新知识。在实际教学中，教师可以设计一系列问题，让学生面对出人意料的结论，这些结论与他们的预期产生认知冲突，从而鼓励学生探索解决方案。

案例分析

"光的反射"问题链的设计（部分）

问题1：为什么镜子里的你是左右颠倒的？（与学生的预期相同）

问题2：为什么水面上的鱼看起来正常，但在水下看却像是颠倒了一样？（挑战常识）

问题3：你能设计一种实验来观察光在不同介质中的反射情况吗？（引发认知冲突）

3. 诊断式问题链

诊断式问题链是围绕教学内容中的"三点一处"(即重点、难点、疑点和易错处)精心设计的一系列具有针对性的问题。它能够让学生充分暴露错误和薄弱环节,并通过"出错—指错—究错—纠错"的过程,帮助学生真正理解和掌握知识。诊断式问题链的设计目的是:帮助学生识别和纠正错误,提高思维的自我监控能力,促进学生对知识的理解和掌握。在实际教学中,教师可以通过设计一系列有针对性的问题,引导学生深入思考并发现自身对知识的错误应用或薄弱点。

案例分析

"SO_4^{2-} 的检验"问题链的设计(部分)

问题1:按照三个实验方案及其观察到的现象,能否确认试液中一定含有 SO_4^{2-} ? 为什么?

问题2:你能设计一个新的实验方案来证实某试液中确实存在 SO_4^{2-} 吗?

---

4. 探究式问题链

探究式问题链是一系列旨在培养学生探索精神以及自主学习和创新能力的问题,它能够鼓励学生积极思考、探索并构建知识。探究式问题链的设计目的是:通过引导学生主动参与问题解决的过程,培养其科学探究、独立思考和解决问题的能力,进而促进其深层次的学习和对知识的持久记忆。在实际教学中,教师可以设计富有启发性和开放性的问题链,鼓励学生进行实验、观察、推理和探索。在此过程中,教师可以提供一些资源和指导,但更多的是要让学生自主发现和解决问题,从而培养学生的学习兴趣和主动性。

案例分析

"气候变化"问题链的设计(部分)

问题1:气候变化是由什么原因引起的?(激发探索兴趣)

问题2:你认为我们可以采取哪些措施来减缓气候变化?(鼓励思考)

问题3:你可以设计一个小模型来演示气候变化的过程吗?(培养创新能力)

---

5. 迁移式问题链

迁移式问题链是一系列设计在不同情境中的需要应用知识去解决问题的问题,它能够引导学生将所学的知识和技能迁移到新的领域或实际情境中。迁移式问题链的设计目的是:通过培养学生的知识迁移能力,使他们能够在不同的学科或在现实生活中灵活应用所学知识,从而提高学习的实用性和适应性。在实际教学中,教师可以设计能够引导学生将所学知识与其他领域联系起来的问题链,让学生思考如何在不同的情境下解决问题。同时,教师还可以引导学生进行交叉学科的学习,以帮助他们更好地应用知识。

案例分析

"斜面运动"问题链的设计(部分)

问题1:能否说出一个物体在斜面上滑动的实例,以及它与你在日常生活中的体验有何联系?(迁移知识)

问题2:如果斜面的倾角增大,会对物体的滑动速度产生什么影响?(应用知识)

问题3:为什么滑雪运动员在比赛中要选择不同的滑雪板?(跨学科应用)

---

6. 总结式问题链

总结式问题链是在课堂或学习阶段结束时,用一系列问题引导学生回顾和总结所学知识,从而形成系统化的知识结构的一组问题。总结式问题链的设计目的是:帮助学生加深对所学知识的理解和记忆,促进知识的内化与应用。在实际教学中,教师可以设计一系列问题,引导学生从不同的角度回顾和总结学习内容,如概括重点、总结规律、归纳知识关联等。与此同时,学生也可以通过讨论、展示、写作等方式进行总结。

案例分析

"生态系统"问题链的设计(部分)

问题1:你可以总结一下你所了解的生态系统的组成和相互作用吗?(回顾知识)

问题2:当生态系统中的一个环节受到破坏时,可能会对整个生态系统产生什么影响?(联系知识)

问题3:如果你有机会改变生态系统中的某个方面,你会选择做什么?为什么?(综合知识)

---

7. 对比式问题链

对比式问题链是一系列用于比较和对比不同事物、概念或现象的问题,它能够帮助学生理解这些对象之间的相似性、差异性和联系。对比式问题链的设计目的是:培养学生的辨析能力,提升跨学科学习能力,使学生理解不同事物之间的共性与差异,以及这些事物在不同背景下的应用。在实际教学中,教师可以提出一系列针对不同概念或对象的问题,引导学生进行比较和对比分析。学生可以通过寻找共性和差异性来深入理解所学知识的内涵和外延。

案例分析 ●●●

"自然界中的光与声"问题链的设计(部分)

问题1:光在空气和水中传播的速度有何区别?(基础问题)

问题2:光和声音有哪些相似之处?它们在能量传递方面有什么共性?(进阶问题)

问题3:光与声在通信、医学和艺术等领域中有哪些应用?它们之间存在哪些异同点,以及这些异同点背后的原因是什么?(深入拓展)

---

8. 推理式问题链

推理式问题链是一系列用于培养学生推理能力和逻辑思维能力的问题,需要学生根据已知信息进行推断和推理。推理式问题链的设计目的是:帮助学生培养逻辑思维,提升分析问题和解决问题的能力。在实际教学中,教师可以提出一系列需要学生进行推理和假设的问题,引导学生运用所学知识和逻辑思维推断出合理的答案。

案例分析 ●●●

"调查与数据分析"问题链的设计(部分)

问题1:已知某班级学生的身高数据,是否能够据此推断出该班级男生和女生的平均身高?(基础问题)

问题2:在已知一组数据的基础上,如何通过推理得出其中缺失数据的合理估计值?(进阶问题)

问题3:如何设计一个调查问卷,并根据收集的数据进行推理,进而得出结论并提出改进方案?(深入拓展)

五、问题链的作用

问题链与跨学科主题学习紧密相连。通过一系列有序而连贯的问题,可以引导学生逐步深入研究特定概念,进而全面理解复杂的现实问题,有效培养学生的思维能力。下面将探讨问题链如何与概念相互作用,从而促进学生的概念学习,推动学生的思维发展。

（一）问题链对概念学习的作用

1. 具身参与促进概念感知

具身参与是指学生通过亲身体验和参与来感知和理解概念。问题链的设计可以提供具体情境和实践体验，使学生能够亲自参与并体验与概念相关的现象、事件或情境。学生通过亲身体验，能够更直观地感知和理解概念的本质特征和应用场景。跨学科主题学习强调学生以解决现实世界中的问题和挑战为目标。因此，通过问题链，学生不是被动地接受信息，而是积极主动地参与思考和探究，在合作解决问题的过程中注重实际应用，增强学习的实用性和应用性。例如，在"中草药的魅力"跨学科主题学习中，教师可以通过问题链的设计，引导学生亲自参观中草药的种植和采集过程，参与中草药的加工和制剂过程，从而深刻感受到中草药的魅力和药理学作用，加深对中医药文化的理解。

2. 启发引导促进概念理解

问题链中的一系列有针对性的问题和提示，可以帮助学生思考和探索概念之间的关系、规律和原理。教师可以运用引导式的提问和提示，引导学生发现和理解概念的内涵、特征和应用。问题链中的连续性问题和相关性问题能够进一步促使学生进行深入的探究和思考，从而逐渐形成对概念的理解和认知模型。例如，"中草药的魅力"跨学科主题活动，涉及生物、化学、地理、历史、语文等多个学科领域的概念。通过问题链的引导，学生可以将这些学科领域的概念进行串联，从而了解中医药文化的多个方面，理解中医药文化的复杂性及多维度的内涵。

3. 应用反思促进概念迁移

概念迁移是指学生将在一个学科或领域中学到的知识和概念应用到其他学科或领域中以解决问题的能力。首先，问题链中的一系列问题和提示都与具体的实际情境相关，学生需要将抽象的概念转化为实际应用的工具，从而更好地理解概念的内涵和作用。其次，问题链的设计鼓励学生从不同学科的角度进行综合性思考。跨学科主题学习强调将不同学科领域的知识进行融合，因此，在问题链学习过程中，学生需要从多个学科的角度去思考问题，并提供综合性的解决方案。通过综合性思考，学生可以关联不同学科的知识和概念，实现对概念的迁移和应用。最后，在解决问题的过程中，学生需要不断反思自己的解决方案是否有效，是否运用了合适的概念。通过反思，学生可以发现自己在概念应用方面的问题和不足，并加以改进。这种反思和自我评价，有助于学生更深入地理解概念，提升概念的迁移能力。

（二）问题链对思维培养的作用

1. 结构化问题促进系统思维培养

系统思维是一种综合性的思考方式，它关注的不仅仅是问题的细节，还包括问题链的整体结构。系统思维的核心思想是将多个相关要素视为一个整体，强调各个组成部分之间、整体与细节之间的相互关系。这种思考方式有助于学生理解问题的全貌,识别不同元素之间的相互影响,并更好地制定解决方案。结构化问题链是培养系统思维的有效工具。它通过提供有序的问题序列,引导学生逐步深入问题的各个方面。这些问题之间具有内在的逻辑联系,使学生能够逐渐建立对问题的整体认知。在解答问题的过程中,学生需要考虑问题之间的相互关系,推导影响结果的因素,以及如何优化解决方案,从而提升系统思维能力。

2. 挑战性问题促进创造性思维培养

创造性思维强调从新颖的、独特的视角看待问题,从而找到具有创造性的解决方案。这种思维方式通常需要跳出传统思维的行动模式,需要拥有勇于面对挑战、积极追求改进和创新的学习态度。问题链是培养创造性思维的关键工具。问题链中的问题不是简单的、直接的,而是需要学生思考、探索和实验的挑战性问题。挑战性问题通常伴随着不确定的、困难的问题情境而产生。这些问题往往难以直接应用所学知识来解决,需要学生通过创造性思维活动,将体验到的模糊、疑难、矛盾和某种纷乱的情境,转化为清晰、连贯、确定、和谐的情境,从而跳出传统的思维框架,寻找新的解决方法。

3. 进阶式问题促进思维发展循序渐进

问题链具有层次性的特点,具体表现在问题的难度和复杂度是逐渐递增的。这允许学生在解决问题的过程中,经历从表面到深层、从低层次到高层次的思维变革,从而实现由量变到质变的思维发展。最初的问题相对简单,适合学生的现有知识和思维水平。随着问题链的推进,问题逐渐变得更加复杂和具有挑战性,这迫使学生不断提高自己的思维水平,从而实现思维的递升。在问题链的推进过程中,学生围绕学习内容展开更深入的思考,他们不仅要回答问题,而且要探索问题的根本诱因和解决方案。随着学习活动的持续推进,学生对该内容的理解和思考也将日趋成熟和不断深入。[①]

> 💬 **问题研讨**
>
> 　　(1) 在跨学科主题学习中设计问题链与在单一学科中设计问题有何不同之处? 问题链的设计需要考虑哪些特殊因素?
>
> 　　(2) 概念学习与思维培养存在哪些关联? 问题链在其中扮演了什么角色?

---

① 孙海锋.基于问题链培育初中生数学高阶思维的教学策略[J].教育学术月刊,2023(3):100—106.

第二节 问题链的设计

本节学习目标

通过本节的学习,了解问题链的设计理论,掌握设计原则和设计方法,并能够自主设计适合跨学科主题学习的问题链。

本节将详细介绍"五何"问题设计理论和问题连续体理论,并提出问题链的设计原则,以及围绕跨学科大概念和学科大概念设计问题链的方法。通过学习本节内容,我们将掌握设计符合教学需求的问题链的方法。

一、问题链的设计理论

借鉴与问题设计相关的教学理论和教学方法有助于教师设计结构良好的问题链。譬如,祝智庭提出的"五何"问题设计理论,以及梅克和斯克维的问题连续体理论。祝智庭根据"4MAT"教学模式提出的"五何"问题设计理论为问题链的设计提供了可操作的方法。梅克和斯克维的问题连续体理论,为问题链设计的开放性提供了清晰的框架。下面将对这两种理论进行逐一介绍。

(一)"五何"问题设计理论

"4MAT"教学模式又叫自然学习模式,由美国著名的"学习公司"总裁麦克卡锡博士于1979年开创。[1] "4MAT"是由原因(Why)、内容(What)、方法(How)和其他(What else)构成的一个自然的环路,形成了一个持续性学习的框架。[2] 祝智庭根据国际上著名的"4MAT"教学模式,针对课堂教学提出了"五何"问题设计理论。该理论为问题设置的思维层次提供了可操作的方法。"五何"问题包括由何、是何、为何、如何和若何。

(1)由何(Who, When, Where):探讨问题是从哪里来的。针对"由何"设计的往往不是真正的问题,而是任务的布置或情境的导入,有助于学生了解问题产生的初始情境。

(2)是何(What):要回答这类问题,需要完成事实性知识的回忆与再现,这有助于学生理解和记忆事实性知识。

(3)为何(Why):需要弄清事物之间,以及事物各部分之间的相互关系及其构成方式,以便学生进行恰当、准确的解释和推理。

(4)如何(How):需要具备学以致用的迁移能力,也就是能够将知识应用于解决实际问

① 左志宏,王敏,席居哲. McCarthy 学习风格的分类及其 4MAT 教学设计系统[J]. 上海教育科研,2005(10):69—72.

② 阎颐,李旭,张志宏. 4MAT 模式及其教育思想论析[J]. 天津大学学报(社会科学版),2006(2):132—135.

题,这有助于学生获取策略性的知识。

（5）若何(If … then …)：要求学生推断或想象,如果事物或情境的某种属性发生变化,结果会怎样。此类问题是创新型、总结型问题,有助于发挥学生的迁移能力和创造能力,形成灵活应用所学知识解决综合问题的能力。

> **案例分析** • • •
>
> ### "中草药的魅力"问题链的设计
>
> （1）由何:学生可以从"由何"方面探究中草药的起源、传承和历史发展,了解中草药的发源地、发现时间和传承渠道等初始情境。这有助于学生对中草药的历史背景和文化渊源有更深入的了解。
>
> （2）是何:学生可以回答中草药的基本知识,如各种中草药的名称、特点、功效等事实性知识。这有助于学生掌握中草药的基本概念和分类,增强对中草药的认知和了解。
>
> （3）为何:学生可以探究中草药与人体的关系,了解中草药的药理作用及对人体健康的影响。这有助于学生理解中草药的药用原理和药理学知识,从而进行恰当的解释和推理。
>
> （4）如何:学生需要学会如何正确使用中草药,如中草药的制剂方法和具体用法。通过这类问题,学生能够将学到的知识应用于解决实际问题的情境中,这有助于其提高知识的迁移能力和应用能力。
>
> （5）若何:学生可以推断和想象,如果某种中草药属性发生了变化,可能会导致怎样的结果。这有助于培养学生的创造力和灵活应用知识解决问题的能力,从而形成解决综合问题的能力。

（二）问题连续体理论

依据梅克和斯克维的问题连续体理论,可以把问题按解决它所需的创造性程度的高低划分成五个不同的等级或层次。我们可以从教师和学生两个方面,根据问题本身是已知还是未知,解决问题的方法是已知还是未知,或是唯一的、系列的还是开放的,以及问题的答案是已知还是未知,或是唯一的、系列的还是开放的[①],构成问题连续体矩阵(见表 3-2)。

问题类型一:师生知道问题及其解决方法,但问题的正确答案只有教师知道,对学生来讲是未知的。例如,教师提出一个问题:"哪种中草药可以用于缓解感冒症状?"学生知道这是一个问题,也知道可以通过中草药缓解感冒症状,但具体的正确答案则只有教师知道。

---

① 邢少颖,张淑娟. 从问题连续体和多元智力理论看当前的教学改革[J]. 教育理论与实践,2006(15):58—61.

表 3-2　问题的基本类型①

问题类型	问题		方法		答案	
	教师	学生	教师	学生	教师	学生
问题类型一	已知	已知	已知	已知	已知	未知
问题类型二	已知	已知	已知	未知	已知	未知
问题类型三	已知	已知	系列	未知	系列	未知
问题类型四	已知	已知	开放	未知	开放	未知
问题类型五	未知	未知	未知	未知	未知	未知

问题类型二:问题为师生所知,但问题的解决方法及其答案只有教师知道,且问题只有一个解决方法和一个确定答案。例如,教师提出问题:"中草药的加工方法有哪些?"学生知道这是一个问题,知道中草药可以通过不同方法加工,但具体的方法和答案只有教师知道。

问题类型三:问题为师生所知,有一系列方法可以解决,且有一系列的答案或结论,解决方法及答案对学生来说是未知的。例如,教师提出问题:"列举不同中草药对应的功效和适用症状。"学生知道这是一个问题,也知道可以通过多种方法列举中草药的功效,但具体的解决方法和答案对学生来说是未知的。

问题类型四:有一个定义清楚的问题,且为师生所知,但方法和答案师生都还不完全知道。这种开放式的问题可有多种方法解决,并可有无数个答案或结论。例如,教师提出问题:"如何设计一个种植中草药的庭院? 包括种植哪些中草药以及如何布局。"学生知道这是一个问题,可以通过不同方法设计中草药庭院,但具体的解决方法和答案可以有多种。

问题类型五:对问题的提出者和解决者而言,问题、解决方法和答案都是未知的。第五类问题是在主题范围内由学生自行发现的综合性问题,并由他们自行提出解决方案,从而解决问题。例如,学生在学习"中草药的魅力"的过程中,自行发现一个问题:"如何结合现代科技创新,提高中草药的种植和加工效率?"学生自主提出这个问题,并探索解决方案,从而形成创造性思维和解决问题的能力。

从问题连续体的五种类型来看,学习的主体由教师主导向学生自主过渡;问题的结构由第一类完全封闭和收敛的问题,到第五类完全开放和综合的问题,其他几类问题则都处于这两个极端之间,呈现出系列的、连续的,而不是相互隔绝、彼此独立的状态;解决问题的方法由一种到多种,再到无限种,呈现出多样性与开放性的特征②;问题的结论从第一类问题拥有

---

① 吕崧.问题启迪思维:"问题链"在初中化学教学中的运用[M].上海:上海交通大学出版社,2014:13.
② 邓立龙."问题连续体"与英语阅读教学[J].中小学外语教学(中学篇),2009,32(12):28—34.

单一且明确的正确结论,到第五类问题通常具有开放性的结论,这些问题的结论也从一元到多元,同样呈现出多样性与开放性的特征。

上述两种问题的设计理论为问题教学提供了多元化的视角和方法,有助于教师设计出多样的、有深度的问题链。例如,在跨学科主题学习"中草药的魅力"中,教师可以利用问题连续体理论中的五种问题类型来设计问题链,引导学生进行综合性的思考和学习。

💬 **问题研讨**

"五何"问题设计理论与问题连续体理论有何异同之处? 它们如何相互补充,共同确保问题链的有效性?

二、问题链的设计原则

在介绍问题链的设计原则之前,我们需要明确有关问题链的几个问题。

(1) 问题链是否有利于教学整体目标的实现,问题之间是否能建立广泛的联系?

(2) 问题链本身的目标是否明确,立意是否鲜明,是否指向学科核心问题?

(3) 问题链是否符合教学进程的需求,是否为学生构建了基本支架或确定了思维起点?

(4) 问题链出现的时机和问题展示的方式是否符合学生的心理需要,对学生的智力发展是否具有较高的价值?

(5) 问题链是否具有层次性、递变性、情境性和经济性等特点,是否集思考价值、智力价值和情意价值于一体?

基于上述对问题链设计的要求,教师在设计跨学科主题学习问题链时,应从培养学生核心素养的战略高度出发,紧密结合新课标的培养目标、内容特征,以及学生现有的知识经验与认知发展水平,充分体现基础性、适度性、经济性、有序性、情境性、活动性、开放性、多维性、动态性和整体性等特性。[①] 具体而言,问题链的设计应遵循以下五项原则,以确保其教育效果的最大化。

(一) 问题链的设计应彰显学生的主体性

问题链的设计应基于以学生为中心的理念,紧密把握学生的最近发展区,从学生已有的经验知识、掌握的方法技能、积极的情感态度和学习的困惑点出发;立足于"学生现实的生活关切",激发学生的发展愿景,引导学生对生活世界进行新的认识和再建构,并在生活中学习应用,在应用中改变生活,从而赋予跨学科主题学习以实际价值和积极意义。

---

① 王后雄."问题链"的类型及教学功能——以化学教学为例[J].教育科学研究,2010(5):50—54.

案例分析

"探索可持续能源"问题链的设计(部分)

问题1:你在日常生活中会使用哪些能源?

问题2:你知道可持续能源是什么吗?

问题3:为什么可持续能源是重要的?

问题4:你能提出一些使用可持续能源的方法吗?

问题1旨在调查学生的生活经验和知识,问题2可以帮助学生建立对可持续能源的基本概念,问题3能够培养学生的环保意识,问题4能够鼓励学生提出解决方案。该问题链的设计基于学生的日常生活经验,使他们能够探索并应用概念。这种以学生为中心的问题链设计方式,可以增强学生的主体性,引导他们更积极地参与学习。

(二)问题链的设计应体现思维的进阶性

根据教学实践,教师应当坚持采用主问题统摄和子问题链接落实的梯次推进策略。具体而言,教师应基于某一主问题设计3至5个子问题,且子问题之间应具有内在的逻辑关联,同时围绕主问题有序推进,帮助学生搭建思维的基本框架,引导他们从体验感悟到深度理解再到迁移应用,使其思维有一个从个别到一般、从具体到抽象,从理解、应用走向分析、评价和创新的过程,从而引导学生逐步形成更高层次的思维能力,提升思维品质。

案例分析

"生态系统与气候变化"问题链的设计(部分)

问题1:什么是生态系统?

问题2:生态系统具有哪些特征?

问题3:气候变化如何影响生态系统?

问题4:在我们的生活中,人类的哪些行为会造成气候变化,从而影响生态系统?

在这组问题链中,教师致力于引导学生深入思考关于"气候变化对生态系统的影响"这一问题。在问题链的引导下,学生可以在掌握生态系统的一般知识的基础上,将知识进行迁移与应用。

(三)问题链的设计应具有聚焦性

教师可以采用聚焦性的策略设计问题链。具体而言,教师需要根据学生的学情和教材的实际内容,有的放矢地抓住知识的关键点、问题的疑难点、思维的发散点、内容的矛盾点、认知的模糊点，对学生进行有效提问。在课堂教学实践中，增强学科课堂提问有效性的关键一步就是能够准确寻找课堂提问的切入点，把握学生对这些切入点的聚焦性，以引导学生进行深入的思考和学习。

案例分析

"可持续能源"问题链的设计（部分）

主问题：如何提高太阳能电池板的效率？

　　子问题 1：太阳能电池板的工作原理是什么？

　　子问题 2：为什么太阳能电池板的效率相对较低？

　　子问题 3：有哪些技术和方法可以提高太阳能电池板的效率？

　　子问题 4：这些技术和方法如何影响可持续能源的发展？

这组问题链的设计聚焦于"提高太阳能电池板的效率"这一核心问题，从而帮助学生深入理解可持续能源领域的挑战与创新。

（四）　问题链的设计应注重跨学科整合

问题链应致力于促进不同学科之间的整合，帮助学生理解概念在多个学科中的具体应用及其相互之间的联系。在教学实践中，教师通过引导学生探索和思考不同学科中问题的相关性和交叉点，可以有效促进学生的跨学科思维，以及综合运用学科知识和技能的能力。

案例分析

"城市可持续发展"问题链的设计（部分）

问题 1：城市的位置和地理特征如何影响其可持续性发展？（地理）

问题 2：城市的污染和资源利用对其可持续性发展有何影响？（环境科学）

问题 3：如何将城市规划和社会包容性相互关联？（社会学）

问题 4：可持续发展对城市经济有何影响？（经济学）

学生在回答这些问题时，不仅需要考虑城市的地理特征，还需要了解环境科学原理、社会学理论及经济学概念。他们必须综合运用这些学科领域的知识来理解城市可持续发展的复杂性。

（五）　问题链的设计应促进概念的习得

大概念是抽象的，如果仅通过教师直接讲授，学生可能难以深入理解。然而，在问题链的引导下,学生可以逐层深入地探索问题,从而更为系统地理解概念,构建由知识技能通达学科概念以至跨学科大概念的知识体系,并具备应用概念的能力。跨学科主题学习是以概念教学为核心的,因此,概念的习得应是问题链设计的最终目的。

案例分析

> **"龙舟"问题链的设计(部分)**
>
> 问题1:龙舟的结构设计涉及哪些数学和物理学原理?
>
> 问题2:如何使用这些知识来优化龙舟的性能(包括速度和稳定性)?
>
> 学生通过回答这些问题,能够对数学和物理学中的速度、力等概念有更清晰的认识,并且知晓如何使用这些概念来解决问题。

三、问题链的设计方法

在设计跨学科主题学习时,问题链作为核心要素之一,其设计受到大概念、目标层、任务簇等其他核心要素的影响。因此,在构建问题链时,应充分考虑其与这些要素的联动效应。

(一)问题链与跨学科主题学习中各要素的联动

首先,问题链的设计应该紧密围绕跨学科大概念展开,确保问题链的每个环节都反映了大概念的核心特征。其次,问题链与目标层要密切协调。目标层明确定义了学生在跨学科主题学习中需要达到的认知目标、技能水平、思维层次。因此,问题链的设计应与目标层保持一致,以确保问题链设计的每个环节都与目标层的要求相符。最后,问题链与任务簇之间同样存在紧密联系。任务簇包括学生需要完成的具体任务和活动,问题链中的问题解决与任务簇中的任务展开是同一过程。因此,问题链作为任务簇的引导工具,其设计必须确保与学生的任务活动紧密相关,以充分发挥问题链的导向和促进作用。

总之,问题链是跨学科主题学习中的关键要素之一。在跨学科主题学习中,问题链并非孤立存在,它应当与大概念、目标层和任务簇紧密呼应,从而共同促进学生对跨学科主题的深入理解。

(二)问题链的生成路径

在跨学科主题学习中,尽管问题链的设计会受到其他教学要素的影响,但根据C-POTE模型,其设计应当主要聚焦大概念展开。[①] 问题链是由主问题和子问题构成的集合,主问题围绕跨学科大概念展开,而子问题则围绕学科大概念展开。跨学科大概念可被分

---

① 詹泽慧,季瑜,赖雨彤.新课标导向下跨学科主题学习如何开展:基本思路与操作模型[J].现代远程教育研究,2023,35(1):49—58.

解为若干学科大概念,因此,主问题也可以被分解为系列子问题。

1. 依据跨学科大概念形成主问题

在确定主问题时,首先需要深入理解跨学科大概念。跨学科大概念是跨越不同学科的关键性概念,它围绕教学主题展开,反映了教学的核心目标。在设计问题链时,教学主题为问题链的设计提供了基础,教师应确保问题链能够围绕跨学科大概念展开,与教学主题紧密联系,从而引导学生从跨学科的角度来思考和解决问题。设计问题链的具体步骤如下:

(1)理解跨学科大概念。在确定主问题之前,教师需要充分理解跨学科大概念的内涵和外延。这意味着教师需要深入研究有关该主题的文献资料、专家思维,了解跨学科大概念的历史发展、定义和重要性,明确它在跨学科主题学习活动中的核心地位。

(2)从跨学科大概念中抽象出主问题。通过对跨学科大概念的理解和分析,教师可以抽象出一个或多个主问题。主问题应具有开放性,能够引导学生进行深入的思考和探究,并为学生留出自主建构的空间,从而激发学生的学习兴趣和主动性。主问题应当涵盖跨学科大概念所涉及的核心内容,并与学生的日常生活和实际问题相联系,具有一定的实践性和应用性。

(3)确定主问题的深度和难度。主问题应当具有一定的复杂性和深度,可以引导学生进行跨学科的思考和研究。主问题的设计可以从不同的角度来考虑,它应当涉及多个学科的知识和技能,以此引导学生综合运用各学科的知识来解决问题。在确定主问题的复杂性和深度时,应基于对授课对象的学情分析,以及对课程教学目标的深入剖析来确定。此外,跨学科主题学习中的目标层确定了问题设计的深度和广度,它规定了学生在学习过程中需要达到的认知目标和能力水平。因此,问题链的设计还应该根据目标层确定难度和深度,以确保学生在解决问题的过程中达到预期的目标。

> **⚏ 案例分析**　　　　　　　　　　　　　　　　　　　　　● ● ●
>
> **"数字气象站"问题链的设计(部分)**
>
> 跨学科大概念(其一):物联网(特别是传感器系统)是连接物理世界与数字世界的纽带和媒介。
>
> 主问题1:数字气象传感器的基本原理和工作机制是什么?(涉及物理学和信息科技;对应探究任务)
>
> 主问题2:数字气象传感器与传统测量设备的区别是什么? 如何验证数字传感器的可靠性?(涉及物理学和数学;对应实践任务)

2. 依据学科大概念形成系列子问题

基于学科大概念的框架,可以将主问题进一步展开,形成一系列有逻辑关联的,以及涵盖不同学科知识和技能的子问题,从而便于学生逐步深入探究和解决问题。问题链是由主问题和子问题串共同构成的一个有联系的整体。子问题是主问题的延伸,将学习内容落实到学生熟悉的学科层面,是学生学习的起点。设计子问题的具体步骤如下:

(1)确定学科大概念。在设计问题链时,需要先根据跨学科大概念确定问题链所涵盖的学科,明确学科大概念,然后从不同学科的角度出发,确保问题链涵盖了所有相关学科的内容。

(2)从学科大概念抽象出子问题。通过对学科大概念的分析,设计子问题并使其形成一个连贯的序列。每个问题都应当是前一个问题的延伸和深化,能够引导学生逐步进行思考和研究,从而形成全面的、连续的学习过程。

(3)确定子问题的难度和深度。问题链中的问题应该具有逐步递进的难度和深度。问题链的设计应当遵循从简单到复杂、由浅入深的原则,紧密贴合学生的认知发展规律及其对学科知识的掌握程度。同时,问题链的深度和难度还要依据学情和教学目标来确定。

(4)明确子问题与主问题的联系。问题链中的每个子问题串都应当与主问题有密切的联系,使学生在解决子问题串的过程中,逐步解决主问题,并加深对主问题所对应跨学科大概念的认识。子问题串的每一个部分都应该是主问题解决过程的一部分,即子问题串与主问题共同形成一个完整的学习链条。

案例分析

"数字气象站"问题链的设计(部分)

跨学科大概念:物联网(特别是传感器系统)是连接物理世界与数字世界的纽带和媒介。

学科大概念(其一):(物理)传感器的基本原理是通过敏感元件及转换元件,把特定的被测信号按一定规律转换成某种"可用信号"并输出。

子问题1:什么是传感器?它是如何工作的?

子问题2:传感器如何将被测信号转换成可用信号?

子问题3:不同类型的传感器有哪些应用场景?

学科大概念(其二):(数学)数据是事实或观察的结果,是对客观事物的逻辑归纳,是用于表示客观事物的未经加工的原始素材。

子问题1:数字气象传感器如何感知气象数据?

子问题2:数字气象传感器如何处理感知到的气象数据?

子问题3:如何搭建真实或模拟的数字气象站数据采集装置?

子问题4:物联网设备如何汇集多个数字气象站的数据?

子问题5:经历气象数据的感知、传输、处理和呈现过程,对气象科学有何意义?

第三节　问题链在跨学科主题学习活动中的应用案例

本节学习目标

通过学习与模仿跨学科主题学习案例，巩固对问题链设计方法与原则相关知识的理解，并能够在教学中自行设计合适的问题链。

本节将探讨问题链在跨学科主题学习中的应用。通过具体的案例及其分析，我们将学习如何在跨学科主题学习中设计恰当的问题链。

一、"龙舟"的问题链设计

本主题学习活动涉及的学科包括历史、语文、地理、物理、数学、美术和体育等。

（一）大概念的提取

1. 超学科大概念

中华优秀传统文化的传承与创新。

2. 跨学科大概念

（1）大量与龙舟相关的诗歌、小说、散文等文学作品，承载了龙舟文化的价值性与历史性。（历史、语文）

（2）外形设计和结构设计是龙舟"形神兼备"的关键所在（龙舟的造型、装饰等与美术技能有关；龙舟的结构设计、速度计算、力学原理等涉及数学与物理学知识）。（美术、数学、物理）

（3）不同地区的龙舟竞赛形式不同（龙舟竞赛是一项体育活动，涉及体育学科；不同地区的风俗不同，涉及地理学科）。（体育、地理）

3. 学科大概念

（1）历史：龙舟制作技艺和赛龙舟活动均被列入非物质文化遗产名录。

（2）语文：不同形式的文学作品（诗歌、小说、散文等）被用来展现龙舟文化。

（3）地理：龙舟文化在不同地区的传承和表现有所差异（涉及龙舟文化在地理环境下的多样性）。

（4）物理：龙舟的造型和结构会影响龙舟的速度（涉及物理中的力学原理）。

（5）数学：龙舟的设计和龙舟速度的计算需要明确相关参数（涉及数学知识的应用）。

（6）美术：龙舟的造型、装饰体现了中国传统美学。

（7）体育：龙舟运动需要运动技巧、竞技精神和团队协作能力。

（二）问题链的设计

通过问题链的设计，引导学生对龙舟文化进行多维的探索。

主问题 1：龙舟在中国传统文化中拥有怎样的地位？产生了哪些影响？

子问题 1：在中国历史上，龙舟起源于哪个时期？它如何成为中国传统文化的一部分？（历史）

子问题 2：龙舟文化是如何在中国古代的诗歌、小说和散文中得到体现的？有哪些文学作品涉及龙舟文化？（语文）

子问题 3：不同地区如何传承和展现龙舟文化？这种文化在不同的地理和社会环境下是如何演变的？（地理）

主问题 2：如何设计和制作龙舟？

子问题 1：龙舟的造型、装饰是如何体现中国传统美学的？（美术）

子问题 2：如何从力学的角度分析龙舟的结构对其速度和稳定性的影响？（数学、物理）

子问题 3：如何优化龙舟的性能（包括速度和稳定性）？（物理、数学）

主问题 3：龙舟运动展示了怎样的体育精神？

子问题 1：龙舟运动需要掌握哪些技巧？如何体现竞技精神？（体育）

子问题 2：龙舟比赛的规则和策略是怎样的？如何制定有效的比赛策略？（体育）

子问题 3：不同地区的龙舟竞赛存在哪些规则差异？（体育、地理）

📍 **课例实践**

扫码观看课例视频"'龙舟'的问题链设计"，根据前文介绍的问题链设计原则与方法，为"龙舟"的问题链设计提出具体的修改意见。

"龙舟"的问题链设计

二、"中草药的魅力"的问题链设计

本主题学习活动涉及的学科包括历史、地理、生物、化学、语文等。

（一）大概念的提取

1. 超学科大概念

中华优秀传统文化的传承。

2. 跨学科大概念

（1）中草药文化能够反映中国人独有的生活方式、信仰和价值观。（历史、语文）

（2）中草药的种植和采摘受到地理环境和气候的影响（了解地理和生物知识对促进中草药的生长和产量具有重要意义）。（地理、生物）

（3）中草药的成分构成与药理作用对人类养生、保健、治疗、恢复等具有影响（分析中草药中的有效成分、药理学作用涉及化学相关知识，探究中草药的药理学作用对医学和人体健康有重要意义）。（化学、生物）

3. 学科大概念

（1）历史：中草药是中医预防和治疗疾病所使用的独特药物，是中国传统文化的重要组成部分（历史学科将关注中草药在中国历史中的发展、演变和传承，以及它在古代和现代社会中的重要作用）。

（2）地理：中草药的种植和采摘受到地理环境和气候的影响（地理学科将研究中草药的生态环境、分布区域和适宜种植的地理条件）。

（3）生物：中草药是一种草本植物，具有不同的生物学特性（生物学科将探究中草药的生物学特性，包括其生长周期、生态习性、生殖方式等，以及中草药与其他生物的关系）。

（4）化学：中草药在人体内会发生化学变化（化学学科将研究中草药中的化学成分，以及中草药与人体的相互作用和药理学机制）。

（5）语文：中草药是中国古代文学作品中独特品质的象征。

（二）问题链的设计

主问题1：中草药在中国传统文化中占据怎样的地位？产生了哪些影响？（历史、生物、语文）

子问题1：中草药在中国传统文化中扮演着什么角色？它如何反映人们的生活方式、信仰和价值观？（语文）

子问题2：什么是象征手法？（语文）

子问题3：在文学作品中，"当归"这一药材具有哪些含义？除此之外，你还了解哪些出现在文学作品中的药材呢？（语文）

主问题2：中草药的生长和产量受到哪些因素影响？（地理、生物）

子问题1：中草药的生态环境是什么样的？它们分布在哪些地区？有哪些地理条件适宜中草药的生长？（地理、生物）

子问题2：不同地区的中草药种植和采集有何不同之处？这些差异如何影响中草药的质量和供应？（地理、生物）

主问题3：为什么中草药能够治病？（化学、生物）

子问题1："板蓝根"中的有效成分是什么？它为什么能够清热降火？（化学、生物）

子问题2：什么是药理作用？如何使用化学知识来理解中草药对医学和人体健康的影响？（化学、生物）

子问题3：了解中草药的药理学机制对医学和人体健康有何重要意义？（化学、生物）

课例实践

　　扫码观课例视频"'中草药的魅力'的问题链设计",根据前文介绍的问题链设计原则与方法,为"中草药的魅力"的问题链设计提出具体的修改意见。

"中草药的魅力"
的问题链设计

拓展阅读

问题和思维的养成

　　思维是个体内在的认识能力,而问题解决则是其外显的行为活动。问题解决过程伴随着主体思维的养成。1960 年,美国教育协会就在《美国教育的中心目的》一文中声明:"强化并贯穿于所有教育目的的中心目的——教育的基本思路——就是要培养思维能力。"[1]因为思维不是自然发生的,而是由难题、疑问或困惑引发的。可见,问题在促进学生思维的发展上起着重要的作用。那么,什么是思维以及思维具有哪些品质,是我们需要理清的问题。

1. 思维与思维品质

　　苏联和我国心理学界的观点认为,思维是对客观事物间接概括的反映。它反映的是事物的本质属性与事物之间的规律性联系。所谓本质属性,就是一类事物所特有的属性,所谓规律性联系就是必然联系。[2] 思维是认识能力的核心,思维能力主要集中表现为解决问题的能力。[3]

　　思维与问题教学有着密切的关系,而跨学科教学进一步加强了它们之间的联系。一方面,跨学科教学是面向现实问题展开的;另一方面,跨学科主题学习被认为是推动学生思维的重要途径。[4] 思维是个体内在的认识能力,涉及对客观事物的概括、反映和处理。问题导向的跨学科教学强调,应当通过提出问题或设置情境来激发学生的学习兴趣和求知欲望,促使他们在解决问题的过程中灵活运用跨学科的知识和技能,从而在解决问题的过程中培养和发展他们的思维能力。

　　思维品质又叫思维的智力品质,是思维的个性特征,体现了个体在思维水平和智力、能力上的差异。思维品质是思维能力差异的表现形式,集中地表现在准确性、深刻

① 王帅. 国外高阶思维及其教学方式[J]. 上海教育科研,2011(9):31—34.
② 杨澈. 高中化学课堂教学中学生思维品质培养的研究[D]. 大连:辽宁师范大学,2008:7.
③ 张庆林. 当代认知心理学在教学中的应用:如何教学生学会学习和思维[M]. 重庆:西南师范大学出版社,1995:191.
④ 李俊堂,钱玮. 跨学科主题学习的评价设计要点[J]. 中小学管理,2023(5):24—27.

性、灵活性、批判性、独创性、灵敏性等几个方面。

（1）思维的准确性。思维的准确性是指清晰地了解问题的表述、准确地分析问题和理解问题。比如在生物课中，渗透和扩散是两个易错概念，学生通过对这组概念的辨析，可以很快发现渗透通常指液体溶剂分子的跨半透膜扩散，而扩散可以是各种形态的物质。

（2）思维的深刻性。思维的深刻性是指思维的抽象程度，它表现为善于思考问题，去伪存真、由表及里，能够透过现象看本质。比如在学习历史时，不能仅仅关注历史现象，而要深入思考问题，从表面现象看本质，抓住历史发展的规律，能够以史为鉴。

（3）思维的灵活性。思维的灵活性是指思维活动的智力灵活程度，即从不同角度、用多种方法灵活地运用所学知识解决问题。思维的灵活性是一种迁移能力，具体表现为"举一反三""运用自如"等。

（4）思维的批判性。思维的批判性是指独立思考、善于思辨的思维方式。比如在历史研究中，学生需要核查一位历史人物的传记和不同历史文献，评估不同文献的可信度，分析历史事件的多重解释，然后提出有根据的论点，以支持自己的观点。

（5）思维的独创性。思维的独创性就是思维的创造性。问题解决的过程实际上就是一种创造性的过程，这个过程能够培养学生思维的独创性。独创性是指通过将概括总结出的已有知识进行迁移来解决新的问题，并提出创造性的解决办法。例如，在一节创意写作课上，学生被要求写一篇独创的短篇小说。思维的独创性就体现在学生能否构思出一个新颖的情节、独特的人物角色或别具一格的叙事风格上，以吸引读者的注意力。

（6）思维的灵敏性。思维的灵敏性是指思维过程的速度或迅速程度，体现在能够快速地明确问题的内容和实质，准确地分析问题并提出解决问题的办法等方面。比如在生物学实验中，当学生观察到一组植物在不同光照条件下的生长速度时，思维的灵敏性就体现为学生需要立即调整实验设计，以便捕捉和分析植物生长的微小变化，并及时调整实验条件，以确保实验结果的准确性。

2. 思维能力

高阶思维能力是以高阶思维为核心，解决劣构问题或复杂任务的心理特征。具体说来，它是指问题求解、决策制定以及批判性思维和创造性思维能力，是综合运用分析性、创造性和实践性思维的能力。对高阶思维能力的理解有多种说法，比如，中国香港地区的"课程纲要"提出，五项基本的高层次思维能力分别是问题解决能力、探究能力、推理能力、传意能力和构思能力。[①] 这些思维能力包含的具体含义，见表3-3。

---

① 钟志贤.教学设计的宗旨:促进学习者高阶能力发展[J].电化教育研究,2004(11):13—19.

表 3-3 高阶思维能力①

高阶思维能力	含　义
问题解决能力	能够在全新或不太熟悉的情况下，运用以前所学的知识解决难题或问题，并且对以前的知识产生新的理解
探究能力	通过检验假说发现、发掘或建构新知识的过程。观察、分析、总结、验证都是探究能力的核心因素
推理能力	通过寻找合理的证据、理由，推断或推测结论的过程。推理能力分为正面推导和反面推导
传意能力	指信息交流能力，是学生接受信息、分享体验，通过数字、符号、图表、图像来传递信息的过程
构思能力	指归纳总结能力，通过领悟和思考特定的经验，把知识重组起来，以便从中获得一些规律和观念，并加以归纳

　　高阶思维能力是跨学科教学的核心目标，能够帮助学生处理复杂问题，发现新知识，并清晰地表达观点。教师在跨学科教学中应通过问题设计来重点培养学生的这种能力，引导学生运用既有知识解决难题、推断结论，同时鼓励他们尝试探究和总结规律。通过培养学生的高阶思维能力，可以帮助他们成为全面发展的个体，更好地应对未知的挑战。

本章小结

　　本章着重介绍了问题链在跨学科主题学习中的重要性和应用方法。本章第一节深入阐述了问题链的基本意蕴，包括问题教学的发展，以及问题链的定义、特点、分类和作用等。这些概念性的讨论为读者后续的学习奠定了基础，能够帮助读者明确问题链的核心概念和教学价值。第二节聚焦于问题链的设计，介绍了问题链的设计理论、设计原则和设计方法。通过学习本节内容，读者能够掌握设计问题链的有效方法，并将其灵活应用于教学实践中。第三节列举了问题链在跨学科主题学习中的应用案例。问题链是跨学科主题学习中不可或缺的重要工具，为培养学生的跨学科思维和问题解决能力提供了有效途径。

---

① 吕崧. 问题启迪思维:"问题链"在初中化学教学中的运用[M]. 上海:上海交通大学出版社,2014:7—8.

思考与练习

1. 简答题

（1）问题链在你所教授的学科或研究的领域中有哪些潜在的应用？如何利用问题链设计有针对性的教学活动，以促进学生的跨学科思维和问题解决能力的发展？

（2）在教学实践中应用问题链，你可能会面临哪些挑战或困难？如何战胜这些挑战或困难，并提高问题链的教学效果？

（3）尝试探索其他教学策略和方法与问题链的结合方式，以进一步提升跨学科主题学习的效果。思考如何将问题链与课堂讨论、案例分析、合作学习等教学方法相结合，从而形成更加综合且有针对性的教学模式。

2. 实践操作题

选择一个你感兴趣的跨学科主题，设计该跨学科主题学习的问题链。

第四章

目　标　层

▶ 本章导语

跨学科主题学习目标层的建立是跨学科教学设计中的重要一环。目标层是否明确、具体、规范,将直接影响教学能否沿着预定的、正确的方向开展。

首先,本章将深入探讨新课标导向下的学习目标,从核心素养、学科核心素养、三维目标等维度阐述知识何以由思维通达素养,进而基于教学目标分类理论明确"双基—思维—素养"的目标体系及其设计要点。其次,本章将探讨基于主干学科的跨学科主题学习和多学科并重的跨学科主题学习目标层的差异,了解目标层设计和编写的注意事项,并通过具体的应用案例,使读者直观地掌握目标层的设计方法。

📝 学习目标

1. 知识层面

（1）知道核心素养、学科核心素养的定义,明确核心素养与三维目标的关系。

（2）知道跨学科主题学习目标层的内涵、特点及功能。

（3）理解目标层的设计要点和设计方法。

（4）知道基于主干学科的跨学科主题学习与多学科并重的跨学科主题学习在目标层上的相似之处和差异。

2. 能力层面

（1）能够设计基于主干学科的跨学科主题学习和多学科并重的跨学科主题的目标层,包括双基层、思维层和素养层。

（2）能够通过设计目标层,认识到目标层的导向性作用,从而提升跨学科主题学习设计与实施能力。

3. 素养层面

（1）深入理解跨学科主题学习目标层,树立正确的教学目标观。

（2）培养对设计跨学科主题学习目标层的兴趣和好奇心,能够主动学习。

知识地图 //

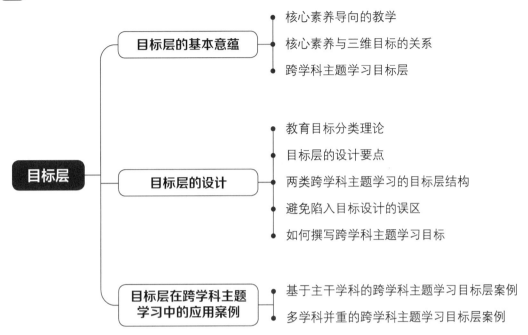

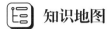 **学习建议** //

1. 学习重点

核心素养导向下的跨学科主题学习目标层的基本意蕴;目标层设计的要点及注意事项。

目标层

2. 课前活动

(1)观看导学视频"目标层",了解本章的主要内容。

(2)阅读所教授学科或感兴趣学科的课程标准,了解学科核心素养的组成结构,思考跨学科主题学习目标的设计和撰写方法。

3. 课后活动

(1)完成本章的"思考与练习"。

(2)在理解概念群、问题链的基础上,思考目标层与各部分的关系,提出自己的疑问,并与同学进行讨论和分享。

第一节　目标层的基本意蕴

本节学习目标

通过本节的学习,了解核心素养、学科核心素养的基本内涵,知道核心素养与三维目标的关系,进而掌握跨学科主题学习目标层的内涵、特点及功能。

跨学科主题学习目标层是对学生跨学科主题学习及发展结果的期待,是确定课程内容、教学活动形式、教学评价方案等的基本依据。本节主要从核心素养的角度出发,介绍跨学科主题学习目标层的基本意蕴。

一、核心素养导向的教学

课程改革以培育核心素养为导向,是时代和经济社会发展的必然趋势。至 2022 年,以 ChatGPT 为代表的生成式人工智能,加剧了知识传承向知识创生的转变,进而触发了社会对人才需求的根本性变革。例如,一项对美国 1000 家企业的调查显示,48%的受访企业表示已让 ChatGPT 代替员工工作。为此,在当下的课堂,教师需要为学生具备终身发展的必备品格和关键能力奠定坚实的基础,以帮助他们适应未来社会的变化。以核心素养和学科核心素养为目标导向的跨学科教学,便成为落实学生核心素养的关键途径。

(一) 核心素养

1. "三有"目标

《义务教育课程方案(2022 年版)》指出,全面落实习近平总书记关于培养担当民族复兴大任时代新人的要求,结合义务教育性质及课程定位,从有理想、有本领、有担当三个方面,明确义务教育阶段时代新人培养的具体要求。这在一定程度上回应了"培养什么人、怎样培养人、为谁培养人"这一核心命题。因此,跨学科主题学习目标要以课程核心素养为纲,将"三有"(有理想、有本领、有担当)素质要求转化为不同层次的具体学习目标,从而保证学生在跨学科实践过程中,逐步形成适应个人终身发展和社会发展所需要的正确价值观、必备品格和关键能力。[①] "三有"目标是核心素养的生动体现,具体内容如下。

(1) 有理想。热爱祖国,热爱人民,热爱中国共产党,学习伟大建党精神。努力学习和弘扬社会主义先进文化、革命文化和中华优秀传统文化,理解和践行社会主义核心价值观,逐步领会改革创新的时代精神。懂得坚持走中国特色社会主义道路的道理,初步树立共产主义远大理想和中国特色社会主义共同理想。明确人生发展方向,追求美好生活,能够将个人

[①] 吴刚平. 有理想、有本领、有担当——义务教育培养目标解读[J]. 全球教育展望,2022,51(5):3—13.

追求融入国家富强、民族复兴、人民幸福的伟大梦想之中。

（2）有本领。乐学善学，勤于思考，保持好奇心与求知欲，形成良好的学习习惯，初步掌握适应现代化社会所需要的知识与技能，具有学会学习的能力。乐于提问，敢于质疑，学会在真实情境中发现问题、解决问题，具有探究能力和创新精神。自理自立，热爱劳动，掌握基本的生活技能，具有良好的生活习惯。强身健体，健全人格，养成体育运动的习惯，掌握基本的健康知识和适合自身的运动技能，树立生命安全与健康意识，形成积极的心理品质，具有抗挫折能力与自我保护能力。向善尚美，富于想象，具有健康的审美情趣和初步的艺术鉴赏、表现能力。学会交往，善于沟通，具有基本的合作能力、团队精神。

（3）有担当。坚毅勇敢，自信自强，勤劳节俭，保持奋斗进取的精神状态。诚实守信，明辨是非，遵纪守法，具有社会主义民主观念与法治意识。孝亲敬长，团结友爱，热心公益，具有集体主义精神，积极为社会做力所能及的贡献。热爱自然，保护环境，爱护动物，珍爱生命，树立公共卫生意识与生态文明观念。具有维护民族团结、捍卫国家主权、尊严和利益的意识。关心时事，热爱和平，尊重和理解文化的多样性，初步具有国际视野和人类命运共同体意识。

2. 核心素养

素养是指一个人的修养，是由训练和实践而获得的道德修养。从广义上讲，素养包括道德品质、外表形象、知识水平与能力等方面。在知识经济高度发展的今天，人的素养的内涵大为扩展，包括思想政治素养、文化素养、业务素养、身心素养等方面。从"三有"目标的具体内容来看，也与素养的表述基本相符。人的学习是在情境中主动发现问题、探索问题、解决问题，并获得成长性经验的过程。这是人不断学会学习、形成"素养"的过程，这一过程从幼儿阶段就已经开始了。因此，不能将学习能力简单视为记忆力、思维力等传统智力因素简单叠加的总和，而应理解为学习者在特定情境中综合运用各种知识、技能解决实际问题并实现自我提升的能力。换言之，素养指的是人在一定情境中表现出的知识、能力和品质的综合，是一种不管外部社会环境如何变化，个体都能够调用以适应变化的最基本的身心资源。

核心素养是素养系统中具有根本性和统领性的成分，是人进一步成长的基石和内核。2016 年 9 月公布的《中国学生发展核心素养》明确指出，中国学生发展核心素养是指：21 世纪我国学生应具备的能够适应终身发展和社会发展需要的必备品格和关键能力。具体包括六大类素养，即人文底蕴、科学精神、学会学习、健康生活、责任担当、实践创新，见表 4-1。

表 4-1　中国学生发展核心素养

组成		内　　涵	基本要点
文化基础	人文底蕴	学生在学习、理解、运用人文领域知识和技能等方面所形成的基本能力、情感态度和价值取向	人文积淀、人文情怀和审美情趣
	科学精神	学生在学习、理解、运用科学知识和技能等方面所形成的价值标准、思维方式和行为表现	理性思维、批判质疑、勇于探究

组成		内　涵	基本要点
自主发展	学会学习	学生在学习意识形成、学习方式方法选择、学习进程评估调控等方面的综合表现	乐学善学、勤于反思、信息意识
	健康生活	学生在认识自我、发展身心、规划人生等方面的综合表现	珍爱生命、健全人格、自我管理
社会参与	责任担当	学生在处理与社会、国家、国际等关系方面所形成的情感态度、价值取向和行为方式	社会责任、国家认同、国际理解
	实践创新	学生在日常活动、问题解决、适应挑战等方面所形成的实践能力、创新意识和行为表现	劳动意识、问题解决、技术应用

核心素养是课程标准的内核或基因,因此,凝练课程所要培养的核心素养就成了修订课程标准的先导性、关键性工作。凝练课程所要培养的核心素养,其本质在于要精准回答两个问题:第一,我们究竟要"培养什么人"? 第二,本门课程的独特育人价值是什么? 两个问题结合起来就是,本门课程在促进学生全面发展、核心素养的整体提升中究竟扮演什么角色? 发挥什么作用? 这里实际上涉及人的核心素养与课程所要培养的核心素养之间的关系问题。相对而言,人的核心素养指向人的全面发展,而课程所要培养的核心素养则指向人的特色发展。两者是一般与特殊、共性与个性、整体与局部的关系,是互相包含、相互转化、相互融合的关系。如果说核心素养是由作为新时代期许的新人形象所勾勒的一幅"蓝图",那么各门学科则是支撑这幅蓝图得以实现的"构件"。但是,两者又有各自的相对独立性,不能相互取代。

挖掘一门课程所要培养的核心素养,就是要找到本门课程在促进人的一般、共性、整体发展中所发挥的特殊、个性、局部的价值和作用,从而以特殊、个性、局部的发展带动一般、共性、整体的发展。以"认识风筝"这一跨学科主题学习为例,在教学中,学生所要发展的核心素养包括以下四点。①人文底蕴:继承和弘扬风筝文化,具有比较开阔的文化视野和一定的文化底蕴,加强对传统文化的认同感和自信心。②科学精神:运用科学知识和技能制作风筝,培养科学的思维方式和行为表现。③学会学习:形成学习意识,能够认识和制作风筝,选择适合的学习方式和方法,并对学习进程进行评估和调控,培养学会学习的能力。④实践创新:在实践活动中,能够解决问题,适应挑战,培养实践能力和创新意识。可以看出,以上核心素养的设定是从课程教学的角度出发,旨在培养学生多方面的能力,它们最终都要指向人的核心素养的发展,服务人的一般、共性、整体的发展。

（二）学科核心素养

新课标在凝练课程所要培养的核心素养方面,特别强调三个核心点。

第一,深度挖掘各门课程的独特育人功能。学校教育是以课程为载体进行的,而各门课程的确立则是以其独特的育人价值和功能为依据的。事物之所以能够存在且拥有立足之地,继而具有独立甚至崇高的学科地位,在很大程度上是由它独特的功能所决定的。因此,凝练各门课程所要培养的核心素养,首先就是要深度挖掘和精准阐述课程独特的育人性。

第二,注重本课程对促进学生一般发展应做的贡献。每门课程虽各有侧重,但都内在地包含德智体美劳的要素和成分。发挥全面育人功能、促进学生一般发展,是各门课程不可推卸的职责。学生德智体美劳的全面发展,需要所有课程共同发力。

第三,遵循义务教育的规律,体现义务教育的特性。如果要提炼义务教育阶段各门课程所要培养的核心素养,那么理所当然地,就必须遵循义务教育的根本规律,并体现其根本特性。

基于对上述三个核心点的理解,基础教育阶段在落实学科核心素养时,需要把握三个基本要求。①基础性。义务教育是基础教育中的基础,培育的是基础维度、基础层面的核心素养。因此,义务教育阶段课程所要培养的核心素养应体现基础性、起始性,为学生在高中阶段乃至终身的发展打根基。②综合性。课程的综合化和跨学科性是义务教育课程改革的走向,因此,义务教育阶段课程所要培养的核心素养必须体现这一特性,即要注重挖掘各门课程对培育学生综合素养应做的贡献。③成长性。义务教育阶段的培养对象是快速成长中的少年儿童,为此,我们要从成长的视角提炼和阐述课程所要培养的核心素养内涵,使这些核心素养本身成为一个可以引领少年儿童持续成长的风向标,而不是一个凝固的评判标准。这三点是教育部义务教育阶段课程标准修订指导组的统一要求,也是课程标准修订组的共识。新课标所凝练出来的各门课程所要培养的核心素养,都体现了这三条基本要求。各学科的核心素养内容,见表4-2。

表4-2 基础教育学段各学科核心素养

课程	培育的核心素养
道德与法治	政治认同、道德修养、法治观念、健全人格、责任意识
语文	文化自信、语言运用、思维能力、审美创造
历史	唯物史观、时空观念、史料实证、历史解释、家国情怀
英语(日语、俄语)	语言能力、文化意识、思维品质、学习能力
数学	会用数学的眼光观察现实世界、会用数学的思维思考现实世界、会用数学的语言表达现实世界
地理	人地协调观、综合思维、区域认知、地理实践力
科学	科学观念、科学思维、探究实践、态度责任

续　表

课程	培育的核心素养
化学	化学观念、科学思维、科学探究与实践、科学态度与责任
物理	物理观念、科学思维、科学探究、科学态度与责任
生物	生命观念、科学思维、探究实践、态度责任
体育与健康	运动能力、健康行为、体育品德
信息科技	信息意识、计算思维、数字化学习与创新、信息社会责任
艺术	审美感知、艺术表现、创意实践、文化理解
劳动	劳动观念、劳动能力、劳动习惯和品质、劳动精神

课程目标是对学生学习及发展结果的期待，是确立课程内容组织、教学活动设计、教学评价设计等的基本依据。[①] 素养立意的课程应从学科本位转向学生立场，这是育人为本原则的生动体现。新课标中的学习目标是素养导向的。通过对人文社科领域和自然科学领域学科核心素养的表述进行分析可以发现，自然科学类学科核心素养的表述高度聚合，均强调学科观念、科学思维、探究实践和态度责任，见图 4-1。

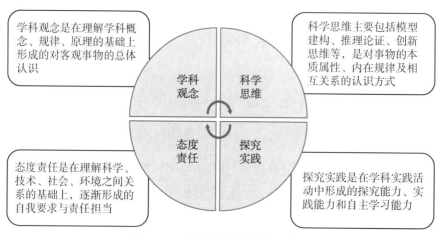

图 4-1　自然科学类学科核心素养

人文社科是以人、人类社会为研究对象的科学，具有人为性、异质性、不确定性、价值与事实的统一性、主客相关性等特点，因此，人文社科类学科核心素养的表述体现出学科鲜明

---

① 余文森. 关于教学改革的原点思考[J]. 全球教育展望，2015，44(5)：3—13.

的特点和独有的性质(见表 4-2 中的人文社科类课程)。例如,历史课标中强调唯物史观、时空观念、史料实证等;地理课标中强调人地协调观、区域认知、地理实践力等;道德与法治课标中强调政治认同、道德修养、法治观念等。

二、核心素养与三维目标的关系

(一)三维目标的内涵

2001 年 6 月,为解决"双基"(基础知识、基本技能)目标过于强调知识本位的问题,教育部在《基础教育课程改革纲要(试行)》中提出了"新课程三维目标",即知识与技能目标,过程与方法目标,情感、态度与价值观目标,见图 4-2。

(1)知识与技能目标:通过一定的教学活动,要求学生的学习行为变化应该达到的结果表现,如获得哪些基础知识、提高哪些基本技能等。

(2)过程与方法目标:为了实现教学目标和完成教学任务而必须经历的活动程序和应采用方法

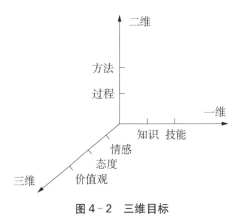

图 4-2 三维目标

(尤其是学生的学习方法)的描述,其本质在于强调教学过程的亲历体验,要让学生通过经历过程和探索方法来获得知识与技能。

(3)情感、态度与价值观目标:对学生亲身经历过的某种体验性认识,以及在此基础上所应产生的行为、习惯、情感、态度等方面变化的描述。

(二)三维目标为何转向素养目标

三维目标导向的课程标准较之于"双基"导向的教学大纲当然是前进了一大步。这种进步的突出表现是知识观的变革。三维目标实质上是知识的三个维度、三种属性或三个类型,即结论性知识、过程性知识、价值性知识。课程标准围绕这三种知识进行选择和组织,较之单纯关注结论性知识(即"双基")的选择和组织来说,这自然是一大进步。这种更加完整、全面的知识架构,更有助于学生的发展。但是,三维目标并不等同于人的发展,落实了三维目标不等于就实现了人的发展。人的发展在三维目标导向的课程标准里是一个抽象的概念,没有聚焦性的内涵,因此难以得到真正的落实。实际上,在实施过程中,三维目标出现了割裂现象,游离于人的发展之外。

课程标准修订指导组专家指出:以核心素养为主轴来构建各学科的课程标准,其重要意义在于推动与实现从学科本位、知识本位到学生素养发展本位的根本转型。核心素养已成为我国基础教育课程改革中具有关键意义的概念和理念,必须实实在在落在课程标准的各部分,并在深层次上拥有清晰的逻辑关联。核心素养是我国本次课程标准修订的一根红线,贯穿课程标准修订的全过程,统领课程标准的各部分,从而使课程标准的各个组成部分保持内在的一致性和统一性,即二者形成鱼水的关系而不是油水的关系。换言之,核心素养是课程体系的"基质"和纲领,课程的所有内容与目标均须由此推演而来。

凝练课程所要培养的核心素养,挖掘课程的独特育人价值,就是要解决三维目标与人的发展的统一性问题。在新课标中,人的发展被转化和具体化为核心素养的发展,课程标准的修订,包括课程内容的选择、组织、建构,都围绕、体现着核心素养,并最终转化为核心素养,这样人的发展也就和课程内容建立起有机统一的联系。正如崔允漷所言:凝练课程所要培养的核心素养,"一方面直接承接于课程育人目标,有利于让学科教育'回家';另一方面明确了学生学习某学科课程后应达成的正确价值观、必备品格和关键能力,对前述三维目标进行了上位的有效统整,从而避免了实践中三维目标走向割裂的情况发生"。

💬 **问题研讨**

核心素养与三维目标的关系是怎样的? 核心素养如何统领和贯穿课程标准的各个部分?

三、跨学科主题学习目标层

(一) 目标层的内涵

课程目标是人的核心素养具体到课程的转换枢纽,集中阐述课程所培养的核心素养的内涵、维度、学段特征以及在课程中的具体体现。其中,具有同类属性的学科,其素养目标表述虽有差异,但也体现出一定的共性。差异彰显了各门课程的独特育人价值,共性体现在各学科在目标体系上从基础到高阶的层次化设计。在学科视角下,核心素养可以概括为双基层、问题解决层和思维层三个维度。[1] 在跨学科视角下,面向复杂任务或劣构问题解决的素养将成为思维更上位的目标。[2] 因此,本教材以内化水平为依据对核心素养进行切分,构建了跨学科主题学习目标三层结构:双基—思维—素养。例如,事实现象、具体概念与"双基层"对应,学科观念、科学思维、综合思维等与"思维层"对应,创新意识、审美创造、人地协调观、态度与责任等与"素养层"对应。在跨学科主题学习视角下,这三层结构既体现了不同的概括水平,也体现了知识、行为和情感在人脑中的内化水平,因而可将人的由外到内的认知过程作为目标结构的分类线索,见图 4-3。

[1] 钟柏昌,李艺. 核心素养如何落地:从横向分类到水平分层的转向[J]. 华东师范大学学报(教育科学版),2018,36(1):55—63,161—162.
[2] 王俊民,丁晨晨. 核心素养的概念与本质探析——兼析核心素养与基础素养、高阶素养和学科素养的关系[J]. 教育科学,2018,34(1):33—40.

"双基"是外在的,强调学生需要构建具有可迁移性的、一般性的知识技能,主要是从知识技能的视角来刻画课程与学习的内容和要求的。"思维"层是内在的,强调学生通过解决问题,对"双基"结构进行抽象总结、复杂连接,使"双基"发展成"思维"。由于从"双基"到"思维"需要经过对真实问题的解决过程,因此"思维"是从问题解决和人的视角来界定课程与学习的内容和要求的。"素养"层也是内在的,属于最高层,强调学生在探究实践和创新创造过程中,运用多学科知识创造性地解决劣构问题和复杂任务,是从人的视角来界定课程与学习的内容和要求的。

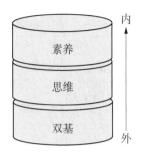

图4-3 "双基—思维—素养"三层次目标结构

可见,三层次目标结构中既有外在又有内在的东西,主张外在的知识技能若要发展为人的内在素养,则需要先经历初级的双基层的积累,并经过思维层的稳定应用,才能在素养层内化为人的素养。总之,跨学科主题学习目标层要以素养为纲,将"三有"目标要求转化为不同层次的学习目标,从而保证学生在跨学科实践过程中,逐步形成适应个人终身发展和社会发展所需要的正确价值观、必备品格和关键能力。

1. 双基层

双基即基础知识和基本技能,聚焦于"是什么"的维度,指向了大概念。从跨学科主题学习的定义和各学科的跨学科主题学习目标来看,双基既是学生跨学科主题学习的基础性目标,又是落实思维、素养目标的载体。这就是所谓的"基本功",即从事一项工作所必须具备的才能、知识和技能。

以"探访'地球之肾'——湿地"为例,其中的"了解湿地的地貌、气候、水文、植被等自然地理要素,以及要素之间的地理关联"和"认识湿地对人类生存与发展的重要性"等目标,便是双基层目标。这类指向事实现象、具体概念、核心概念等涉及学科本质的知识,是教学的出发点和支撑点。教育学者普遍认为,学生只有具备一定的知识和技能,才能建构核心概念,形成对大概念的理解,进而解决问题或开展探究。基础知识和基本技能是形成思维和素养的基础,就像建筑物需要坚实的基础一样,学习也需要有扎实的基础知识和基本技能作为支撑。对于双基层,我们还需要注意以下几点。

(1)双基层的形成不能脱离具体情境,因为脱离了具体问题或任务情境,学生便无法掌握所学领域知识或技能的真正含义。因此,教师要基于跨学科主题创设合理情境,使学生学习双基,且能够使用双基,这样才能帮助学生建立起跨学科主题学习与当下生活之间的联系,产生学习的意义。

(2)不是所有的知识与技能都归属于双基层。我们强调双基的一般性,也就是其本身所蕴含的可迁移属性及一般本质特点。这样的知识与技能将成为学生未来发展道路上的重要基石,同时也能够彰显出核心素养所强调的学生终身发展这一目标。

(3)双基的形成要以学科学习方式和过程为支撑。为了实现跨学科主题学习的目标,完成相应的任务,学生必须亲历学习的全过程,探索、采用合适的方法,从而获得基础知识与基本技能。因此,跨学科主题学习目标的制定要以具体学科的知识与技能为基础,以学科的学习方式和过程为支撑,旨在促进学生对核心观念的建构和大概念的理解。

2. 思维层

这里的思维是指学生在跨学科主题学习中如何看待问题、思考问题以及解决问题的模式,强调学生通过体验、认识及内化等过程,逐步形成相对稳定的思考问题和解决问题的思维方法。那么,双基与思维是如何关联的呢? 其实,双基与思维的内在是一致的,表现为静态的双基结构与动态的思维结构在发展过程与水平方面的同步和统一。也就是说,思维以双基为基础,即思维以结构性的双基为基础;双基是思维的结果,即思维过程结束后,新的双基结构得以建立或原有的双基结构会被改写。双基结构与思维结构相互促进、循环往复、螺旋式上升,且两者内在一致,即思维发展本身就是双基的发展,是学生内部复杂连接的高水平双基结构的建构过程。此外,在双基与思维关联的整个过程中,都需要以解决特定的真实问题为情境,因为在方法论上,思维是对具体的解决问题的方法的抽象和总结,而具体的解决问题的方法必然需要联系到双基。也就是说,在跨学科主题学习中,思维是双基在真实问题情境中,以跨学科活动为路径的抽象、提炼和升华过程。

以"探访'地球之肾'——湿地"为例,要想评价湿地公园规划的合理性以及找出存在的问题,就需要了解湿地的地貌、气候、水文、植被等自然地理要素及其内在关联,并且能够运用基于实地考察的综合思维来联系各地理要素,分析各要素的时空变化。此外,思维的培养要以具体的活动为抓手,这些活动应不涉及具体学科属性,如批判、整体、联想、关联、对比、类比、回溯、概括、归纳、抽象、拓展和反思等活动。

3. 素养层

素养的发展实际上就是不同领域的双基结构的发展,以及各领域双基结构的复杂结合。素养层指的是共通性核心素养,即中国学生发展核心素养(见表4-1)或21世纪核心素养5C模型(见表4-7)。对于素养的理解,可以分为四个方面:①素养本质上是一种与知识和情境紧密联系的(潜在)综合能力,是知识、技能、经验、态度价值观的综合体,是一种理论构想。②素养是行为或表现发生的内在因素,具有明确的指向,即具有一种社会的有用性或功能性。③素养一定是在一定情境下呈现出来的,因此素养可能具有一定的领域性或学科性特征。④素养不能直接观察,但行为或动作上的外在表现可被观察,因此素养的评估只能通过观察到的表现进行推测。

从素养的内容来看,素养与核心素养框架有一定的相似性。在跨学科主题学习中,学生需要在探究实践和创新创造的过程中,运用多学科知识创造性地解决劣构问题,从而达成对共通性核心素养(包括人文底蕴、科学精神、学会学习、健康生活、责任担当、实践创新等)的培育。通过对新课标的梳理可以看出,科学、物理、化学、生物等学科领域课程,在目标与内容架构上注重纵向衔接与横向配合,加强了对共通性素养的培育。

以"探访'地球之肾'——湿地"为例,"设计和规划合理的考察路径,确定研究区域和问题,在实地探究的过程中不断提升跨学科问题的研究能力,形成勇于创新、主动学习的良好品格",便属于素养层目标。此外,核心素养具有整体性、一致性和阶段性等特征,在不同阶段具有不同的表现,故而对于素养的关照,必须依据学生成长和发展的规律来设计和考虑。

综上所述,跨学科主题学习目标层是对学生通过跨学科主题学习后应该表现出来的可见行为的具体的、明确的表述,是学生在学习活动实施中应达到的学习结果或标准,具有分层结构,包括"双基—思维—素养"三个层次。对跨学科主题学习目标层的阐明,可以使这种结果或标准具体化、明确化,从而为"任务簇"的设计提供导向性指引。

💬 问题研讨

基于跨学科主题学习目标的分层结构,如何帮助学生逐步形成适应个人终身发展和社会发展所需要的正确价值观、必备品格和关键能力?

📖 拓展阅读

从知识通达素养①

知识与素养是教育领域中经常被提及的两个概念。知识是指人们通过学习和积累所获得的信息和理论,而素养则是指人们在特定情境中能够灵活运用知识和调动资源以满足复杂需求的能力。在过去的教育实践中,知识和素养往往被看作是两个独立的概念,缺乏明确的联系和转化机制,这源于从认知心理学处获得的关于知识与思维、知识与情感之间关系的不合理认识。然而,通过对认知心理学和哲学认识论的研究可以发现,知识与素养之间存在着内在的一致性和一体性。

首先,知识与思维具有内在一致性。知识是静态的,表现为人们对事物的认知结构,而思维是动态的,表现为人们对事物的思考和处理过程。然而,知识的发展过程与思维的发展过程是同步和统一的。这意味着人们在学习和积累知识的过程中,思维也在不断地发展和演变。因此,知识的建构和思维的发展是相互促进的,二者之间存在着内在的一致性。

其次,知识与情感具有一体性。道德和审美等情感在本质上是特定类型的知识,它们与知识结构密切相关。情感依附于特定的知识结构而存在,任何情感都可以在知识中找到根源。因此,情感与知识是不可分割的整体。这意味着人们在学习和积累知识的

① 冯友梅,颜士刚,李艺.从知识到素养:聚焦知识的整体人培养何以可能[J].电化教育研究,2021,42(2):5—10,24.

过程中,情感也在不断地被激发和体验。换句话说,情感依附于特定的知识结构而存在,任何情感都可以在知识处找到根源。

综上所述,在洞察了知识与思维的内在一致性,并将情感归属于知识后,可以得出结论:素养的发展实际上就是不同领域的知识结构的发展以及各领域知识结构的复杂结合。具体来说,包括关于自然世界的知识和与其共生的理智情感、关于社会规则的知识和与其共生的道德情感、关于美的知识和与其共生的审美情感,以及关于动作技能的知识和与其共生的情感等在内的这些不同领域的知识结构,它们相互交织、相互影响,共同构成了人们的核心素养。

（二）目标层的特点及功能

1. 目标层的特点

（1）层次性。跨学科主题学习目标层呈现层次结构,分为"双基—思维—素养"三个层次。在最底层的"双基"阶段,学生需要构建具有可迁移性和一般性的知识与技能,这是学习的起点。随着学习的深入,他们进入"思维"层,这一层强调问题解决和认知发展,要求学生通过解决问题,将知识与技能进行抽象总结及复杂连接。最高层是"素养"阶段,学生需要运用高阶思维来创造性地解决复杂问题或任务。它也是最内在的层次,要求学生具备综合应用知识与技能以及创新性地解决问题的能力。具有层次性的目标层结构,能够引导学生由浅入深地掌握知识与技能,即将"双基"阶段作为建立坚实基础的过程,为后续的"思维"和"素养"阶段做铺垫。从问题解决到认知发展,再到创造性地解决问题,构成了一个渐进的路径,这有助于学生逐渐培养高阶思维和跨学科综合能力,以更好地理解复杂问题并应对实际挑战。

案例分析

● ● ●

跨学科主题学习"设计和制作生态瓶"目标层

双基层:掌握生态学基础知识,理解食物链、食物网、物质和能量流动。

思维层:能够运用知识,观察、分析、理解生态系统的自我调节并解决问题。

素养层:培养科学精神、创新精神以及乐于合作沟通等素养。

上述学习目标呈现出层次性结构,能够引导学生逐渐深入主题,从掌握基础知识到具备高阶思维和综合应用能力,同时培养了批判思维和问题解决能力,使学生能够理解复杂问题并有效应对挑战。这样的学习过程体现了综合素养的渐进式发展规律,即从知识掌握到高级问题解决及创新应用。

（2）明确性。为了更好地强调跨学科主题学习结果的可观察性和可测量性，教师必须以具体、清晰的方式描述学生需要达到的预期结果，以便观察与评估。也就是说，学习目标不能是模糊的抽象概念，而应是由一系列以具体行为动作串联而成的目标表述。学习目标可以被细化为能被观察的行为，涵盖知识、技能、思维能力和素养的各个方面。从绘制图表、记录数据、分析信息，到进行创新活动、团队合作等，这些细化的学习目标使学生能够明确自己的任务与期望，清楚地了解在何时何地应采取何种行为，并知晓如何衡量自己的学习成果，从而更有效地指导整个学习过程。此外，这种细化的学习目标还有助于教师更好地规划教学活动，定量地衡量学生学习的进展与成就，进而有针对性地为学生提供相应的支持和指导。

案例分析

跨学科主题学习"环境保护"目标层

模糊的目标：了解环境问题。

具体的目标：能够分析并解释全球变暖的原因和影响。

模糊的目标无法有效指导学生的学习和行动。相比之下，具体的目标则更具可观察性和可测量性，能够为学生提供明确的方向、具体的任务，从而激发学生主动学习和深入思考的意愿。同时，教师也能更有针对性地支持和评估学生的学习。

（3）主体性。学习目标的主体是学生，而不是教师，因此，应当将目标层称为"跨学科主题学习目标层"，而不是"跨学科主题教学目标层"。跨学科主题学习的核心理念是以学生为中心，旨在让学生应用多学科的知识解决实际问题，从而达成核心素养的培养目标。为此，在设计跨学科主题学习目标时，教师应注意以下几点：①深入分析学生的特征和学情，充分考虑学生的需求、背景、兴趣、能力及所处的发展阶段等。②鼓励学生主动参与课程，自觉建构、生成大概念，应用所学的知识和技能来解决实际问题。③目标的表述和行为动作应以学生为主体，即强调学生需要做什么、达到什么水平，而不应关注教师的传授。④目标要从具身视角出发，考虑学生的身体参与。比如，教师可以设置操作、实验、探索等活动，让学生通过身体实践来理解和应用知识。⑤目标的设定应允许个性化和多样性。不同的学生可能有不同的学习风格和进度，因此，教师在设定目标时，应该允许学生在不同方面展现自己的特点，同时也要达成培养核心素养的目的。

案例分析

跨学科主题学习"认识风筝"目标层

以教师为中心的目标：教授学生放风筝的技巧，带领学生放风筝。

以学生为中心的目标:学生能够掌握放风筝的技巧,并独立放风筝。

以学生为中心的目标,着重考虑学生的特征和学情,强调学生参与,且允许多样性,以适应不同学生的能力和学习风格。它从具体的行为动作出发,强调学生的主动学习和自主性,鼓励他们独立解决问题,同时适应他们的认知水平和个体能力,以培养他们的独立性和问题解决能力,符合以学生为主体的学习理念。

（4）导向性。跨学科主题学习目标层的导向性具体体现在以下几个方面:①明确了预期的学习结果。目标提供了学生在学习活动结束时,应该达到的有关具体知识、技能以及思维、素养等方面的水平,使学生能够明确了解他们将学到什么,从而有目标地学习,不至于盲目探索。②可以作为教学指南指导教学设计。教师可以根据目标来规划教学活动,选择合适的教材和资源,并组织学习过程,以确保学生能够达到预期的学习效果。③提供了评估的依据。教师可以使用目标来衡量学生的学习成果,确定学生是否达到了预期的水平。这种评估有助于教师了解学生的强项和需改进之处,同时也能为进一步的教学提供指导。④有助于学习反馈。学生可以利用设定的目标来自我评估学习进度,并判断自己是否符合目标要求。这种自我反思可以促进学生的自主性以及目标导向性的学习,帮助他们更好地掌握知识和技能。总之,跨学科主题学习目标的导向性是实现有效教学的关键,可以服务于"教—学—评"一体化。教师可以使用目标层来确定学生的学习方向,设计教学活动,规定教学过程的具体步骤与组织形式并加以实施,同时还可以评估学生在知识、能力和情感态度等方面的状况,并根据反馈情况对教学进行调整。

案例分析

跨学科主题学习"生态瓶的设计和制作"目标层

缺乏导向性的目标:明白生物与环境是一个相互影响、相互依赖的统一整体。

具有导向性的目标:通过对生态瓶内现象的观察与分析,绘制能够展示生态瓶内成分及各成分之间关系的图示,阐明生物与环境是一个相互影响、相互依赖的统一整体。

前面的学习目标较为模糊,缺乏明确的行动步骤和具体要求,教师和学生难以确定如何实现这一目标。相比之下,后面的学习目标则更为具体,能够作为教学指南指导教师进行教学设计,同时也能够为学生提供明确的任务和行动方向。基于这样的目标,教师能够更好地评估学生的成就,指导他们的学习。

2. 目标层的功能

（1）双基层能够加深学生对大概念的理解。双基层将大概念视为知识和技能的统一框架,消除了它们之间的界限,有助于学生深化对大概念的理解。双基层目标可以鼓励学生将不同领域的知识与技能有机结合,从而形成更广泛的认知网络;能更深入地理解学科与跨学科大概念的本质,超越肤浅的记忆,为终身学习打下坚实基础。在设计双基层目标时,教师应该使用多种方法帮助学生将知识和技能不断抽象归纳,提取出更上位的大概念。比如,引导学生在具体示例和实际问题中应用基础知识和技能,以解决跨学科主题学习问题,明白知识技能与大概念的关联性,并将其应用到新的情境中。此外,双基层涵盖了多个学科的知识和技能目标,为学生提供了整合不同领域知识的机会,从而帮助他们进一步加深对大概念的理解。

> **📑 案例分析**　　　　　　　　　　　　　　　　　　　　● ● ●
>
> ### 跨学科主题学习"生态瓶的设计和制作"目标层
>
> 　　双基层目标:用自己的话总结食物链和食物网的概念,绘制生态瓶内的食物链和食物网,掌握不同的营养获取方式对生物分类的影响,以及生产者、消费者和分解者在其中的角色和相互关系。
>
> 　　这一目标整合了知识目标"理解生产者、消费者和分解者的概念"和技能目标"绘制生态瓶内的食物链和食物网",有利于加深学生对大概念"生物分为生产者、消费者、分解者,这三者与非生物环境存在能量流动关系"的理解,使学生能够综合性地理解生态系统的复杂性,建立概念联系,并将知识和技能应用于实际的生态瓶项目中,提高问题解决与应用能力。

　　(2)思维层能够培养学生的跨学科思维。基于问题解决视角和思维发展视角确定的思维层目标,有助于培养学生的跨学科思维。第一,从问题解决视角上来说,前文已经强调"问题链应致力于促进不同学科之间的整合,帮助学生理解概念在多个学科中的应用和联系",因此,思维层目标应通过引导学生思考不同学科中的相关性,逐渐激发学生的系统思考、问题深度探究和综合问题解决的能力,培养他们的跨学科思维和综合运用学科知识和技能的能力。第二,从思维发展的视角来说,由于思维层目标明确要求学生在解决问题时需使用多个学科的思维方法,因此,由此设计的任务簇的主题和内容也会涵盖多个学科领域,从而引导学生从不同学科的角度去探索主题。通过这样的要求,学生能够逐渐掌握多个学科的思维方法,并将它们灵活应用于实际问题的解决过程中,从而培养学生的跨学科思维,使学生能够在不同学科领域更好地运用各种思维方式,打破传统的单学科思维模式。

> **📑 案例分析**　　　　　　　　　　　　　　　　　　　　● ● ●
>
> ### 跨学科主题学习"认识风筝"目标层
>
> 思维层目标:对收集到的关于风筝文化起源与演变的证据,进行多角度、有序的分析

与论证,解释风筝文化形成背后的深层因果关系。

该思维层目标需要学生解决下列问题:风筝文化形成背后的深层因果关系是什么? 在分析、论证风筝起源与演变的证据时,应该采取哪些多角度和有序的方法? 为了达成这一目标,学生需要综合运用历史学科的史料实证、历史解释思维,以及地理学科的区域认知思维,从而拓宽认知视野,以多学科、多元的视角来探究问题,切实提高综合素养和解决问题的能力。

(3)素养层能够将核心素养具象化。教育界长期以来一直面临着多重挑战,包括有限的资源、繁重的教育任务以及不断变化的社会需求等,这使得核心素养的全面研究和实践探索变得困难。同时,核心素养常常被表述得过于抽象,难以直接教授和评估。为了应对这些挑战,素养层目标提出了聚焦共通性核心素养的策略。这一策略的核心思想是将抽象的核心素养具象化,使其更易于理解、教授和评估。将这些共通性核心素养进行充分阐释,然后分解为具体的行为目标,可为师生提供具有操作性的指南,让核心素养具象化。总的来说,可以达到以下效果:一是提高教育的质量和效果。通过清晰的目标和具有操作性的指南,学生能更好地理解和实现核心素养,教师也能更好地教授和评估这些素养。二是有助于跨学科和综合教育的推进。根据素养层目标,学生能更容易将核心素养融入不同学科的学习中,以促进自身综合能力的发展。三是为学生提供更清晰的学习路径和发展方向。当学生知道培养自身核心素养的途径时,他们便有了明确的学习目标,进而激发起自身的学习兴趣。

🗹 案例分析

●●●

跨学科主题学习"生态瓶的设计和制作"目标层

素养层目标:始终持有积极的创新和改进态度,不断探索新的材料、技术和方法,以提高生态瓶的效果和可持续性。

这一目标将创新素养和科学精神具象化,达成了以下效果:首先,学生对创新素养和科学精神有了实质性理解,能够积极地尝试、探索和改进,这一过程增强了他们的问题解决能力和应对挑战的适应性。其次,学生需要综合运用多学科领域的知识和技能,以培养跨学科思维,使他们能够从不同领域综合运用知识,从而为解决问题提供多元视角。最后,素养层目标鼓励学生关注可持续性,从而有效激发他们的环保意识和社会责任意识,使其成为具备核心素养的合格公民。

第二节 目标层的设计

本节学习目标

通过本节的学习,了解教育目标分类理论对跨学科主题学习目标层设计的启示;能够基于三层次目标设计要点、注意事项等,合理设计和编写跨学科主题学习三层次目标。

学习目标是落实核心素养的关键,可以实现对学习任务的统领和指引。基于学习目标,学生在完成任务和解决问题的过程中,能够清晰地知道自己要做什么,以及达到何种标准。通过学习本节内容,读者能够掌握目标层的设计和编写方法,并可以据此生成合理的学习目标。

一、教育目标分类理论

20世纪以来,众多心理学家和教育学家都对教育目标分类问题进行了深入研究,并从不同视角提出了各自的观点和主张,形成了丰富的教育目标分类理论体系。下面将介绍四种经典的教育目标分类理论。

(一)布卢姆的教育目标分类理论

布卢姆的教育目标分类理论将教学活动所要实现的整体目标分为认知、动作技能、情感三大领域,见表4-3。

表4-3 布卢姆教育目标分类理论[1][2][3]

领域	层次	内涵	例子
认知领域	识记	对先前学习过的知识材料的回忆	记忆名词、事实、基本观念、原则
	理解	理解和把握知识材料意义的能力	转换、解释、推断
	运用	将所学知识应用于新情境	概念、运用、方法和理论的应用
	分析	能把复杂的知识整体分解为若干组成部分并理解各部分之间联系的能力	能区分因果关系,能识别史料中作者的观点或倾向

---

[1] 王汉松.布卢姆认知领域教育目标分类理论评析[J].南京师大学报(社会科学版),2000(3):65—71.

[2] A. J. 哈罗,E. J. 辛普森.教育目标分类学:第三分册(动作技能领域)[M].施良方,唐晓杰,译.上海:华东师范大学出版社,1989:155—160.

[3] D. R. 克拉斯沃尔,B. S. 布卢姆,等.教育目标分类学:第二分册(情感领域)[M].施良方,张云高,译.上海:华东师范大学出版社,1989:101—195.

领域	层次	内涵	例子
	综合	将所学知识的各个部分重新组合,从而形成一个新的知识整体	发表一篇内容独特的演说或文章,拟定一项操作计划或概括出一套抽象关系
	评价	对材料(如论文、观点、研究报告等)做出价值判断的能力	判断实验结论是否有充分的数据支持,或评价某篇文章的水平与价值
动作技能领域	知觉	通过运动感官获得相关信息以指导动作	了解跳一支舞所需的知识,以及这支舞的性质、功用
	准备	对固定动作的准备,包括心理定向、生理定向和情绪准备	愿意跳舞
	有指导的反应	能在教师的指导下表现出有关的动作行为	模仿和尝试错误
	机械动作	经过一定程度的练习,学习者的反应已成为习惯,能以某种自信及熟练的水平完成动作	能自信、熟练地跳舞
	复杂的外显反应	包含复杂动作模式的熟练操作	能精确、迅速、连贯协调且轻松稳定地跳舞
	适应	技能的高度发展水平,学习者能修正自己的动作模式以适应特殊的设施或满足实际情境的需要	能根据需要修改舞蹈动作
	创新	学习者在学习某种动作技能的过程中形成了一种运用创造性的动作模式以适合具体情境的能力	编舞
情感领域	接受或注意	学习者想要关注某种特定的现象或刺激	静听讲解、参加班级活动、意识到某个问题的重要性等
	反应	学习者主动参与、积极反应,表现出较高的兴趣	认真完成教师布置的作业,提出意见和建议,参加小组讨论,遵守校纪校规
	价值的判定	学习者用一定的价值标准对特定的现象、行为或事物进行评判	欣赏文学作品,在讨论问题的过程中提出自己的观点
	价值的组织	学习者在遇到由多种价值观呈现的复杂情境时,将价值观组织成一个体系,对各种价值观加以比较,确定它们的相互关系及它们的相对重要性,接受自己认为重要的价值观,形成个人的价值观体系	先处理集体的事,然后考虑个人的事;形成一种与自身能力、兴趣、信仰等协调的生活方式

领域	层次	内涵	例子
	价值与价值体系的性格化	学习者通过对价值观体系的组织,逐渐形成个人的品性	能保持谦虚的态度和良好的行为习惯;在团体中表现出合作精神

　　根据布卢姆的教育目标分类理论,每一个领域均可细分为若干目标层次,这些层次具有阶梯关系,即区分低层次和高层次,较高层次的目标包含且源自较低层次的目标。其中,认知领域反映了人类思考和处理信息的路径,三个较高层次的能力(分析、综合和评价)经常被认为是共通性素养(见表4-7)里的审辨思维的反映,是应用较早的审辨思维理论模型。[①]

　　在新课标的跨学科主题学习目标中,既有"解释、理解、应用、运用"等低层次目标动词,也有"综合、结合、发现、解决、制作、创新"等高层次目标动词,并且高层次目标动词的出现频率极高。也就是说,不论是在认知领域、动作技能领域,还是情感领域,跨学科主题学习目标层都具有层次性,要求学生由浅入深地掌握知识技能,并且尤其重视高层次目标的达成。这就要求学生能够通过对多个学科知识的融合、应用和分析来创造性地解决问题。

　　因此,教师在设计跨学科主题学习目标层时,应尽量分层设计目标,即在引导学生达成低层次目标的基础上,进一步设计高阶任务,以此促进学生逐步达成高层次目标。此外,在选择行为动词时,教师可以借鉴布卢姆的教育目标分类理论。

（二）加涅的学习结果分类理论

　　美国当代著名教育心理学家加涅是继布卢姆之后,又一位对目标分类理论做出重要贡献的学者。他把学习结果或教学活动追求的目标分为五类:言语信息、智力技能、认知策略、动作技能和态度,见表4-4。

表4-4　加涅的学习结果分类理论[②]

分类	内涵	举例
言语信息	学习者通过学习以后,能记忆具体的事实,并能够在需要时将这些事实陈述出来	知道什么是分数和小数
智力技能	学习者通过学习获得了使用符号与环境相互作用的能力	知道怎样把分数化为小数

① 马利红,魏锐,刘坚,等. 审辨思维:21世纪核心素养5C模型之二[J]. 华东师范大学学报(教育科学版),2020,38(2):45—56.
② R. M. 加涅,等. 教学设计原理(第五版)[M]. 王小明,等译. 上海:华东师范大学出版社,2007:61—84.

续　表

分类	内　涵	举例
认知策略	学习者用来调节他们自己的注意、感知、记忆和思维等内部心理过程的技能	指挥自身对小数的特点予以注意，对将分数化为小数的过程进行选择和编码，对学习所得进行检索
动作技能	包括两种成分：一是描述如何进行动作的规则，即动作的程序；二是因练习与反馈而逐渐变得精确和连贯的实际的肢体运动	乐器演奏、绘画、实验操作、打球
态度	习得的、影响个人对特定对象做出行为选择的有组织的内部准备状态	喜欢将分数转化为小数

加涅的学习结果分类理论涵盖了不同方面的学习结果，包括言语、智力、认知、动作和态度等，强调多元发展，以促进学生的综合能力培养。这意味着跨学科主题学习目标不仅关注学科知识和技能的培养，还注重学生的情感态度、思维策略和行为表现等多个方面的发展。为此，教师需要设计具有挑战性和实践性的学习任务，且涉及多个学科领域的知识和技能要求，同时提供必要的支持和指导，从而帮助学生理解学习任务的目标和要求，引导他们运用不同的思维策略和解决问题的方法来进行跨学科实践活动。此外，教师也要创造积极、支持和尊重的学习环境，组织学生进行小组合作或参与团队项目，引导小组成员共同探索和解决问题，从而达成核心素养的培育目标。

（三）安德森的二维目标分类理论

认知能力完善分类学是由安德森等人的研究团队，历经十年时间精心打磨的布卢姆教育目标分类理论的修订版。安德森等人在对布卢姆的教育目标分类学进行修订时，除了对认知层次进行调整（修改为记忆、理解、运用、分析、评价和创造）外，还增加了知识分类这个维度，将知识分为事实性知识、概念性知识、程序性知识和元认知知识。安德森等人所修订的分类体系可以用一个二维表格来表示，见表4-5。它强调认知的教育目标都应当归于该表的一个或多个方格中。

安德森的二维目标分类理论旨在帮助学生在不同层次的认知过程和知识领域中将所学内容进行整合，这有助于他们更好地理解和应用这些知识和技能。此外，二维目标分类理论也为评估学生在跨学科主题学习中的表现提供了指导。教师可以根据不同层次的目标设定，设计相应的评估任务和标准，以此对学生的学习成果进行评价。例如，对于低层次的目标，教师可以设计选择题或填空题，要求学生记忆和理解相关概念（正确回答问题、准确使用相关概念）；而对于高层次的目标，教师可以设计开放性问题或项目作业，要求学生分析、评价和创造性地应用所学内容进行综合性的思考。

表 4-5 安德森的二维目标分类理论①

知识维度	认知过程维度					
	记忆	理解	运用	分析	评价	创造
事实性知识						
概念性知识						
程序性知识						
元认知知识						

此外,安德森对概念性知识和事实性知识的区分,被埃里克森誉为认识上的飞跃。这一区分启示着教师在设计跨学科主题学习目标时,必须明确区分概念性知识和事实性知识。然而,值得注意的是,埃里克森虽然肯定了安德森对这两类知识的区分,却反对他将两者简单视为并列的两种知识类型。在埃里克森看来,概念性知识(理解)是事实性知识的结构化和抽象化,因此它更高位,是学习的核心目标。概念性知识指向了大概念,因此,在跨学科主题学习中,大概念是学习目标的核心,教师需要清晰地将事实与技能的要求和大概念区分开来。具体而言,教师应该将概念性知识视作核心目标,重点培养学生对大概念的理解和应用能力,同时将事实性知识视作用以支持和补充概念性知识的要素,即确保学生掌握必要的事实性知识,这样才能真正实现跨学科主题学习的目标。

(四) 威金斯的教育目标分类理论

威金斯和麦克泰格在《追求理解的教学设计》一书中提出了一个确定次序的框架,它由三个嵌套的椭圆形组成。当教师试图确定单元或课程内容的优先顺序时,这三个椭圆形被证明是一个有用的工具。

在最大的椭圆形之外的空白空间,表征该领域中所有可能的内容(如主题、技能、资源),这些内容可能会在单元或课程中进行考查。显然,教师不可能讲授全部的内容,所以要在最大的椭圆范围内选择、确定学生应该熟悉的知识。也就是说,在课程或单元中,教师希望学生去听、读、浏览、研究的知识,或意外获得的知识,学生只需"知晓"即可。例如,在统计学单元中,学生只需了解那些对现代统计学发展有突出贡献的关键人物。

在中间的椭圆形中,教师通过明确重要的知识、技能和概念来强化和凸显其教学选择。这些内容在本单元和其他相关的主题单元学习中,具有关联和传递效力。比如,教师希望学生学习集中趋势的量度(平均值、中位数、众数、范围、标准差),并发展用不同类型的图形表现数据的技能。然而,中间的椭圆形还有另一层含义:它确定了学生的前置知识和技能,这

---

① L. W. 安德森,等. 学习、教学和评估的分类学:布卢姆教育目标分类学修订版(简缩本)[M]. 皮连生,主译.
上海:华东师范大学出版社,2008:41—52.

些知识和技能可以帮助学生成功完成迁移任务。

最内层的椭圆形需要教师做出更为审慎的决定。在此,教师需要选择那些可以指向单元或课程的大概念,同时要明确处于学科中心的迁移任务。这里仍以统计学单元为例,最内层的椭圆形强调大概念(如抽样、误差幅度、寻找数据中的模式、做出预测、置信度)和关键的表现性挑战(如对给定的一组数据确定"平均"的含义,制定"合理"的解决方案),见图4-4。

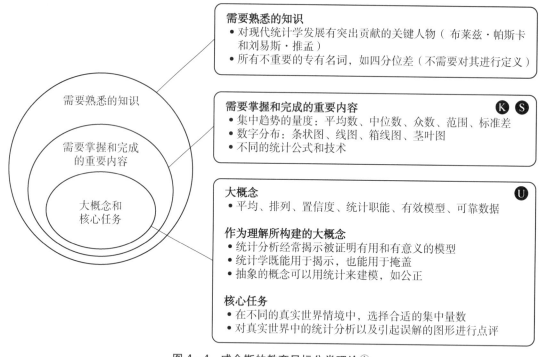

图4-4 威金斯的教育目标分类理论①

威金斯的教育目标分类理论强调了大概念的地位与教学内容的优先次序,再一次启示教师要重视基于大概念来设计跨学科主题学习的目标,确定教学内容的优先次序,从而设计出有针对性和深度的教学活动,促进学生对学习内容的深入理解,培养他们的应用能力。教师需要明确跨学科主题学习的核心思想及大概念,帮助学生将不同学科领域的知识和技能联系起来,形成更为全面的理解;设计出关键问题,激发学生的思维和好奇心,引导他们主动探索和解决问题,并进行跨学科的思考和探究。此外,教师应当确定学生需要掌握和完成的重要内容,这些内容应涵盖多个学科领域的知识和技能。在此过程中,教师应认识到,某些知识可能只需要学生了解和记忆,而另一些知识则需要学生深入理解和应用。教师要根据学习目标和学生的能力水平,确定不同的教学重点和难点,并为学生提供相应的支持和指导,以便更好地支持学生在跨学科学习中的发展。

---

① 格兰特·威金斯,杰伊·麦克泰格.追求理解的教学设计(第二版)[M].闫寒冰,宋雪莲,赖平,译.上海:华东师范大学出版社.2017:78—80.

（五）对教育目标分类理论的总结

上述各教育目标分类理论的贡献及对教师的启示，见表4-6。

表4-6　教育目标分类理论的贡献及启示

教育目标分类理论	贡献	对教师进行跨学科学习目标设计的启示
布卢姆的教育目标分类理论	把学习目标分为三大领域，每一个领域均可细分为若干目标层次，这些层次具有阶梯关系，并且每一层都使用准确的动词	设计分层目标，重视高层次目标，使用准确的动词
加涅的学习结果分类理论	促进学生的多元发展和综合能力的培养	不仅关注学科知识和技能的培养，还注重学生的情感态度、思维策略和行为表现等多个方面的发展，旨在促进学生的全面成长
安德森的二维目标分类理论	将学习目标分为知识维度和认知过程维度，区分了概念性知识和事实性知识	可以根据不同层次的目标设定，设计相应的评估任务和标准，并以此对学生的学习成果进行评价；将概念性知识作为核心目标
威金斯的教育目标分类理论	强调了大概念的地位与教学内容的优先次序	重视基于大概念设计跨学科主题学习目标，确定教学内容的优先次序，旨在设计出有针对性和深度的教学活动

基于对教育目标分类理论的分析，教师在设计跨学科主题学习目标层时，应做到以下几点。

第一，设计分层次的目标。跨学科主题学习目标的设计，应当关注学生在不同层次的认知过程中实现不同学科知识的关联与整合。教师应在学生达成低层次目标的基础上，尽量引导他们专注于劣构问题的解决，从而促使他们在完成任务的过程中，进行高通路的迁移和应用。

第二，使用准确清晰的行为动词。在选择行为动词时，要准确、清晰、可操作、可衡量。教师采用具体的行为动词，能够有效帮助学生了解他们需要做什么，同时也便于对学生的学习成果进行客观评估。

第三，注重多元发展和综合能力的培养。布卢姆和加涅的分类理论提醒教师，在开展教学活动时，不仅要关注对学生的知识和技能的培养，还要注重学生在情感态度、思维策略和行为表现等多个方面的发展。教师可以通过设计多样化的学习任务和评估方式来促进学生的全面成长。

第四，应当根据目标层来设计评估任务和标准。安德森的二维目标分类理论可以帮助学生整合不同层次的认知过程和知识领域，培养学生的跨学科思维和解决问题的能力。教师可以根据不同层次的目标设定评估任务和标准,如选择题、填空题、开放性问题或项目作业,从而提高学生在跨学科主题学习中的表现水平。

第五,重视大概念,确定教学内容的优先次序。教师要重视大概念,区分事实性知识与概念性知识,确定教学内容的优先次序,并据此设计有针对性的学习目标,从而帮助学生在活动中实现对多学科知识的深入理解。

二、目标层的设计要点

(一) 双基层以大概念为核心

知识和技能通常会因为有不同的学习机制而被视为两大类别。然而,根据埃里克森的观点,知识和技能都可以被统一归到大概念这一层面上,由此打破了它们之间的绝对界限。埃里克森提出,可以通过概念性知识(大概念)来有效组织事实性知识(涉及知识)和程序性知识(涉及技能),从而形成一个立体的三维模式。这个模式以"KUD"(即知道 Know、理解 Understand、应用 Do)为框架来明确学习目标,其中大概念是核心。威金斯也将预期学习结果分为三层,其中理解意义(大概念)是关键的一层。理解意义是实现知识迁移的前提条件,同时也是掌握知识和技能的基础。因此,在设定跨学科主题学习的双基层目标时,教师需要站在学科和跨学科的高度,以概念性视角对知识和技能进行高站位的审视,以素养发展为主线组织学科内与学科间的知识和技能,遴选重要的大概念,使之形成更大的具有意义的认知网络。[①]

案例分析

•••

"探访'地球之肾'——湿地"双基层目标的设计(部分)

教师在组织该跨学科主题学习时,融合了地理、生物、道德与法治等学科知识,并借助大概念生成图厘清了项目活动中涉及的大概念群,以此确定双基层目标。

基于三级超学科大概念"人与自然和谐共生",可将双基层目标确定为"理解人与自然的关系,初步确立人与自然和谐共生的观念"。

基于二级跨学科大概念"电子地图是探索湿地的重要工具",可将双基层目标确定为"了解地图三要素,并能基于地图三要素描述地理位置和地貌等信息"。

基于一级学科大概念"湿地与人类生存发展息息相关",可将双基层目标确定为"认识湿地对人类生存与发展的重要性"。

---

① 詹泽慧,季瑜,赖雨彤. 新课标导向下跨学科主题学习如何开展:基本思路与操作模型[J]. 现代远程教育研究,2023,35(1):49—58.

（二）思维层以问题链为导向，以学科思维方法为核心

前文已经明确问题与思维的关系，教师在跨学科教学中应通过问题设计来培养学生的思维，引导学生运用既有知识解决难题、推断结论，鼓励他们进行探究和总结规律。思维层目标可以基于问题解决视角和思维发展视角来设计。

（1）问题解决视角：指将按照一定逻辑顺序关联而成的问题链置于任务完成的全过程中，使学生在思考问题、分析问题以及解决问题的过程中，深入探究和理解学习内容。在跨学科主题学习中，问题链的设计应由简单到复杂，从表层到深层，引导学生逐步思考和探究。其中，每个问题都对应着思维层中的一个学习目标。学生通过逐步回答并成功解决问题链中的问题，来达成思维层所设定的学习目标。

（2）思维发展视角：指基于学科思维方法来编写思维层目标。学科思维方法强调特定学科领域的思维方法，如历史学科中的史料实证、历史解释，生物学科中的科学思维，地理学科中的综合思维和区域认知，科学学科中的科学思维等。通过这一视角设计思维层目标，能够使学生深入理解和掌握各学科的知识、技能以及思维模式，进而运用不同的思维方式将各学科知识串联起来。学生在迁移应用的过程中，能够实现思维发展和问题求解能力的提升，进而形成对各个学科的基本认知和理解，由此打通不同学科之间的壁垒，提高跨学科主题学习的效果和质量。

> **案例分析**
>
> ● ● ●
>
> #### "龙舟"思维层目标的设计（部分）
>
> "龙舟"属于多学科并重跨学科主题学习活动，其中的主问题"龙舟的地位和影响"可再分为以下三个问题：①龙舟在中国历史中起源于哪个时期？它如何成为中国传统文化的一部分？②龙舟文化是如何在中国古代的诗歌、小说和散文中得到体现的？有哪些文学作品涉及龙舟文化？③不同地区如何传承和展现龙舟文化？这种文化在地理和社会环境下如何演变？
>
> 　　这些问题涉及的学科思维方法有：对获取的史料进行辨析，并运用可信史料努力重现历史（史料实证）；以史料为依据，客观地认识和评判历史（历史解释）；有好奇心、求知欲，崇尚真知，勇于探索，养成积极思考的习惯（思维能力）；综合地认识地理环境及人地关系（综合思维）。由此，教师可将这部分思维层目标确定为：通过深入了解龙舟文化的历史渊源和演变过程，培养历史思维能力和历史文化素养；搜集与龙舟相关的文学作品和资料，了解龙舟的起源和传承等基本知识，分析龙舟在不同时期、不同地理和社会环境中的文化特点和发展变化，理解和感受历史文化的价值与意义。

（三）素养层综合考虑共通性核心素养

素养层的关注点在于共通性核心素养，即核心素养中的少数关键部分。对共通性核心

素养进行充分阐释和清晰解构,有利于核心素养教育的实践转化。共通性核心素养是一种通用的、跨学科的思维方式、价值观和能力。例如,21 世纪核心素养 5C 模型(见表 4-7)所列的内容就是共通性核心素养。它强调的是学生跨越学科的界限,在多学科的学习和实践中理解不同学科的知识,进而能够运用不同学科的知识和思维方式来处理复杂任务及解决劣构问题。此外,表 4-1 所列的中国学生发展核心素养也是共通性核心素养。

表 4-7　21 世纪核心素养 5C 模型①

素养	素养要素	内 涵 描 述
文化理解与传承素养 (Cultural Competence)	文化理解	对文化的基本内涵、特征及其历史渊源和发展脉络,以及不同文化的共性与差异及其相互影响的体验、认知和反思
	文化认同	一个社会共同体的成员对特定文化环境中的审美取向、思维方式、道德伦理、行为或风俗习惯等的认可和接纳
	文化践行	一个社会共同体的成员在现实生活中对其所选择和认同的生活方式、文化观念和价值原则等主动加以实践、传承和改造、创新
审辨思维 (Critical Thinking)	质疑批判	既包括不轻易接受结论的态度,也包括追根究底的品格
	分析论证	强调基于证据的理性思考,能进行多角度、有序的分析与论证
	综合生成	在分析的基础上进行系统整合与重构,形成观点、策略、产品或其他新成果的过程
	反思评估	基于一定标准对思维过程、思维成果以及行动进行监控、反思、评估和改进,从而促进自我导向、自我约束、自我监控和自我修正
创新素养 (Creativity)	创新人格	具有好奇心、开放心态、勇于挑战和冒险、独立自信等特质
	创新思维	通常包括对开展创新活动有帮助的发散思维、收敛思维、重组思维等
	创新实践	参与并投入旨在产生新颖且有价值成果的实践活动
沟通素养 (Communication)	同理心	一种能够了解、预测他人行为和感受的社会洞察能力
	深度理解	能够正确理解沟通对象以语言、文字及其他多种形式传递的信息,隐含的意图、情绪情感、态度和价值观等,以及对内容进行反思与评价的能力

---

① 魏锐,刘坚,白新文,等."21 世纪核心素养 5C 模型"研究设计[J].华东师范大学学报(教育科学版),2020,38(2):20—28.

素养	素养要素	内 涵 描 述
	有效表达	在不同的情境下,运用语言或非语言等多种形式,清楚地传达信息、表达思想和观点,以达到沟通的目的
合作素养 (Collaboration)	愿景认同	通过讨论、分析、反思等方式,实现对小组或团队目标、使命以及核心价值取向的认同,并使之内化为自己完成任务的目标和信念
	责任分担	结合自身角色制定计划和目标,积极主动地承担分内职责,并充分发挥个人能动性,以较强的责任意识和担当精神,完成本职任务或工作
	协商共进	运用沟通技能,本着互尊互助、平等协商、共同进步的原则,与小组或团队成员展开对话,并适时、灵活地做出必要的妥协或让步,进而有效推进团队活动进程,实现共同目标,促进共同发展

案例分析

● ● ●

"认识风筝"素养层目标的设计(部分)

由于该跨学科主题学习的设计需要关注"文化理解与传承"方面的共通性核心素养,因此,这一部分的素养目标可以确定为:(1)通过感受、理解、欣赏、评价风筝及与风筝相关的文学作品,获得较为丰富的审美经验,具有初步的感受美、发现美和运用语言文字表现美、创造美的能力,涵养高雅情趣,具备健康的审美意识和正确的审美观念,以及热爱生命和生活的态度;(2)通过了解风筝的故事,继承和弘扬风筝文化,具有比较开阔的文化视野和一定的文化底蕴,加强对传统文化的认同感和自信心。

三、两类跨学科主题学习的目标层结构

有研究者依据跨学科主题学习主导学科的多寡,将跨学科主题学习分为基于主干学科的跨学科主题学习和多学科并重的跨学科主题学习两类。这两类跨学科主题学习的目标设计要点基本一致,即双基层都以学科大概念为核心,思维层都以问题链为导向、以学科思维方法为核心,素养层都需综合考虑共通性核心素养。但是,由于这两类跨学科主题学习所主导学科多寡的不同,因此,在设计各层次目标时,对其中所涉及学科的重视程度也就不同。下面将具体介绍这两类跨学科主题学习目标层结构的区别。

▶ 微课探究

扫码观看微课视频"两类跨学科主题学习的目标层结构",深入了解基于主干学科和多学科并重的跨学科主题学习的目标层结构,以便更好地理解这两类跨学科主题学习目标层的设计思路及方法。

微课视频

两类跨学科主题
学习的目标层结构

（一）基于主干学科的跨学科主题学习目标层

1. 双基层以主干学科大概念为核心,关照其他学科大概念

基于主干学科的跨学科主题学习,主要是以某一学科为基础进行局部拓展的,即主干学科与其他学科是"1+x"的关系。这类跨学科主题学习鼓励学生以某学科为载体或主干学科,同时运用其他不同学科的概念、原理和技能来解决复杂问题或研究特定主题。也就是说,教师在重点关注"1"的同时,也要适当关注"x",协调好"1"与"x"的关系。

为此,对于这类跨学科主题学习的双基层,教师要明确主干学科的主体责任,确定主干学科和其他学科的优先级。教师要将主干学科的大概念作为双基层的重点,确保学生对主干学科的大概念有充分、深入的理解。同时,教师也要为其他学科预留一定的时间和资源,以便学生能够在主干学科之外,适当地涉猎其他学科的知识和技能。教师要深刻理解主干学科的大概念,并明确各要素之间的内在的、本质性的联系,整体把握好学科的本质、教学路径和育人价值,以便优化教学设计,引导学生建立综合的认知网络,逐步形成正确的价值观念、必备品格和关键能力,从而更好地应对复杂的问题和任务。

📝 案例分析

● ● ●

"设计和制作生态瓶"双基层目标的设计（部分）

该跨学科主题学习的主干学科是生物,因此,其双基层目标就应当以生物学科的大概念为核心,即"生态系统"和"结构与功能"。在确保生物的核心概念、技能和思想达到深度覆盖的基础上,再考虑为了实现"设计和制作生态瓶"这一主题,还需要用到哪些学科的知识、技能和大概念等,然后最终确定跨学科主题学习的双基层目标。具体如下:

（1）用自己的话总结食物链和食物网的概念,绘制生态瓶内的食物链和食物网,掌握不同的营养获取方式对生物分类的影响,以及生产者、消费者和分解者在其中的角色和相互关系。

（2）了解物质和能量在生态系统中的流动关系,能够通过绘图的方式展示生物与非生物环境之间的物质和能量流动。

2. 思维层以主干学科思维方法为核心,关照其他学科思维方法

基于主干学科的跨学科主题学习思维层,也要将主干学科思维方法作为思维层的重点。这意味着在跨学科主题学习中,教师应确保学生对主干学科思维方法有充分、深入的理解。同时,教师也要分配适当的时间和资源,用于引入其他学科思维方法。原因在于,在这类跨学科主题学习中,主干学科思维方法发挥引领作用,代表了该学科独特的思考方式。通过强调主干学科思维方法,学生可以在特定的学科领域内建立起坚实的基础,从而更深入地理解该学科的知识和技能。同时,由于不同学科拥有各自独特的思维方法,将更多样化的思维模式融入此类跨学科主题学习中,能够帮助学生获得更为全面和多元的思维技能。

在这类跨学科主题学习中,应基于问题解决和思维发展双重视角来设计思维层目标。教师应将问题链作为主导工具,以主干学科思维方法为核心,同时兼顾其他学科思维方法来设计目标。具体做法为:确保问题链以主干学科为主线,融入该学科的关键概念和思维方法,使学生能够对该学科形成深刻的理解;使问题链涵盖其他相关学科的元素,从而确保学生在思考问题链时,既能够强化对主干学科思维方法的理解,又能够适度关照其他学科思维方法;最后,根据设计的问题链和所涉及的学科思维方法来确定思维层目标。

📝 **案例分析**　　　　　　　　　　　　　　　　　　　　● ● ●

"设计和制作生态瓶"思维层目标的设计(部分)

在"设计和制作生态瓶"跨学科主题学习中,问题链包括:生态瓶的成分及各成分之间的关系是什么? 生态系统是如何进行自我调节的? 生态平衡是怎么样的? 生态系统的稳定性如何? 生态系统的自我调节与生态系统的尺度、生物种类及数量的关系是怎样的? 生物学科思维方法包括:科学思维、探究实践。其他相关学科思维方法包括:物理学科的科学探究、地理学科的综合思维、数学学科的用数学的思维思考现实世界。之后,通过将问题链与学科思维方法相结合,可将思维层目标确定为以下四点。

(1)通过对生态瓶内现象的观察与分析,绘制生态瓶内的食物链和食物网,并标注各个生物的分类和相互关系,阐明生物与环境是一个相互影响、相互依赖的统一整体,并能够基于此关系图,探讨适宜的生态瓶放置环境条件。

(2)通过对生态瓶的持续观察与记录,对比各组生态瓶的稳定性,阐明生态系统具有一定的自我调节能力,且该自我调节能力与生态系统的尺度以及系统内生物的种类和数量有关。

(3)运用数感、量感、模型意识与空间观念,基于生态瓶的尺寸,计算非生物材料的用量,以及各种生物合适的比例与数量。

(4)通过调整土壤成分、添加适当的肥料和监测水质来优化生态瓶中植物的生长条件。

3. 素养层综合考虑共通性核心素养

教师可以在明确共通性核心素养具体要求的基础上,采用综合性的方法设计素养层目标。教师需要考虑该主题学习的预期结果,明确学生在跨学科实践中需要完成什么任务、达成什么目标;找到该主题在促进人的一般、共性、整体发展中所发挥的特殊、个性、局部的价值和作用,从而以特殊、个性、局部的发展带动一般、共性、整体的发展,以实现学生共通性核心素养的培养。在这个过程中,师生需要认识到各素养的相互关联及其综合发展,在完成任务的同时,实现"人"的完整培养。

案例分析

●●●

"设计和制作生态瓶"素养层目标的设计(部分)

在"设计和制作生态瓶"跨学科主题学习中,共通性核心素养包括:人文底蕴、科学精神、责任担当、实践创新、沟通、合作。最终可将素养层目标确定为以下五点。

(1) 在设计和制作生态瓶的过程中,培养对自然环境的尊重和保护意识,以及与生物和环境相互依存的价值观念。

(2) 基于审美感知,对生态瓶的景观布置进行创意设计与表达。

(3) 深刻认识到环境保护的重要性,并采取积极的行动来减少负面影响。

(4) 始终持有积极的创新与改进态度,不断探索新的材料、技术和方法,以提高生态瓶的效果和可持续性。

(5) 通过小组成员间的合作与沟通,共同解决问题,进而实现目标。

(二) 多学科并重的跨学科主题学习目标层

1. 双基层综合考虑跨学科大概念

多学科并重的跨学科主题学习强调各学科地位平等。这类跨学科主题学习没有明显的学科界线,多个学科因内容或方法上的关联而主动协商合作。通常,这类学习活动会以某个复杂的社会性议题为核心,以问题为导向,通过整合多个学科的知识、方法和思想来思考和解决问题。因此,每一个学科在理解主题和解决问题方面都扮演着不可替代的角色,整个主题均围绕跨学科大概念展开。

案例分析

●●●

"认识风筝"双基层目标的设计(部分)

"认识风筝"跨学科主题学习中的所有内容均是围绕"风筝作为中国的文化符号,承载着丰富的艺术和文化价值"这一超学科大概念,以及"制作风筝是一门需要技巧与创造力的艺术""传承风筝文化有助于保护和发展这一传统艺术形式"等下级跨学科大概念展开的。因此,学生需要使用多个学科的知识和技能来解决问题,即该活动所涉及的各个学科的地位都是平等的。综合考虑超学科大概念,以及下级跨学科大概念,最终将该跨学科主题学习的双基层目标确定如下。

知识目标:

(1)梳理风筝的起源及演变。

(2)总结风筝文化的形成过程,掌握风筝的非遗知识。

(3)理解气流和气压的概念,能够解释它们与风筝飞行的关系。

技能目标:

(1)掌握文献搜集技巧,能够搜集、整理和讲演风筝的相关知识。

(2)撰写实践心得,总结实践活动的经验和收获,并以画报等形式完成实践报告。

(3)掌握放风筝的技巧,并尝试在户外实践中放风筝。

💬 问题研讨

基于主干学科的跨学科主题学习与多学科并重的跨学科主题学习,在双基层目标的设计方面有哪些相同之处,又有哪些不同之处?

2. 思维层综合考虑各学科思维方法

多学科并重的跨学科主题学习旨在培养学生的综合思考和跨学科思维能力,以解决复杂问题和探索综合性议题。不同学科有不同的思维方法,综合考虑各学科思维方法,有助于学生从多个角度深入探讨问题,从而获得更全面的理解。在解决问题时,学生能够充分利用不同学科的知识和思考方式,找到更有效的解决方案,从而培养跨学科思维素养,更好地应对跨学科挑战,并做出创新性的贡献。

与基于主干学科的跨学科主题学习一样,多学科并重的跨学科主题学习也需基于问题解决和思维发展双重视角来编写思维层目标。教师应当确保问题链涵盖多个学科的关键问题和思维方式,通过问题链引导学生在具体的项目或研究中,从多个学科的视角来思考问题,并将不同学科的思维方法有机融合,从而获得更为全面和深刻的结论。这种教学方法旨在帮助学生认识到各类学科的思维方法在解决特定问题时都很重要,并鼓励他们在日常生活中积极应用不同学科的思维方法,以更好地达成思维层目标。

案例分析

● ● ●

"认识风筝"思维层目标的设计（部分）

在"认识风筝"这个多学科并重的跨学科主题学习中，应首先明确问题链包括：风筝文化形成背后的深层因果关系是什么？在分析、论证风筝起源与演变的证据时，应该采取哪些多角度和有序的方法？如何制作风筝？然后再综合考虑各学科思维方法，包括：历史的史料实证与历史解释、物理的科学思维、地理的区域认知。最终，可将跨学科主题学习的思维层目标确定为以下三点。

（1）解释风筝文化形成背后的深层因果关系。

（2）对收集到的关于风筝起源与演变的证据，进行多角度、有序的分析与论证。

（3）将探索结果抽象成风筝模型，画出风筝飞行上升、相对静止及下降时的受力情况。

---

3. 素养层综合考虑共通性核心素养

与基于主干学科的跨学科主题学习一样，在多学科并重的跨学科主题学习中，同样需要关注主题学习开展过程中的共通性核心素养。但是，这两类跨学科主题学习在共通性核心素养上也存在差异。基于主干学科的跨学科主题学习，首先致力于培养学生对主干学科大概念、思维方法的理解，然后再去关注共通性核心素养。以"设计和制作生态瓶"为例，它首先关注的是生物学科的大概念和思维方法，学生通过学习生物的相关知识，了解生态系统的构成和运行原理，并运用设计和制作技能来创建生态瓶模型；然后再关注共通性核心素养，如人文底蕴、科学精神、责任担当等。而多学科并重的跨学科主题学习，则往往模糊了学科界限，没有明显的学科划分和相应的主干学科思维方法。因此，多学科并重的跨学科主题学习更注重共通性核心素养。在这类跨学科主题学习的素养层目标设计方面，教师应当有针对性地设计任务和项目，使学生有机会发展和展示这些素养。比如，在"飘色"跨学科主题学习中，要求学生深入探索飘色文化的历史、语言、艺术和社会结构，其素养层目标强调培养学生的文化理解与传承、科学精神、实践创新等素养，从而确保学生在各学科领域都有充分的机会去深入学习和实践，以建立坚实的学科基础。通过综合考虑共通性核心素养目标，教师能够更有效地引导学生在多学科情境中全面发展，为获得综合问题解决能力以及未来的终身学习打下坚实基础。

案例分析

● ● ●

"认识风筝"素养层目标的设计（部分）

"认识风筝"这一活动可能会涵盖语文、物理、历史等多个学科的知识，同时还涉及文化理解与传承、科学精神、学会学习、实践创新等共通性核心素养。这类跨学科主题学习强调的是学科之间的融合与交叉,以及培养学生综合运用各学科知识的能力。由此,可将跨学科主题学习素养层目标确定为以下三点。

（1）通过感受、理解、欣赏和评价风筝及其相关的文学作品,感受美、发现美,并运用语言文字来表现美、创造美,具备健康的审美意识和正确的审美观念,涵养热爱生命和生活的态度。

（2）继承和弘扬风筝文化,具有比较开阔的文化视野和一定的文化底蕴,增强对传统文化的认同感和自信心。

（3）遵循构思、设计、优化、实施、检验、修改等步骤,设计并制作简易的风筝。

💬 **问题研讨**

在设计基于主干学科和多学科并重的跨学科主题学习目标时,如何平衡各学科知识、思维方法和共通性核心素养? 另外,请围绕自己感兴趣的跨学科主题学习项目,设计相应的目标层。

四、避免陷入目标设计的误区

▶ **微课探究**

为了提升跨学科主题学习的效果,教师应避免陷入目标设计的误区。其中,过低的目标设计可能会导致学生机械地学习和使用双基;过高的目标设计则可能会导致目标模糊不清。此外,偏离的目标设计会导致跨学科主题学习的目标偏向于其他学科领域,从而无法真正体现主干学科的大概念和思维方法。扫码观看微课视频"避免陷入目标设计的误区",以便更好地设计有效的学习目标。

避免陷入目标设计的误区

（一）过低的目标设计

1. 将三层次目标降格为双基目标

这种情况通常是由教师对三层次目标的认识不够透彻,且没有将其看作一个整体而造成的,这会使学习活动最终凸显和落实的仅是双基目标。如果脱离了大概念与具体情境,没有设计好问题链和任务簇,就会使学生的跨学科主题学习停留在表面,易造成学生只是机械地学习和使用双基的情况,即"知其然而不知其所以然",学生很难将所学知识迁移到真实生活中去。

📋 案例分析 ● ● ●

"设计和制作生态瓶"目标层设计误区(1)

在"设计和制作生态瓶"跨学科主题学习中,学生需要设计和制作一个能维持较长时间生态平衡的生态瓶。如果教师将三层次目标降格为双基目标,学生虽然能够绘制出生态瓶内的食物链与食物网,按照营养获取方式的不同将瓶内生物分为生产者、消费者、分解者,并通过绘图的方式展示这三者与非生物环境之间的物质与能量流动关系,但可能并没有真正意识到生物与环境是一个相互影响、相互依赖的统一整体,以及环境保护的重要性。

---

2. 局限在主干学科的目标之中

跨学科主题学习涉及多个学科,但教师可能会受传统分科学习的影响,缺乏跨学科思维,对其他学科的知识、概念和思想掌握得不够深入,从而将三层次目标局限在主干学科内。

📋 案例分析 ● ● ●

"设计和制作生态瓶"目标层设计误区(2)

在该活动中,如果教师未能预见到问题的解决需要具备除生物学科外的数学、化学、劳动、艺术等其他学科知识,且在问题解决的过程中未能正确引导学生,那么学生就可能无法意识到需要运用数学中的数感、量感、模型意识与空间观念,来精确计算生态瓶所需非生物材料的用量,以及确定各种生物的适宜比例与数量。同时,他们也可能未能运用化学知识来调整土壤成分、添加适量的肥料以及监测水质,以优化生态瓶中植物的生长条件。这些学科知识与技能的缺失,将增加生态瓶制作失败的可能性。

---

3. 局限在单个项目的目标之中

跨学科主题学习的最终目标是使学生能够将所学知识与现实生活联系起来,从而解决真实世界的问题。如果教师将三层次目标局限在单个项目的目标之中,那学生就很难将所学知识与技能迁移到其他情境中。

案例分析

● ● ●

"认识风筝"目标层设计误区

在这个主题学习中,学校要举办风筝节,学生需要合作设计和制作一个具有中国特色的风筝。如果教师将目标设定为"学生能够认识风筝的构造,利用给定的材料学习设计并制作简易风筝",那么这个目标就局限在"做风筝"中了。因此,教师需要在目标中融入"跨学科大概念"和"学科大概念"。

跨学科层面的大概念可以从解决问题的角度来看,即学生只有理解"每个人的需求和想法不同""每个团队及个人的优势和特长不同"等大概念,才能学会"协调每个人的需求和想法来确定设计方案"。从这些大概念出发,学生便能够分析每个人的想法以及团队的优势,对"有中国特色的风筝"进行诠释,从而更好地定位设计方案,培养合作沟通的意识和能力。

学科层面的大概念可以从物理学科来看,学生只有理解"外界环境影响人造物品的设计与制作"等大概念,才能"根据科学原理来选择材料和设计结构"。从这些大概念出发,学生便能够分析风筝为什么要选用比较轻的材料、为什么很多风筝会有尾巴等问题,并在此基础上设计和制作自己的风筝。这样,他们在之后再制作龙舟模型时,就会自然想到根据外界水流和风向特点来设计龙舟模型。因此,在加入大概念之后,跨学科主题学习的目标设定就不再局限于"做风筝"了。

(二)过高的目标设计

与过低的目标设计相对的就是过高的目标设计。由于当前教学倡导核心素养的培养,同时三层次目标的最高层也是素养,因此,教师可能会自然地将它们直接罗列到目标中去。比如,在"认识风筝"中,教师将目标设定为:"培养学生的批判性思维""培养学生的合作能力""培养学生的沟通能力"。这就属于过高的目标设定,即把核心素养笼统地写入目标,完全没有细化,反映的是教师对素养的理解不够深入,这样会导致学生不知道如何才能达成这些过高的目标。实际上,每一个素养都要有与其对应的大概念来帮助师生理解,否则目标的模糊性会给跨学科主题学习实践带来一系列问题。

这里以"合作"素养为例。合作是一种重要素养,教师对合作的理解将直接影响他们如何培养学生的合作素养及其效果。实际上,不同阶段的合作对应着不同的大概念。无论是"设计和制作生态瓶"(生物)这样的基于主干学科的跨学科主题学习,还是"认识风筝""龙舟"这样的多学科并重的跨学科主题学习,都分为"设计"和"制作"两个阶段(这两个阶段的合作概念在英文中也有区别,分别为"Collaboration"和"Cooperation")。这两个阶段的素养目标以及相对应的大概念是不一样的,见表4-8。

表4-8　合作在不同阶段的素养目标及对应的大概念①

阶段	素养目标	对应的大概念
设计阶段的合作	学会尊重他人,既能倾听他人的意见,也能表达自己的意见,能够充分组织和融合不同人的观点	对同一问题,每个个体都会有不同的看法和想法,团队合作就是要充分融合不同的观点,从而产生集体的效应
制作阶段的合作	学会将任务分解为互不重叠的部分,并分配给合适的人员去完成,同时能相互协调、互帮互助,高效完成任务	每个人都有自己的专长,通过任务的合理分解,不仅可以提高工作效率,而且还可以提升作品的质量

在教学中,仅仅将学生聚集在一起并不能自然地培养他们的合作素养,教师需要对学生的合作过程进行恰当的引导。比如,在"设计和制作生态瓶"活动中,如果教师和学生没有充分理解合作的大概念,就可能会出现各种问题。具体问题包括:在设计生态瓶时,只有总策划人对此进行了充分的思考,而其他学生则不发表意见;同样,在制作阶段,也只有材料员和制作员投入其中,而其他学生则并未参与。然而,如果教师和学生能够充分理解合作的大概念,那么他们在设计阶段将会积极融合不同学生的观点,形成设计方案;到了制作阶段,每位学生也能充分发挥自己的特长,共同完成作品。

（三）偏离的目标设计

这类误区往往表现为,基于主干学科的跨学科主题学习目标偏向了其他学科。对于一个主题来说,其教学时间和所能达成的目标都是有限的,因此,教师要把握关键素养目标,即目标的重心。前文已提到,在设计基于主干学科的跨学科主题学习目标层时,应该以主干学科大概念和思维方法为主,适当关注其他学科大概念和思维方法,并综合考虑共通性核心素养。只有围绕主干学科来设计目标,其大概念与思维方法才能够被深入理解和应用。如果目标层的设计过于偏重其他学科的大概念与思维方法,而非主干学科,那么由于这些大概念与思维方法不属于主干学科,可能会在一定程度上限制对主干学科讨论的广度和深度。

> **案例分析**
>
> ● ● ●
>
> **"设计和制作生态瓶"目标层设计的误区**
>
> "设计和制作生态瓶"跨学科主题学习的主干学科是生物,那么就应该以生物学科的大概念、思维方法为主来设计目标。生物学科的大概念为"生态系统"和"结构与功能";

---

① 刘徽.大概念教学:素养导向的单元整体设计[M].北京:教育科学出版社,2022:139.

思维方法(科学思维、探究实践)为"绘制出生态瓶内的食物链与食物网,并按照营养获取方式的不同,将瓶内生物分为生产者、消费者、分解者"。需要注意的是,在设计目标时,不能偏重于其他学科的大概念与思维方法。比如,不能过分强调数学的大概念,如"数感、量感、模型意识与空间观念",以及数学思维方法,如"基于生态瓶的尺寸,计算非生物材料的用量,以及各种生物合适的比例与数量"。如果过分强调数学的大概念与思维方法,而忽略生物的大概念与思维方法,就可能会导致生物的核心概念和技能无法被理解和应用。由于学生对生物学科的理解和掌握程度不够深入,他们难以构建扎实的基础,这将导致他们在学习生物知识的过程中出现断层和不连贯的现象。因此,在以生物学科为主的跨学科主题学习中,应将目标的重心放在生物学科上。具体可参照本章第三节提供的"设计和制作生态瓶"案例。

五、如何撰写跨学科主题学习目标

实现高质量学习的关键在于目标的定位。教师在教学的全过程中,应充分关注和明确跨学科主题学习目标层,以提高学生的学习效果。当下,许多被广泛认可的学习设计理论都十分关注对目标的阐述。其中,较为典型的是由威金斯和麦克泰格提出的"UBD 逆向设计"理论,即在一开始就要明确跨学科主题学习目标。课堂、单元和课程的设计在逻辑上应当从预期的学习结果导出,而不是从教师所擅长的教法、教材和活动导出。因此,最佳的设计方法应当是"以终为始",即从明确的学习结果出发,进行逆向思考和规划。

基于对大概念本质属性的理解,逆向设计法的适用性就显得更加明晰了。如果教师对于所追求的特定理解模糊不清,或者不清楚这些理解在教学实践中是如何体现的,那么他们就无法真正做到"为理解而教",也无法确定应该选用哪些教学材料或开展哪些教学活动。因此,只有当教师明确跨学科主题学习的目标层时,才能集中精力选择最有可能达成这些目标的教学内容、方法和活动。

(一) 确定跨学科主题学习目标的一般流程

教师需要从学习内容分析、学习者分析、学习环境分析出发,去判定预期的结果,从而确定跨学科主题学习目标。

1. 学习内容分析

为了保证跨学科主题学习目标的实现,必须确保学习内容正确且符合目标。学习内容是指为了实现跨学科主题学习目标层,要求学习者系统学习的知识、技能和行为规范的总和。一般说来,这将涉及三个方面的工作:识别相关学科、确定大概念、概念转化。

(1)识别相关学科:指根据跨学科主题,识别与之相关的学科领域。因为跨学科主题学习并非局限于单一学科的学习内容,而是将多个学科的学习内容进行整合。

（2）确定大概念:指对相关学科的核心知识、技能、思想和方法等进行分析,依据标准演绎法、问题回溯法和主题列表法来生成学科大概念和跨学科大概念。

（3）概念转化:指将学科大概念和跨学科大概念转化成一系列指向学生认知发展水平的系列问题,并考虑问题链如何串联跨学科主题内容。

案例分析

● ● ●

"设计和制作生态瓶"学习内容分析

"设计和制作生态瓶"跨学科主题学习涉及生物、数学、化学、劳动、艺术等学科。该主题学习的主干学科为生物,可将其大概念确定为"生态系统"和"结构与功能"。根据学生的认知水平,可设置问题链:生态瓶的成分及各成分之间的关系是什么? 生态系统是如何进行自我调节的? 生态平衡是怎么样的? 生态系统的稳定性如何? 生态系统的自我调节与生态系统的尺度、生物种类及数量的关系是怎样的? 教师引导学生从最基本的概念开始,逐步深入研究和理解生态瓶主题,建立知识体系,从而培养他们的批判性思维和解决问题的能力。

---

2. 学习者分析

学习者是学习活动的主体,他们所具有的认知、情感和社会性等特征,都将对学习的信息加工过程产生影响。因此,跨学科主题学习目标是否与学习者的特征相匹配,是决定学习系统设计能否成功的关键因素。在进行学习者特征分析时,应着重了解那些对当前学习系统设计将产生直接、重要影响的因素。一般说来,学习者分析包括知识基础、一般特征和学习风格。

案例分析

● ● ●

"设计和制作生态瓶"学习者分析

（1）知识基础:学生已经学习了生态系统的基本组成部分,并掌握了一些生态学的核心概念,如生物与环境相互依赖和相互影响,以及不同生态系统的多样性。这些知识为他们参与生态瓶项目奠定了一定的基础。

（2）一般特征:九年级学生正处于青少年期,通常表现出对实践活动的积极态度。他们对动手实践活动感兴趣,愿意亲身体验和参与手工制作,且通常充满探索欲和好奇心,对新颖的、具有挑战性的项目有浓厚的兴趣。

（3）学习风格:该班学生的学习风格倾向于实际操作和实践。他们更愿意在项目中亲身参与动手制作,尝试用不同的方法解决问题。同时,他们也需要一定的指导和支持,特别是在涉及生态系统平衡和生态瓶设计方面的复杂性问题上。

3. 学习环境分析

在确定跨学科主题学习目标时,对学习环境进行分析是非常重要的环节,这有利于教师创设适宜的情境,以达到促进学生个性化学习及高效学习的目标。环境分析包括学习环境分析和应用环境分析。

📋 **案例分析**   ● ● ●

"设计和制作生态瓶"学习环境分析

1. 学习环境分析

物理环境:评估教室的大小、布局和设备情况,确保学生有足够的空间和资源来进行学习活动。

技术设备:检查是否有足够的计算机、投影仪、网络连接等设备,以支持多媒体学习和在线资源的使用。

学习材料:评估教材、参考书籍、实验器材等学习材料的可用性和适用性。

2. 应用环境分析

实际应用场景:考虑学科知识在现实生活中的应用情况,如数学在建筑设计、物理在工程领域等方面的应用,以便将学习与实际应用联系起来。

资源利用:评估学校或社区中的已有资源,如图书馆、实验室、博物馆等,以便将这些资源纳入学习活动中。

社会合作:考虑与社区、行业或专业人士的合作机会,以便为学生提供实践经验和专业指导。

在"设计和制作生态瓶"跨学科主题学习中,需要有专业教师来指导学生进行实验和制作。教师可以通过交互式白板、虚拟仿真平台等设备,将抽象的、晦涩难懂的知识通过可视化的形式展现给学生。学生可以通过在线学习平台观看视频教程、参与讨论等。在实际应用中,教师可以将生态瓶作为学校展示活动的一部分,并鼓励学生分享相关的知识和经验;可以将生态瓶放置在学校或社区的公共区域进行宣传,向社区居民介绍生态瓶的制作和使用方法,以起到美化环境、宣传环保理念的作用;可以将生态瓶作为一个研究项目,探索其在植物生长、水循环等方面的应用价值,并引导学生进行实验及数据分析。

4. 预期结果判定

预期结果是对学习目标的细化，也是学习目标的具体体现。在对学习内容、学习者和学习环境进行分析后，教师需要详细阐明预期结果，即学习的优先次序（详见本节的"威金斯的教育目标分类理论"部分）。教师需要回答以下问题：学生需要熟悉的知识有哪些？需要掌握的知识和完成的任务有哪些？必须掌握的大概念有哪些？需要给学生安排的核心任务是什么？教师在回答这些问题时，应对学生在掌握每一项相关知识、技能和能力后所需达到的具体而明确的结果进行表述，从而为后续的学习目标、学习策略的设计以及学习评价提供科学依据。

案例分析 ● ● ●

"设计和制作生态瓶"预期结果判定

在"设计和制作生态瓶"中，学生需要熟悉的知识有：生态系统的基本组成部分、生态系统内生物的分类及相互关系。学生需要掌握的知识有：食物链、食物网、生产者、消费者和分解者的概念，物质和能量在生态系统中的流动关系。学生需要完成的任务有：绘制生态瓶内的食物链和食物网；标注各个生物的分类和相互关系，以展示生态系统中的食物链关系；以图形的方式展示生物与非生物环境之间的物质和能量流动；对比不同组生态瓶的稳定性，以理解生态系统的自我调节能力。学生必须掌握的大概念有：生态系统、结构与功能。此外，学生的核心任务是：设计和制作一个能维持长时间平衡的生态瓶。

教师可以通过学习内容分析、学习者分析、学习环境分析和预期结果判定，来确定跨学科主题学习目标层。在这个过程中，教师需要确保目标与学生的需求和背景相契合。也就是说，教师在制定目标时，应充分研读学习内容、了解学习者、熟悉学习环境和应用环境，再将学习目标具体化，从而为学生提供有意义的学习体验。基于该流程制定的目标，能够培养学生的跨学科思维和综合素养，使他们更好地应对未来的挑战和机遇。

（二）跨学科主题学习目标层的编写方法

跨学科主题学习目标表述的方法众多，且操作性较强。下面将具体介绍行为目标的ABCD表述法、内部过程与外显行为相结合的表述法。

1. 行为目标的 ABCD 表述法

1962年，马杰根据行为主义心理学，提出了行为目标的理论与技术。行为目标是指用可观察和可测量的行为来表述的目标。学习目标的表述包括四个要素：对象（Audience）、行为（Behavior）、条件（Condition）和标准（Degree），简称为"行为目标的 ABCD 表述法"。跨学科主题学习目标同样可以按照这四个要素来表述。

（1）对象。在跨学科主题学习目标层的表述中，应明确指出对象，即学生。只有当学生积极地思考或实践一项技能时，学习才最有可能发生。因此，诸如"培养学生的英语听说能力"这样的目标表述是不恰当的。

（2）行为。在跨学科主题学习目标层中，行为的表述是最基本的成分。它是指学习者在学习结束后，应该获得怎样的知识和能力。动作是一种可观察的行为，它最有可能体现教师的教学意图。因此，描述行为的基本方法是使用一个动宾结构的短语，其中行为动词用以说明操作的行为，而宾语则可用以说明学习的内容。例如："绘制出生态瓶内的食物链与食物网""解释气流、气压的概念"。跨学科主题学习目标层的表述明确与否，在很大程度上取决于行为动词的可观察性和可测量性，因此，教师应尽量避免使用理解、掌握和欣赏等含义不易把握的词语。此外，不同类型的行为动词反映的是学习结果的某一特定类型和层次，因此，教师应该选择合适的行为动词对目标加以表述。关于这点，下文将具体展开介绍。

（3）条件。条件表述的是学习者在完成规定行为时所处的情境。在评价学生的学习结果时，也应以这个条件来对其进行衡量。条件包括的因素有：①环境因素，如空间、光线、气温、室内外噪声等。②人的因素，如个人单独完成或小组集体进行，以及个人在集体的环境中完成或在教师指导下进行等。③设备因素，如工具设备、图纸、说明书、计算器等。④信息因素，如资料、教科书、笔记、图表词典等。⑤时间因素，如速度、时间限制等。⑥问题明确性的因素，如为引起行为的产生，应提供什么样的刺激以及刺激的次数和强度。

（4）标准。在对跨学科主题学习目标层进行描述时，需要明确设定一个衡量标准，该标准反映的是行为完成质量的最低可接受水平。对行为标准做出具体描述的目的是，使跨学科主题学习目标层具有可测量性。标准一般从行为的速度、准确性和质量三个方面来确定，如"在 5 分钟内（速度）""判断 6 个中的 3 个（准确性）""至少达到 90 分（质量）"。

📋 案例分析

● ● ●

运用 ABCD 表述法编写的目标

（1）在制作完生态瓶后，九年级学生能在 5 分钟内绘制出生态瓶内的食物链与食物网。

（2）使用文献搜集技巧，搜集、整理和讲演风筝的起源，以及风筝在材料、外观、用途等方面的演变，并在阅读与风筝有关的文学作品后，至少列举出风筝的 5 种特征。

需要注意的是，过于精确的量化标准可能适用于简单的技能学习，而不一定适用于指向复杂问题解决的深度学习。因此，在解决复杂问题时，跨学科主题学习目标层的设计不必过分强调那些精确量化标准的行为目标。

2. 内部过程与外显行为相结合的表述法

行为目标的 ABCD 表述法虽然解决了传统目标表述含糊的问题,但它本身也存在一些缺点。比如,它过分强调行为结果,而忽视了内在的心理过程,这可能导致人们过于关注学习者外在行为的变化,而忽略了他们内在的心理和情感变化。认知心理学家认为,学习的实质是内在心理的变化。教育的真正目标不在于具体的行为变化,而是内在的能力或情感的变化。但这些内在的心理变化,如理解、欣赏、热爱等,不便于被直接观察和测量。为了能间接地观察和测量这些内在的心理变化,需要列举反映这些内在变化的行为表现。格朗伦在《课堂教学目标的表述》中提出,应先用描述内部心理过程的术语来表述学习目标,以反映理解、运用、分析、创造、欣赏、尊重等内在的心理变化,然后再列举能够反映这些内在变化的例子,从而使这些内在心理变化可以被观察和测量。这就是内部过程与外显行为相结合的表述法。

案例分析

• • •

"吹响劳动的号角"目标表述

(1) 用自己的话解释爬犁、独轮车、铁锹等农耕用具的使用方法。

(2) 正确使用爬犁、独轮车、铁锹等农耕用具。

(3) 在农作物种植实验中,能根据种植情况正确使用农耕用具。

目标(1)是内部心理过程,目标(2)是反映心理活动的外显行为。"理解"是一种内部心理过程,无法观察和测量,但在加上这些可以证明"理解"能力的行为实例后,原来的目标就具体化了。

格朗伦提出的目标表述方法强调列举出能力方面的例证,这既避免了用内部心理特征表述目标的抽象性,也防止了行为目标的机械性与局限性。

教师在编写跨学科主题学习目标时,应该结合行为目标的 ABCD 表述法和内部过程与外显行为相结合的表述法。首先,教师应明确学生是目标设定的对象,需要使用可观察和可测量的动词来描述对学生的期望行为,考虑各项条件以反映学习情境,同时设定明确的标准。然后,教师可将内在心理过程(如理解、分析、欣赏等)与外部行为动作相结合,以确保学生在内外两方面都有具体的表现。这样将有助于全面评估学生的学习,从而培养他们的深度理解能力和综合能力。

(三) 编写学习目标的注意事项

1. 目标层的行为主体是学生,而不是教师

所谓跨学科主题学习目标,就是"通过学习,学生能获得什么样的学习成果,形成何种素

养"。也就是说,跨学科主题学习目标一定是以"学生"为主体的,可以阐述为"学生学到了什么",而不是"教师教了什么"。例如,跨学科主题学习"春分节气"的目标,不能写成"提供文献,引导学生搜集、探索二十四节气与农耕文化,使学生意识到节气对农耕的重大意义,并能从多种视角看待农耕文化的形成原因",而应该写成"阅读文献,搜集、探索二十四节气与农耕文化,意识到节气对农耕的重大意义,并从多种视角看待农耕文化的形成原因"。

2. 目标必须用学习活动的结果而不是用学习活动的过程或手段来描述

跨学科主题学习目标是指"学到了什么",而不是"学了什么"。例如,跨学科主题学习"风筝"的目标,不能写成"观看风筝手艺人工作""观察和记录生态瓶",而应该写成"通过观看风筝手艺人工作,了解不同职业劳动者的辛苦与快乐,学会尊重劳动,尊重劳动者,崇尚劳动,牢固树立劳动最光荣、劳动最崇高、劳动最伟大、劳动最美丽的观念"。

3. 目标的行为动词必须是具体的,而不能是抽象的

跨学科主题学习目标层的表述是否明确,在很大程度上取决于所使用行为动词的可观察性和可测量性。在我国的跨学科主题学习实践中,学习目标往往被设定得太笼统、太抽象,如"培养学生的创新能力"。对于这样的目标,每个人的理解可能都不尽相同。用于陈述学习目标的词语往往是用于说明学习者内部心理过程的词语,如掌握、知道等。这些对内部过程的说明无法被观察和测量,因而对学习过程和学习结果的测量与评估不能起到很好的指导作用。为此,教师应尽量避免使用这类不易把握的、抽象的词语,而应使用更准确的、具体的动词,如将"理解历史的发展"改为"梳理历史的发展"。

课程标准是教师在选择合适的行为动词时的重要参考依据。一般来说,课程标准不仅给出了相应的表现动词,同时也描述了程度。比如:2022 年版语文课程标准中的"能根据需要,用书面语言具体明确、文从字顺地表达自己的见闻、体验和想法"[1];数学课程标准中的"探索几何图形面积和体积的计算方法,会计算常见平面图形的周长和面积,会计算常见立体图形的体积和表面积"[2];地理课程标准中的"初步掌握地理实验、社会调查、野外考察等地理实践活动的基本方法"[3]。

除了参考课程标准外,教师还可以借鉴经典的理论研究成果,其中最具有借鉴意义的是布卢姆的教育目标分类理论。它能使教师全面、快速和准确地确定各目标水平与相应的行为,从而选择合适的动词。

下面将基于布卢姆和哈罗的学习目标分类理论,给出在编写跨学科主题学习目标时可供选用的动词,见表 4-9。如果教师想表达"学生理解……",就可以选择动词"解释、叙述、举例说明"等,如将"理解气流、气压的概念"改成"解释气流、气压的概念,并举例说明"。

---

① 中华人民共和国教育部. 义务教育语文课程标准(2022 年版)[M].北京:北京师范大学出版社,2022:6.
② 中华人民共和国教育部. 义务教育数学课程标准(2022 年版)[M].北京:北京师范大学出版社,2022:13.
③ 中华人民共和国教育部. 义务教育地理课程标准(2022 年版)[M].北京:北京师范大学出版社,2022:6.

表4-9 学习目标表述可供参考的动词

领域	目标层次	特征	可参考选用的动词
认知领域可参考动词	识记	对信息的回忆	为……下定义、列出、说出(写出)……的名称、复述、排列、背诵、辨认、回忆、选择、描述、标明、指明
	理解	用自己的语言解释信息	分类、叙述、解释、鉴别、选择、转换、区别、估计、引申、归纳、举例说明、猜测、摘要、改写、预测
	运用	将知识运用到新的情境中	运用、计算、示范、改变、阐述、解释、说明、修改、制定……计划、制作……方案、解答
	分析	将知识进行分解,找出知识各部分之间的联系	分析、分类、比较、对照、图示、区别、检查、指出、评价
	综合	将知识各部分重新组合,形成一个新的整体	编写、写作、创造、设计、提出、组织、计划、综合、归纳、总结
	评价	根据一定标准做出价值判断	鉴别、比较、评定、判断、总结、证明、说出……价值
动作技能领域可参考动词	感知能力	根据环境刺激做出调节	旋转、屈身、保持平衡、接住(某物体)、踢、移动
	体力	基本素质的提高	提高耐力、迅速反应、举重
	技能动作	进行复杂的动作	演奏、使用、装配、操作、调节
	有意交流	传递情感动作	用动作、手势、眼神或脸色表达……感情,用一段舞蹈表达……思想感情
情感领域可参考动词	接受或注意	愿意注意某事件或活动	听讲、知道、注意、选择、接受、赞同、容忍
	反应	乐意以某种方式加入某事,以示做出反应	陈述、回答、完成、选择、列举、遵守、记录、听从、称赞、欢呼、表现、帮助
	评价	对现象或行为做出价值判断,表示接受与追求某事,并表现出一定的坚定性	接受、承认、参加、完成、决定、影响、支持、辩论、论证、判别、区别、解释、评价
	组织	将许多不同的价值标准组成一个体系,并确定它们之间的相互关系,建立重要的和一般的价值观念	讨论、组织、判断、使联系、确定、建立、选择、比较、定义、系统阐述、权衡、选择、制定计划、决定
	价值或价值体系的性格化	能自觉控制自己的行为并逐渐发展为性格化的价值体系	修正、改变、接受、判断、拒绝、相信、继续、解决、贯彻、要求、抵制、认为……一致、正视

4. 目标中的标准可以用来开发学习评测工具

学习评价是依据跨学科主题学习目标层所制定的科学标准,通过运用一切有效的技术手段,对学生的学习过程及其结果进行确定与衡量,并据此给出价值判断。换言之,目标中的标准能够为学习评价提供明确的衡量尺度,指导评估的内容和形式,因此,教师可以依据这些标准来开发学习评测工具。比如,布卢姆等人将认知领域的教育目标从低到高分为六级,即识记、理解、运用、分析、综合与评价。通常,教师可以设计出各种测验来对学生的知识获取与能力发展状况进行测试,以评估学生达成跨学科主题学习目标的程度。

5. 用两三句话充分地陈述目标,不要限制在一句话之内

前文已提到,一个跨学科主题学习目标的表述需包括四个要素,即对象、行为、条件和标准。因此,教师可使用两三句话来陈述目标,以全面、详细地描述目标的各个要素,确保目标表达准确、清晰。另外,目标中的标准可以用来开发学习评测工具。当使用两三句话充分地陈述目标时,教师便能根据这些具体的描述来判断学生是否达到了既定目标,并据此为学生提供更为具体和有针对性的反馈与指导。比如,相较于"绘制能够展示生态瓶内成分及各成分之间关系的图示"这一目标,"通过对生态瓶内现象的观察与分析,绘制能够展示生态瓶内成分及各成分之间关系的图示,阐明生物与环境是一个相互影响、相互依赖的统一整体,并能够基于此图示,探讨适宜的生态瓶放置环境条件"这一目标,显然能更充分地陈述目标内容。

6. 不要陷在语义分析中

跨学科主题学习目标应该关注学生的学习结果和能力发展,而不应纠结于语义分析的细节,即确保目标清晰明确,能够指导学生实现预期的学习结果即可。比如,列举和举例、编写和写作、支持和同意等词,在表述目标时区别不大。以"设计和制作生态瓶"为例,"阐明生物与环境是一个相互影响、相互依赖的统一整体"和"用自己的话说明生物与环境是一个相互影响、相互依赖的统一整体",这两句表述在语义上没有明显差别。如果教师过于陷入语义分析,他们可能会对目标表述的细微差异感到困惑,进而耗费大量时间和精力去解析这些差异,却在此过程中忽略了更为关键的设计和制作要点。

7. 具体目标要充分地体现学习意图

在阐释跨学科主题学习目标时,教师必须用学生能够理解的方式进行阐释,以充分地体现学习意图。目标的组成部分应当清晰明了,明确界定学习内容和技能,突出学习重点,并且具备可测量性和可评估性,这样有助于教师和学生更深入地理解目标的结构和核心内容。比如,在"吹响劳动的号角"跨学科主题学习中,教师如果将学习目标设定为"培养创新意识",学生就很难理解。因此,可以将这个目标修改为:"在农作物种植实验中,通过思考如何提高农作物的产量,或尝试不同的应对病虫害的方法和策略,培养创新思维。"

💬 **问题研讨**

　　在学习"编写学习目标的注意事项"后,请修改你在上一个"问题研讨"中设计的跨学科主题学习目标层,总结自己陷入的误区,并且思考应该如何避免。

第三节　目标层在跨学科主题学习中的应用案例

🎯 **本节学习目标**

　　通过本节的学习,能够深刻理解跨学科主题学习目标层的内涵,并撰写合适的学习目标,加深对跨学科主题学习的理解,提升教学能力。

　　学习目标的正确撰写对学生在跨学科主题学习实践中核心素养的落实至关重要。本节将呈现基于主干学科与多学科并重的跨学科主题学习目标的撰写案例,以加深读者对目标层的理解,为设计目标层提供一定的参考。

一、基于主干学科的跨学科主题学习目标层案例

跨学科主题学习:设计和制作生态瓶(生物)

　　本跨学科主题学习属于生物课程标准里的"模型制作类跨学科实践活动",基于"设计和制作一个能维持较长时间生态平衡的生态瓶"这一任务设计。本活动案例要求学生根据水生生物生态系统的组成,以及"尺度、比例和数量""稳定与变化""系统与模型"等跨学科概念,利用生活中简单易得的透明材料制作装置。学生可以在该装置中加入水、塘泥以及不同的水生生物,从而制作出能够维持较长时间生态平衡的生态瓶。[①] 前文已对该案例进行了学习内容分析、学习者分析和学习环境分析,此处不再赘述。这里以素养为纲,设计相应的目标层,具体见表4-10。

表4-10　"设计和制作生态瓶"目标层

层级	依据	目标
双基层	**大概念** (1) 生态系统:生态瓶是一个小型的生态系统,其中包含了水、土壤、植物和其他生物,构	(1) 用自己的话总结食物链和食物网的概念,绘制生态瓶内的食物链和食物网,掌握不同的营养获取方式对

---

① 中华人民共和国教育部. 义务教育生物课程标准(2022年版)[M].北京:北京师范大学出版社,2022:28.

层级	依据	目标
	成了食物链与食物网,并且按照营养获取方式的不同,可将瓶内生物分为生产者、消费者、分解者,这三者与非生物环境存在能量流动关系 (2) 结构与功能:生态瓶中的各个组成部分(如土壤、植物、水等)都具有特定的结构与功能,它们相互协调、相互作用,共同完成生命活动	生物分类的影响,以及生产者、消费者和分解者在其中的角色和相互关系 (2) 了解物质和能量在生态系统中的流动关系,能够通过绘图的方式展示生物与非生物环境之间的物质和能量流动
思维层	1. 问题解决视角 主问题 1:生态瓶的成分及各成分之间的关系是什么? 主问题 2:生态系统是如何进行自我调节的? 生态平衡是怎么样的? 主问题 3:生态系统的稳定性如何? 生态系统的自我调节与生态系统的尺度、生物种类及数量的关系是怎样的? 2. 思维发展视角 (1) 生物:通过对比不同组生态瓶的稳定性,归纳生态系统的自我调节能力与生态系统的尺度,以及系统内生物的种类和数量的关系(科学思维、探究实践) (2) 物理:通过观察和分析生态瓶内的物理现象,如温度、光照等变化,探索物理因素对生态系统的影响(科学探究) (3) 地理:通过观察和记录生态瓶中地理特征的变化,如土壤湿度、地形等,探索地理因素对生态系统的影响(综合思维) (4) 数学:运用数感、量感、模型意识与空间观念,基于生态瓶的尺寸,计算非生物材料的用量,以及各种生物合适的比例与数量(会用数学的思维思考现实世界)	(1) 通过对生态瓶内现象的观察与分析,绘制生态瓶内的食物链和食物网,并标注各个生物的分类和相互关系,阐明生物与环境是一个相互影响、相互依赖的统一整体,并能够基于此关系图,探讨适宜的生态瓶放置环境条件 (2) 通过对生态瓶的持续观察与记录,对比各组生态瓶的稳定性,阐明生态系统具有一定的自我调节能力,且该自我调节能力与生态系统的尺度以及系统内生物的种类和数量有关 (3) 运用数感、量感、模型意识与空间观念,基于生态瓶的尺寸,计算非生物材料的用量,以及各种生物合适的比例与数量 (4) 通过调整土壤成分、添加适当的肥料和监测水质来优化生态瓶中植物的生长条件
素养层	共通性核心素养 (1) 人文底蕴:培养对自然环境的尊重和保护意识,以及与生物和环境相互依存的价值观念	(1) 在设计和制作生态瓶的过程中,培养对自然环境的尊重和保护意识,以及与生物和环境相互依存的价值观念

续　表

层级	依据	目标
	(2) 科学精神:运用科学知识和技能,培养科学思维方式及相应的行为表现 (3) 责任担当:培养对自然环境和社会责任的担当意识、积极参与保护环境活动的意识 (4) 实践创新/创新素养:始终持有积极的创新和改进的态度,不断探索新的材料、技术和方法 (5) 沟通、合作素养:沟通彼此需求、表达想法,并协调各方,从而实现设计目标	(2) 基于审美感知,对生态瓶的景观布置进行创意设计与表达 (3) 深刻认识到环境保护的重要性,并采取积极的行动来减少负面影响 (4) 始终持有积极的创新与改进态度,不断探索新的材料、技术和方法,以提高生态瓶的效果和可持续性 (5) 通过小组成员间的合作与沟通,共同解决问题,进而实现目标

课例实践

　　扫码观看课例视频"'设计和制作生态瓶'的目标层设计",掌握基于主干学科的跨学科主题学习目标层设计的思路和方法。

"设计和制作生态瓶"的目标层设计

二、多学科并重的跨学科主题学习目标层案例

跨学科主题学习:认识风筝①

　　"认识风筝"跨学科主题学习是一个丰富多彩的教学主题,涵盖了语文、历史、物理、信息科技、劳动、地理、艺术等多个学科领域。通过这个主题,学生可以全面了解风筝的起源、发展以及传统文化的内涵,同时能够深入探究风筝的设计原理和制作过程。通过观看手艺人制作风筝,以及自己设计制作一个有中国特色的风筝,学生可以亲身感受到传统文化的魅力和团队合作的重要性,继承和弘扬风筝文化,加强对传统文化的认同感和自信心。在进行学习内容分析、学习者分析和学习环境分析后,以素养为纲,设计相应的目标层,具体见表4-11。

1. 学习内容分析

　　"认识风筝"跨学科主题学习涉及多个学科,根据问题回溯法可将大概念确定为"风筝作为中国的文化符号,承载着丰富的艺术和文化价值"。根据学生的认知水平,可设置如下问题链:风筝文化形成背后的深层因果关系是什么? 在分析、论证风筝起源与演变的证据时,应该采取哪些多角度和有序的方法? 如何制作风筝? 教师可引导学生深入思考风筝文化产

---

① 本案例由华南师范大学研究生设计。

生的根本原因和影响因素,考虑如何有条理地研究风筝的历史和演变过程,从而进行实践性的学习,即学习如何制作风筝。

2. 学习者分析

(1) 知识基础:八年级学生具备相对丰富的风筝文学作品阅读经验,表现出对文学作品的浓厚兴趣。然而,对于风筝文化的形成过程和原因,以及如何解释这一文化,仍存在不清晰之处,需要深化理解。

(2) 一般特征:在实际生活中,学生有放风筝的经验,能够理解风筝与气压、气流的关系,但在风筝的结构设计方面还有提升空间,特别是在飞行高度和稳定性方面的知识仍显不足。此外,学生未能充分将传统文化元素与风筝制作相结合,同时也无法充分挖掘文化内涵。

(3) 学习风格:该班学生的设计能力与动手能力较强,善于将自己的想法转换成实物,喜欢探索新鲜事物,思维活跃,乐于分享。

3. 学习环境分析

邀请到专业的风筝手艺人来指导学生设计、制作和放风筝。教师可以通过投影仪、多媒体设备来展示相关知识和技能;学生可以利用在线学习平台学习相关的知识和技能,可以通过小组讨论、参与线上讨论等方式分享经验。在实际应用中,学生可以将自己制作的风筝作为学校展示活动的一部分,向其他同学和家长展示他们的成果,积极宣传和弘扬传统文化。

表 4-11 "认识风筝"目标层

层次	依据	目标
双基层	**1. 三级超学科大概念** 风筝作为中国的文化符号,承载着丰富的艺术和文化价值 **2. 二级跨学科大概念** (1) 风筝是一种源远流长的传统玩具和艺术形式 (2) 艺术作品是艺术家对现实生活真情流露的艺术表达 (3) 制作风筝是一门需要技巧与创造力的艺术 (4) 传承风筝文化有助于保护和发展这一传统艺术形式	**1. 知识目标** (1) 梳理风筝的起源及演变 (2) 总结风筝文化的形成过程,掌握风筝的非遗知识 (3) 理解气流和气压的概念,能够解释它们与风筝飞行的关系 **2. 技能目标** (1) 掌握文献搜集技巧,能够搜集、整理和讲演风筝的相关知识 (2) 撰写实践心得,总结实践活动的经验和收获,并以画报等形式完成实践报告 (3) 掌握放风筝的技巧,并尝试在户外放风筝

续　表

层次	依据	目标
思维层	**1. 问题解决视角** 主问题1:风筝文化形成背后的深层因果关系是什么? 主问题2:在分析、论证风筝起源与演变的证据时,应该采取哪些多角度和有序的方法? 主问题3:如何制作风筝? **2. 思维发展视角** (1) 历史:通过收集文献,叙述风筝的演变(史料实证);解释我国风筝文化的形成过程及背后的深层因果关系(历史解释) (2) 物理:将探索结果抽象成风筝模型,画出风筝飞行上升、相对静止及下降时的受力情况(科学思维) (3) 地理:从地理方位上了解我国南北地区风筝特点的差异,探究其影响因素(区域认知)	(1) 解释风筝文化形成背后的深层因果关系 (2) 对收集到的关于风筝起源与演变的证据,进行多角度、有序的分析与论证 (3) 将探索结果抽象成风筝模型,画出风筝飞行上升、相对静止及下降时的受力情况
素养层	**共通性核心素养** (1) 文化理解与传承/人文底蕴:继承和弘扬风筝文化,具有比较开阔的文化视野和一定的文化底蕴,加强对传统文化的认同感和自信心 (2) 科学精神:运用科学知识和技能制作风筝,了解风筝的结构原理、材料选择和飞行力学等,培养科学思维方式及行为表现 (3) 学会学习:形成学习意识,能够认识和制作风筝,选择适合的学习方式和方法,并对学习进程进行评估和调控,培养学会学习的能力 (4) 实践创新:在实践活动中,能够解决问题,适应挑战,培养实践能力和创新意识	(1) 通过感受、理解、欣赏、评价风筝及其相关的文学作品,感受美、发现美,并运用语言文字来表现美、创造美,具备健康的审美意识和正确的审美观念,涵养热爱生命和生活的态度 (2) 继承和弘扬风筝文化,具有比较开阔的文化视野和一定的文化底蕴,增强对传统文化的认同感和自信心 (3) 遵循构思、设计、优化、实施、检验、修改等步骤,设计并制作简易的风筝

📍 课例实践

　　扫码观看课例视频"'认识风筝'的目标层设计",掌握多学科并重的跨学科主题学习目标层设计的思路和方法。

"认识风筝"的目标层设计

本章小结

　　本章着重介绍了目标层在跨学科主题学习中的重要性和应用案例。第一节对跨学科主题学习目标层进行了初步的阐述,包括核心素养、学科核心素养的定义,核心素养与三维目标的关系,以及目标层的内涵、特点与功能,为后续的学习奠定了基础。第二节分析了各教育目标分类理论对教师设计目标层的启示,讨论了目标层的设计要点,以及如何设计基于主干学科和多学科并重的跨学科主题学习目标层;讨论了如何避免陷入目标设计的误区,以及如何撰写目标。第三节通过具体的案例分析,帮助教师进一步理解在基于主干学科和多学科并重的跨学科主题学习中,如何以素养为纲确定学习目标。通过本章的学习,教师能够深入了解目标层的定义和设计方法,这为在跨学科主题学习中确定目标提供了依据。

思考与练习

1. 简答题

（1）简述目标层的内涵、特点和功能。

（2）在设计目标层的时候,需要避免哪些设计误区？请举例说明。

（3）在编写目标层的时候,有哪些注意事项？请举例说明。

2. 实践操作题

选择一个你感兴趣的跨学科主题,设计目标层。

第五章

任 务 簇

▶ 本章导语

任务簇是跨学科主题学习中的系列学习任务。为了达成目标层的育人要求,需要从任务簇的整体性设计视角出发,遵循"主任务—子任务—系列活动"的逐层落实设计思路构建"任务簇",以引导学生逐步探索和解决系列问题。此外,由于跨学科主题学习的知识情境复杂,课堂教学难度较高,且学生的实际能力与潜在能力之间存在鸿沟,因此,本章还将讨论任务簇中学习支架的设计和应用方法,并辅以具体的应用案例以供参考。在本章最后,将展示面向知识理解和思维发展的任务簇设计案例,旨在帮助读者深入理解任务簇的设计方法。

学习目标

1. 知识层面

(1)掌握任务簇的定义,以及任务和任务簇的类型。

(2)熟悉任务簇的设计方法以及学习支架的应用方法。

(3)了解任务簇与大概念教学的关系及其在教学中的应用。

2. 能力层面

(1)能够设计有效的任务簇,引导学生开展有意义的跨学科主题学习实践。

(2)能够运用任务簇促进学生解决真实问题的能力。

(3)能够掌握任务簇的设计方法和原则,提升教学设计与实施能力。

3. 素养层面

提升在跨学科主题学习中运用任务簇的兴趣,能够主动学习任务簇设计的相关知识。

知识地图

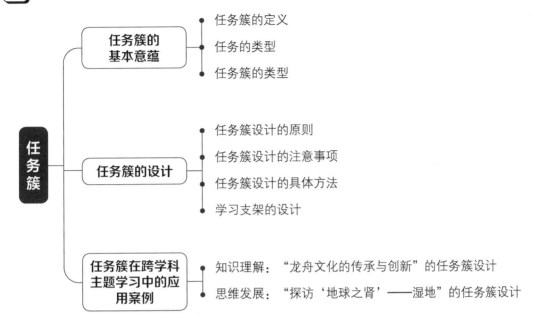

学习建议

1. 学习重点

任务簇的概念、类型,任务簇的设计原则与方法,学习支架的选择与应用方法。

2. 课前活动

(1)观看导学视频"任务簇",了解本章的主要内容。

(2)初步了解任务簇的相关知识,围绕本章的任务簇案例,思考任务簇在教学中的应用场景和效果。

任务簇

(3)提前准备一些跨学科主题教学素材,为设计任务簇教学活动做准备。

3. 课后活动

(1)完成本章的"思考与练习"。

(2)与同学、教师或教学指导者讨论任务簇的设计方法与应用途径,分享自己的观点和想法。

第一节 任务簇的基本意蕴

本节学习目标

通过本节的学习,了解任务簇的定义,以及任务与任务簇的类型,同时熟悉"表现性任务"的设计与应用方法。

在跨学科主题学习中,任务簇是促进概念的网状化联结以及迈向高通路迁移的"轴承"。本节将探讨任务簇的定义,以及学习任务群的基本含义。此外,本节还将对不同划分维度下的任务类型与任务簇类型进行区分,为后续学习任务簇设计打下基础。

一、任务簇的定义

任务簇在语文学科中有一个专用名词——"语文学习任务群",可缩写为"学习任务群"。[①]"学习任务群"作为语文课程研制的工作概念,是专门用于优化语文课程结构的"抓手"。从组织和呈现课程内容的角度来看,《普通高中语文课程标准(2017 年版 2020 年修订)》(以下简称"2017 年版")明确指出,要"以语文学科核心素养为纲,以学生的语文实践为主线,设计语文学习任务群";而《义务教育语文课程标准(2022 年版)》(以下简称"2022 年版")则进一步明确,"义务教育语文课程内容主要以学习任务群组织与呈现"。从语文课程学习领域来看,"2017 年版"以语文学科核心素养为纲,以学生的语文实践为主线,设计了"语言积累、梳理与探究"等 18 个学习任务群;而"2022 年版"则在三个层面设置了如"语言文字积累与探究""实用性阅读与交流"等 6 个学习任务群。鉴于在语文课程标准中已经对"语文学习任务群"这一学习领域进行了设计和设置,因此,教师无须再另行设计其他的学习任务群。

综上,学习任务群以自主学习、合作学习、探究性学习为主要学习方式,凸显了学生学习语文的根本途径。在其他学科中,同样可以发现许多借鉴了语文学习任务群理念的做法。这些学科利用学习任务群来划分自身的学科知识内容,并为达成学习目标而对学习领域进行设计,即设计逻辑清晰、严谨有序的学习任务群。

在跨学科主题学习中,学习情境往往是复杂多变的,由此生成的劣构问题需要具有紧密逻辑且能逐层深入的任务簇去逐一突破。任务簇聚焦于本质问题,并针对关键任务的落实,因此,在跨学科主题学习中,积极运用任务簇将有助于跨学科主题实践及学习活动的有序开展。

---

① 王荣生."语文学习任务群"的含义——语文课程标准文本中的关键词[J].中国教育学刊,2022(11):71—77.

📖 **拓展阅读**

什么是表现性任务

在跨学科主题学习的背景下,学生核心素养的培养需要通过解决真实情境中的问题来实现。表现性任务是生成表现性评价的基础和证据来源,即需要在学生完成任务的过程中,以他们的"表现"作为依据和证据来评判其素养达成情况。

任务簇提供了一个更广泛的框架,其中包括多个任务,这些任务可以跨越不同的学科领域,涵盖多个方面的核心素养。任务簇旨在为学生提供深入的、跨学科的学习经验,使他们能够在解决复杂问题或情境的过程中展现全面的素养。表现性任务是任务簇的一部分,用于测评学生在任务簇中对所学知识和技能的应用情况。它们是任务簇的具体化体现,通过完成这些表现性任务,学生可以展示其在学习过程中的具体表现,以评价他们在核心素养方面的发展情况。

因此,在跨学科主题学习的任务设计与实践中,教师应将表现性任务作为任务簇的主要载体,遵循表现性任务的设计理念去展开任务设计。

1. 表现性任务的设计要素

(1) 重在引导学生综合运用相关概念、方法,解决具有挑战性的、较复杂的问题。

(2) 需要学生展示其真实的表现或创作的作品。

(3) 任务的完成过程能够体现学生的能力、意志品质乃至价值观等。

(4) 能够为评估学生的核心素养现状提供多元数据。

2. 表现性任务的设计方法

表现性任务的具体设计可以参照威金斯开发的 GRASPS 工具。[①] GRASPS 中的每一个字母对应一个单独的任务元素——目标(Goal)、角色(Role)、对象(Audience)、情境(Situation)、表现或产品(Performance/Product)、标准(Standards)。在跨学科主题学习的表现性评价中,并非所有表现性任务都需要按照威金斯的 GRASPS 工具进行设计,但至少要有一个核心的表现性任务需要根据这一模型进行开发。其中,情境的设计需要符合整合性评价逻辑的真实性特点,同时,情境的设计决定了学生在任务中的角色。表现或产品可以是学历案、评价量规以及模型等物品,最终可选取其中具有代表性的材料并将其收在档案袋中。标准的制定应基于协商式评价展开,即教师在充分尊重学生意见的情况下,根据教学目标来制定标准。下面以"洗涤剂检测"这一任务为例做具体介绍。

---

① 格兰特·威金斯,杰伊·麦克泰格. 追求理解的教学设计(第二版)[M]. 闫寒冰,宋雪莲,赖平,译. 上海:华东师范大学出版社. 2017:3.

目标(G)：综合运用本主题所学的知识、技能以及观念，设计一个实验方案，用以确定四个不同品牌的洗涤剂中，哪一个能够最有效地去除棉质衣物上的三种不同类型的污渍。

角色(R)：消费者研究小组的科学家。

对象(A)：《消费者研究》杂志的检测部门。

情境(S)：①设计实验，使关键变量被隔离出来以供检测；②清楚地呈现实验流程，使检测人员能据此进行实验，以确定针对三种类型污渍，哪种洗涤剂最为有效。

产品(P)：撰写一份书面实验报告。

标准(S)：你的实验设计需要准确而完整地遵循最佳设计的指标；恰当隔离关键变量；一份清晰准确的关于实验流程的书面说明（也可以是能够协助教师教学的实验大纲或图表）；所设计的实验能够使检测人员测试出哪种洗涤剂对哪种类型的污渍最有效。

二、任务的类型

（一）以任务的开放程度划分任务类型

在跨学科主题学习中，任务的开放程度因主题的确定、所涉及学科的不同等因素而有所差异。根据任务的开放程度，可将任务划分为封闭型任务、半开放型任务和开放型任务。

1. 封闭型任务

封闭型任务指的是学习任务的设置较为具体和明确，拥有确定的答案或解决方案。在封闭型任务中，学生通常需要从给定的选项中选择正确的答案，或者按照特定的步骤进行操作。这种任务形式相对较为结构化，限制了学生的自由发挥和创造性表达。封闭型任务是由教师预先设计，学生在教师的指导下，以小组合作或独立的形式完成的任务，且通常都是小任务。当学生需要学习大量新的知识与技能且背景知识不够充实时，一般采用封闭型任务。在完成这类任务时，学生的自主程度较低。比如，在跨学科主题学习中，为考查学生对特定历史事件发生时间的掌握情况，教师可以设计填空题或选择题等封闭型任务。

2. 半开放型任务

半开放型任务介于封闭型任务与开放型任务之间。在半开放型任务中，学生有一定的自主性和选择权，但仍然有一定的限制。因此，当学生已经掌握了一定的知识与技能后，教师可以通过展示大量案例，并给出明确且具有限定性的主题与条件要求，然后由学生以小组合作的形式，根据主题进行任务的规划与实施。此时，小组成员可以基于本组的兴趣、疑问选择合适的任务，从而在完成任务的过程中，解决"系列问题"，培养创造能力。譬如，在探究历史事件的跨学科主题学习课堂中，教师可以选取某个文学作品作为基础，然后要求学生在该作品的场景中加入一首诗歌，用以描述作品中角色的思想感情，并据此设计角色的行动和对话。

3. 开放型任务

开放型任务是最为宽泛和自由的任务形式。在开放型任务中,学生被赋予更大的自主性和创造性,他们可以自由选择探索问题的方向和解决方案。这类任务可能没有唯一的正确答案,它鼓励学生提出自己的见解、观点和创新性的解决办法。开放型任务通常需要学生进行独立的思考、研究和创造,并展示他们的思考过程和结果。在教学过程中,当学生已经具备了大量的知识与技能,但这些知识与技能还没有形成系统性的结构时,教师可以给出限制条件较少的主题,由学生规划一个任务并实施。学生通过完成任务,可以使分散的知识与技能系统化、技能化,从而获得充分的创造空间。跨学科主题学习是一个基于开放型任务进行设计的课堂。例如,在科学课上,教师可以设计一个开放型任务,让学生自主选择并研究一个感兴趣的科学主题,如探索航天知识或宇宙奥秘等,并通过实验或调查来探索和解决相关问题。

(二)以任务涵盖的知识类型划分任务类型

在跨学科主题学习中,会涉及不同学科和不同领域的内容,根据内容的差异可以进行知识类型的划分,从而设计不同的学习任务。此时,任务可以被划分为事实型任务、概念型任务、原理型任务和综合型任务。

1. 事实型任务

事实型任务要求学生掌握和记忆特定的信息和事实。这类任务通常涉及对具体事件、数据、定义或命名等知识的识记和回忆。学生可以直接从给定的信息中提取出正确答案,而不需要进行进一步的推理或分析。它具有直观性、具体性的特点。例如,在"城市可持续发展"跨学科主题学习事实型任务中,要求学生熟悉各个可持续城市发展的指标和标准,如低碳排放、用地规划、公共交通等。学生只需要从给定的信息中提取出关于可持续城市的具体数据和定义即可。

2. 概念型任务

概念型任务要求学生能够理解并运用特定的概念或概念体系。这类任务涉及对概念、原则、规则或分类等知识的理解和应用。这类任务需要学生辨别和解释概念之间的关系,运用概念来解释现象或问题,或进行分类和归纳等认知活动。它具有系统性、严谨性的特点。例如,在"城市可持续发展"跨学科主题学习概念型任务中,要求学生理解可持续城市发展的概念和原则,以及城市规划中的关键概念,如城市密度、混合用途开发、城市绿化等。学生需要辨别和解释这些概念之间的关系,以及知道如何应用这些概念来解释和改善城市可持续发展的相关现象或问题。

3. 原理型任务

原理型任务要求学生理解和应用特定的原理或理论。这类任务通常涉及对现象、规律或理论知识的解释和应用。这类任务需要学生理解原理的内在逻辑和理论的基本框架,运用原理来解决问题或预测结果,并能够对其进行批判性思考和评估。它具有实践性、规律性的特点。例如,在"城市可持续发展"跨学科主题学习原理型任务中,要求学生研究城市生态系统原理、资源管理原理、社会经济发展原理等,并能够运用这些原理来解决实际问题,如提出减少碳排放的策略、优化能源利用等,同时评估其可行性和影响。

4. 综合型任务

综合型任务要求学生综合运用多个知识领域或多个知识类型来解决复杂问题。这类任务通常模拟现实生活中的实际情境,需要学生整合不同的知识和技能来分析、决策和解决问题,鼓励学生进行跨学科和综合性的思考与行动。它具有开放性、探究性、自主性和合作性的特点。例如,在"城市可持续发展"跨学科主题学习综合型任务中,要求学生综合运用多个知识领域或知识类型来解决可持续城市发展的复杂问题。学生可以扮演城市规划师的角色,以现实城市为背景,在综合考虑住宅、交通、能源、环境等多个方面因素的基础上,设计一个可持续城市发展方案。在整个学习过程中,学生需要调查、收集数据,分析、整合信息,并运用环境科学、建筑设计、交通规划、社会学等多个学科的知识和技能。

📖 拓展阅读

最近发展区理论

最近发展区理论描述的是个体在与他人的互动中,通过接受适当程度的支持和引导,能够进入他们认知的最近发展区。在这个过程中,个体逐步掌握了超出其原本自主能力范围的概念和技能,同时逐渐发展出独立解决问题的能力,完成原来需要他人帮助的任务。

在跨学科主题学习中,教师需要根据学生的认知水平和潜力,创设具有适度挑战性的学习任务。这些任务既不会过于简单,使学生失去兴趣和动力,也不会过于困难,让学生感到无助和挫败。除此之外,注意到个体的差异也是任务设计的重要考虑因素。教师需要了解每个学生的不同背景、知识水平和学习风格,以便为他们设计个性化且有针对性的任务。合理的任务设计可以帮助学生进入他们的最近发展区,激发他们的学习动力,并促使他们不断发展和提高。另外,教师的作用是引导学生的学习,并提供适当的支持和指导。在任务设计中,教师可以根据学生的需要和发展水平,提供有针对性的提示、示范、解释,或提供适当的工具和资源。通过恰当的任务设计和有效的支持,教师可以帮助学生充分发挥他们的潜力,促进其认知发展,提升学习效果。

三、任务簇的类型

在跨学科主题学习中,教师应根据学生需要突破的重点和难点,设置具有不同逻辑的任务。基于此,根据任务簇内部的那些任务与任务之间的逻辑关系,可以将任务簇划分为以下五种类型。[①]

（一）总分式任务簇

总分式任务簇是指以两个层次的任务作为组织和开展教学的核心，即较低层次的任务是较高层次任务的子集。也就是说，如果学生能够顺利完成较低层次的任务，他们便具备了完成较高层次任务的能力基础。总分式任务簇的设计步骤如下所述：

（1）确定一个具有探讨意义且兼具深度和广度的跨学科主题，然后围绕此主题设计一个具有操作性的大任务。

（2）将大任务分解成多个子领域或子部分。

（3）在每个子领域或子部分下设计与之相关的子任务和子活动，使学生能够深入了解该主题的不同方面。

（4）注意知识与技能之间的整合，引导学生通过完成不同的子任务来汇聚知识，进而完成大任务。

在基于总分式任务簇的教学过程中，教师可以将一个大任务分解为若干部分的子任务，先将子任务所涉及的知识点介绍完，然后再将大任务提出来。在此过程中，学生能够将先前所学的知识点融会贯通，协作完成任务。采用总分式任务簇，将有助于学生建立全面的知识体系，使他们能够理解不同领域知识之间的关联性。

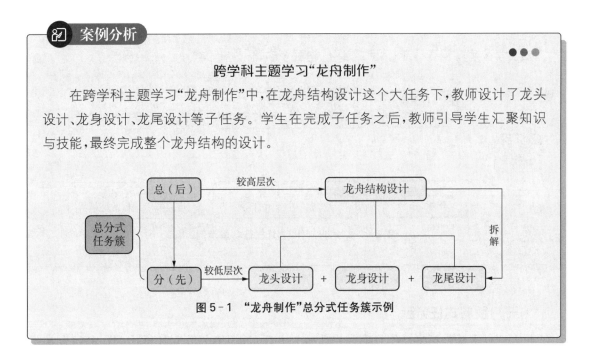

案例分析 ● ● ●

跨学科主题学习"龙舟制作"

在跨学科主题学习"龙舟制作"中，在龙舟结构设计这个大任务下，教师设计了龙头设计、龙身设计、龙尾设计等子任务。学生在完成子任务之后，教师引导学生汇聚知识与技能，最终完成整个龙舟结构的设计。

图 5-1 "龙舟制作"总分式任务簇示例

---

① 詹泽慧. 计算机基础课程中的组合式任务驱动教学设计[J]. 中国教育信息化,2011(7):63—65.

（二）邻近式任务簇

邻近式任务簇是指将内容相关、知识点较相似的任务组合在一起,引导学生从相近的知识点或内容中得到启发,从而解决新情境中的问题。邻近式任务簇的设计步骤如下所述：

（1）确定一个作为核心探讨焦点的跨学科主题。

（2）围绕所确定的跨学科主题,将相关概念或主题放置在紧密关联的位置上,以便学生能够直观地理解它们之间的关系。

（3）设计多个涉及相关知识点的任务。任务的相关层面可以包括：知识点的相关、原理的相关、操作方法的相关或者解题思路的相关等。总之,教师需要让学生能够发现任务之间的关联之处。

（4）引导学生在对比中学习,以获取更全面的知识。

邻近式任务簇的设计可以引导学生发现知识或技能的细微变化,帮助他们在学习的过程中建立起知识之间的关联性,从而更容易理解和记忆相关概念,促进知识的迁移应用,达到举一反三的效果。

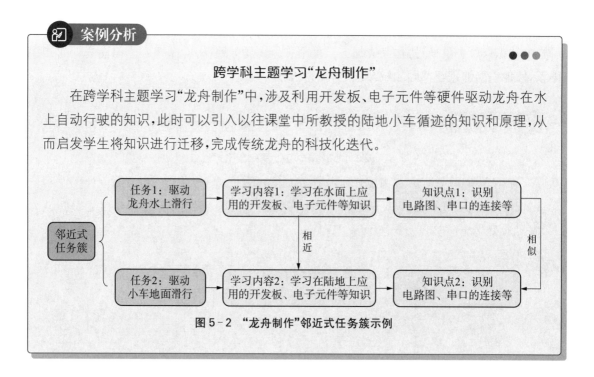

案例分析

跨学科主题学习"龙舟制作"

在跨学科主题学习"龙舟制作"中,涉及利用开发板、电子元件等硬件驱动龙舟在水上自动行驶的知识,此时可以引入以往课堂中所教授的陆地小车循迹的知识和原理,从而启发学生将知识进行迁移,完成传统龙舟的科技化迭代。

图5-2 "龙舟制作"邻近式任务簇示例

（三）反向式任务簇

反向式任务簇是指将操作目的和操作效果相反的、具有强烈对比性质的任务组合在一起。这种任务组合通常用于对比研究、反面案例分析,或是为了凸显特定现象或问题而设计。反向式任务簇的设计步骤如下所述：

（1）确定一个跨学科主题,设计一个具有意义的大任务。

（2）围绕该跨学科主题学习的大任务，从反向视角设计相应的任务。反向视角可以包括五个方面：①反向因果视角。反向考虑问题的因果关系，即反向思考问题的结果或影响是如何产生的，由果溯因。这一视角可以帮助学生推理和分析问题的根源，寻找潜在的解决方案。②反向对比视角。反向对比不同观点、概念或解决方法会造成的影响。通过考虑问题的相反方面，学生可以更深入地理解问题的复杂性，并思考不同解决方案的优缺点。例如，可以提出"如果不应用此种解决方法会产生什么效果"这一问题。③反向假设视角。用反向的假设来思考问题，即挑战学生原有的预设和假设，从而拓宽思维的边界。这一视角可以促使学生采取不同的观点和方法来解决问题。④反向时间视角。在解决问题时，考虑这一问题在时间维度上的反向影响，即从未来或过去的视角来思考问题。这样做有助于学生思考问题的长期影响和可持续性，并汲取历史上的经验教训。⑤反向伦理视角。以伦理和道德的反向视角来探究问题，考虑不符合伦理原则的后果，以及如何应对或预防这些问题的发生。

（3）引导学生运用所需掌握的知识和内容，从两种视角去分析问题，帮助学生全面理解知识。

反向式任务簇的操作形式或实现效果具有较大的反差性，能够挑战学生的思维习惯和常见观点，从而促使学生从不同的角度思考问题，帮助他们认知和记忆知识以及发展创新思维。

案例分析

跨学科主题学习"龙舟制作"

在跨学科主题学习"龙舟制作"中，往往会涉及力的相关知识。为此，教师可以设计一个反向式任务簇，其中涉及两个关于力的任务。一是教师利用给定的物体来施加力，以达到预定的效果，如驱动龙舟驶过一段距离。学生需要应用所学的力的概念和应用技巧，计算出龙舟行驶的距离。二是教师提出一个反向任务，要求学生通过给定的效果来确定所需的力的属性，计算出力的大小和方向。通过这样的任务组合，能够增强学生对力的概念及其计算方法的理解，加深他们对物理学原理的记忆，并培养他们的问题解决能力和创造性思维。

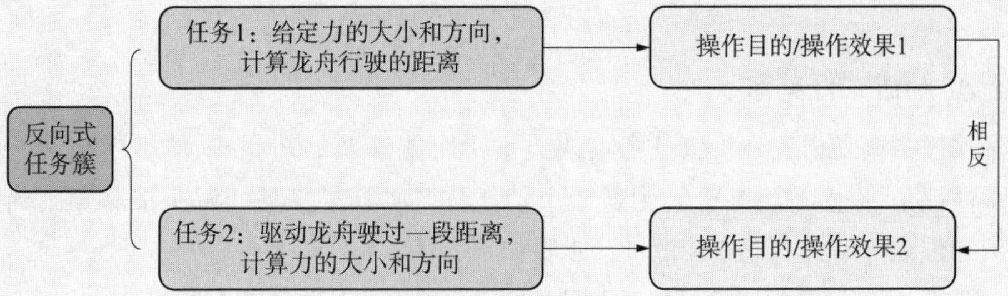

图 5-3 "龙舟制作"反向式任务簇示例

（四）推理式任务簇

推理式任务簇是指将与操作过程相关，但效果存在差别的两类任务组合在一起，从而让学生通过观察和思考，领悟出这两类任务的差别。推理式任务簇的设计步骤如下所述：

（1）围绕一个跨学科主题，介绍与任务相关的操作过程。

（2）设计两类任务，这两类任务的操作过程类似，但效果存在差异。

（3）引导学生比较和分析两类任务的结果，并从中推导出这两类任务之间的差异。

（4）要求学生进行归纳和总结。

推理式任务簇包含了足够的信息和证据，且要求学生在完成任务的过程中，能够仔细记录和观察两类任务产生的不同效果，从而培养学生的分析能力、逻辑思维能力和问题解决能力。

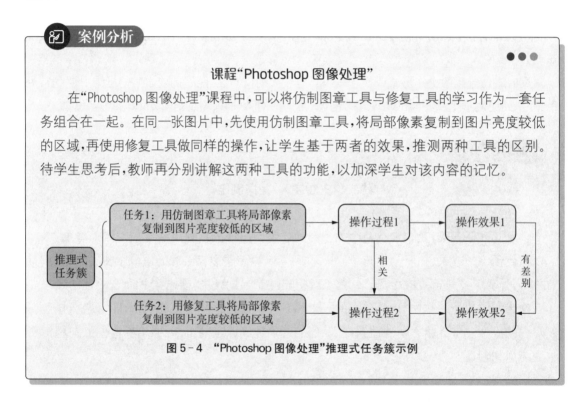

案例分析

课程"Photoshop 图像处理"

在"Photoshop 图像处理"课程中，可以将仿制图章工具与修复工具的学习作为一套任务组合在一起。在同一张图片中，先使用仿制图章工具，将局部像素复制到图片亮度较低的区域，再使用修复工具做同样的操作，让学生基于两者的效果，推测两种工具的区别。待学生思考后，教师再分别讲解这两种工具的功能，以加深学生对该内容的记忆。

图 5-4 "Photoshop 图像处理"推理式任务簇示例

（五）渐进式任务簇

渐进式任务簇是指先分析大任务解决方案中可能涉及的知识点，然后围绕大任务设计一个前缀性任务，进而再将其分解为若干个子任务。所有子任务的解决都需要用到大任务中的相关知识点。渐进式任务簇的设计步骤如下所述：

（1）确定大任务：选择一个具有普适性、挑战性的大任务作为学习目标。

（2）分析大任务：仔细分析大任务，确定解决这个任务可能需要的知识点、技能和概念。

（3）设计前缀性任务：创建一个具有普适性的前缀性任务，旨在引入大任务的主要概念和基本知识。

（4）划分子任务：将大任务分解为若干个可管理的子任务。每个子任务应该具有明确的目标，并与解决大任务密切相关。

（5）逐步引导学生：依据任务的复杂程度和学生的理解能力，逐步引导学生解决每个子任务。每个子任务都应该建立在前一个任务的基础上，并逐步深入，引导学生探索、理解和应用相关知识。

（6）整合知识点：确保在解决每个子任务时，都需要运用大任务所涉及的知识点。教师可以通过引导学生运用课堂上所学到的知识和技能来解决每个子任务，从而实现整合知识点这一目标。

（7）强调反思和总结：在完成每个子任务后，鼓励学生进行反思和总结。学生应该考虑如何将自己所学到的知识应用于解决子任务，以及如何将这些经验应用到解决大任务中去。

渐进式任务簇旨在引导学生逐步建立起解决大任务所需的知识体系，进而有效应对复杂任务。这一过程不仅能够提升学生解决复杂任务的能力，还能够增强他们的条理分析能力，并深化对所学知识的理解与应用。

📝 案例分析

跨学科主题学习"智慧种植"

在跨学科主题学习"智慧种植"中，大任务是需要学生设计一个自动灌溉系统，用以管理花园中的植物；前缀性任务是设计一个物理模型来模拟自动灌溉系统。大任务的解决方案可能涉及的知识点包括：传感器的原理、控制系统的设计、水流量的计算以及灌溉系统的布局。教师可以基于前缀性任务，通过示意图、实例和案例来向学生说明这些概念与原理。另外，教师可以将大任务分解为若干个子任务：设计水位传感器，用以监测水位；构建控制系统，用以调节水泵的工作；计算某一时间段的水流量；确定灌溉量。每个子任务都需要学生运用前缀性任务中所学到的知识点来完成，从而达成大任务的目标。

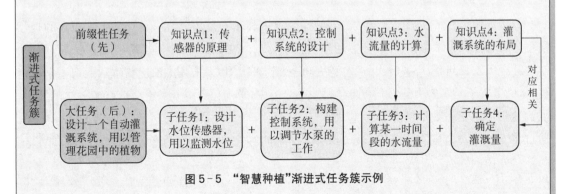

图 5-5　"智慧种植"渐进式任务簇示例

> **💬 问题研讨**
>
> 你能区分以上任务簇的共性与不同吗？另外，请你围绕自己感兴趣的跨学科主题项目，尝试设计相应的任务簇。

第二节　任务簇的设计

◎ 本节学习目标

通过本节的学习，了解任务簇设计的原则、注意事项，重点关注任务簇设计的方法，以及对学习支架的选择与应用。

设计符合教学需求的任务簇，是推进教学活动的关键。本节将详细介绍任务簇设计的原则、注意事项；重点讨论任务簇设计的过程与方法，即从任务簇的整体设计出发，遵循"主任务—子任务—系列活动"的设计路线；结合案例介绍学习支架的设计与应用方法。

一、任务簇设计的原则

任务簇设计是跨学科主题学习中围绕大概念组织教学的重要环节，将直接影响教学效果。因此，任务簇的设计非常关键。任务簇应当能够诱发学生深思，使学生迅速进入跨学科主题的学习情境中去，并顺利地完成任务。任务簇设计的原则主要包括以下四点。

（一）情境性原则

良好的情境往往能够激发学生强烈的探究意识和求知欲望，因此，应让学生在真实的教学情境中带着任务去学习，引导学生主动参与教学活动。在完成基于真实情境的任务的过程中，学生会经历发现问题、寻找解决方法、解决问题、建构知识以及应用方法优化生活的自主学习过程，从而激发了学习的内驱力。在跨学科主题学习中，学习任务的开展更应该基于真实的情境，因为这样可以更有效地引导学生主动参与到教学活动中去，使学习过程更加贴近实际应用。通过将学习任务与现实情境相结合的方式，学生能够在一个具体的背景下开展学习，体验到跨学科知识的综合应用过程。

（二）真实性原则

教师要创设与当前主题相关的、尽可能真实的学习情境，引导学生带着真实的任务去学习,使学习直观化和形象化。任务应当基于学生的实际学习和生活经验,即学生所熟悉的日常学习和生活场景。这样的设计有助于利用学生的已有经验,激发他们的学习兴趣,同时有利于完善和拓展学生的经验体系。例如,在"水污染"跨学科主题学习中,教师可以充分利用学生的学习和生活经验来指导教学。教师可以引导学生深入考察生活污水对河流污染的实际影响,并运用化学反应的机理来详细解释其中的原理。教师还可以引导学生将知识应用于解决学习和生活中的实际问题,如探讨氧化还原反应可能对人类生活造成的潜在危害。此外,教师要注意不可片面地理解"任务来自实际"的内涵,即不应选取那些虽然源于实际但与学生生活经验相去甚远的实例。这类实例可能会使学生在学习和完成任务时,需要额外补充大量的基础知识,进而影响学习效率。

（三）可操作性原则

在设计任务时,必须确保任务具有可操作性,即任务应当是需要学生通过亲身实践才能完成的。需要注意的是,任务的难度应适中。如果任务过难,学生即使付出努力也难以完成,可能会导致他们对学习失去信心。同样,如果任务过于简单,学生可能会觉得缺乏挑战性,从而对学习失去认真的态度。任务的难度最好限定在学生的"最近发展区"中,以达到学习的最佳效果。由于涉及自然学科的跨学科主题学习常常包含较多复杂的理论知识,因此,教师在设计实践型任务时,应特别注意避免理论知识的简单搬移。在涉及机械知识运用和化学原理实操等部分时,教师应充分考虑其难度,确保任务既具挑战性又不至于过分困难,以免使问题解决过程变得枯燥和烦琐,进而影响学生的学习兴趣和效果。

（四）开放性原则

在设计任务时,要注意给学生"留白",即给予学生充分的创造和发展空间,使学生能举一反三、触类旁通,思维得到进一步发展。为此,任务的设计应该多以开放型呈现。例如,在探讨塑料垃圾污染的任务中,教师应鼓励学生从不同角度以及不同人群的视角出发,进行深入的研究和分析。此类任务通常需要多名学生共同协作完成。学生通过相互交流和讨论,不仅可以增长知识和技能,还有利于培养团队合作精神。开放型任务的设计注重方法的渗透,旨在培养学生的综合能力。在跨学科主题学习中,开放型任务还强调对学生国际视野的拓展。这类任务鼓励学生打破传统思维框架,引导他们对所学知识进行拓展和延伸,而不拘泥于书本知识,从而有效提升思考能力和洞察力。

二、任务簇设计的注意事项

（一）关注学情,任务契合

任务簇的设计应当遵循学生的认知发展规律,并建立在教师对学科本质的深入理解和精准把握的基础之上。教师只有认真研读课程标准,对所教授学段的教材进行统筹把握,才能设计出系统、有效且有针对性的任务簇。

1. 考虑学生认知发展的阶段性

学生认知发展的阶段性是指学生的认知能力和思维方式在发展过程中会经历一系列的阶段,不同的阶段会表现出区别于其他阶段的典型特征和主要矛盾。因此,在设计任务簇时,需要考虑以下两方面。

(1)任务簇的难度。不同阶段的学生具有不同的认知能力水平,任务簇的难度也要随之调节。例如,对于认知能力处于较低阶段的学生,任务簇需要提供更多的具体指导和支持;而对于认知能力处于较高阶段的学生,任务簇则需要提供更具挑战性的内容,涉及更复杂的思维和问题解决技巧。在跨学科主题学习中,教师可以从较为简单的跨学科主题学习背景出发,或者选择学生较为熟悉的学科科目来设计跨学科主题学习中的任务簇。

(2)任务簇的反馈和评估机制。任务簇的设计需要考虑如何提供有针对性的反馈,以促进学生在认知发展上的进步。不同阶段的学生需要不同类型的反馈和评估方法。例如,较低学年段的学生更需要教师的口头反馈、图像与符号反馈、实物奖励反馈等,以激励他们保持积极的学习态度和行为。而较高学年段的学生则更适合书面反馈、自我评估和同伴评估,以及目标设定和进度追踪等方法,这有助于学生发展自我意识,提升自我管理和自我监控的能力。

🖼 案例分析　　　　　　　　　　　　　　　　　　　　　　● ● ●

跨学科主题学习"探索环境保护与可持续发展"

在"探索环境保护与可持续发展"跨学科主题学习中,对于不同年级的学生,可以设计不同的任务簇。

1. 低年级阶段(小学低年级)

任务簇主题为"提升社会公民保护环境意识"。

子任务1:填色与涂饰。教师引导学生结合美术、语文等知识,先撰写标语,然后用彩色笔、颜料、纸片等材料涂饰标语,描绘出他们所认为的美丽和干净的环境。通过这个活动,可以激发学生对美好环境的向往和保护意识。

子任务2:角色扮演。学生可以扮演环保小卫士,在不同的场景中解决环境问题,如清理垃圾、种植植物等,从而增强环保意识,提升行动能力,同时培养相关的劳动素养和技能。

2. 较高年级阶段(小学高年级/中学)

任务簇主题为"可实施的保护环境方案"。

子任务1:环境调研。教师引导学生通过问卷调查、实地考察和数据收集等方法,了解当地社区的环境问题以及可持续发展的挑战,并形成报告或演示文稿。

子任务 2：后勤管理。学生通过分析学校当前的资源利用情况，提出可持续发展的改进建议，如节约用水、能源管理等，并制定实施计划。

子任务 3：撰写行动计划。学生共同制定一个环境保护行动计划，包括在学校和社区中宣传环保知识，组织清洁活动和倡导可持续发展的活动等。

子任务 4：同伴交流和评估活动。教师要求学生进行同伴评估，让他们分享各自的行动计划，并互相提供反馈建议，以改进和优化他们的环保行动计划。

总之，教师应从学生的具体学情出发，结合各学段学生的特点，并遵循他们的认知发展规律，确保所设计的任务簇能够层层递进、难度适中，同时具备梯度性和连贯性，以满足不同学段学生的认知水平和素养发展需求。

2. 考虑学生认知发展的差异性

学生认知发展的差异性指的是处于同一发展阶段的学生在认知发展方面存在差异，即每个学生在认知能力的发展速度和水平上可能存在差异。这种差异涉及注意力、工作记忆、问题解决、创造性思维等多个认知领域。因此，在设计任务簇时，教师应从实际出发，全面考虑学生的现有文化知识水平、认知能力、年龄阶段以及兴趣偏好等特点；遵循由浅入深、由表及里、循序渐进的原则，以确保知识的有效传递和学生能力的逐步提升；合理分散知识的重点和难点，避免一次性给予学生过多的挑战。对于新的知识或有难度的任务，教师应当先进行必要的讲解与点拨。例如，对于基础较薄弱的学生，教师可以先布置一些简单易实现的任务，让他们体验到一定的成就感，培养其学习的兴趣。

在设计跨学科主题学习任务簇时，需要考虑认知发展的差异性，主要体现在以下两方面。

（1）任务簇的难度。教师在设计跨学科主题学习任务簇之前，需要整体把握学生学情，考量任务簇的难度，确保它们能够覆盖大多数学生的认知发展阶段，从而使多数学生都能够通过完成任务来掌握必备的知识和技能。

（2）任务簇的分层化。为了满足学生的差异化需求，在任务簇中考虑分层化的设计是非常必要的。教师可以根据学生的实际能力和需求，设置个性化的任务和要求，从而使学生在学习的过程中能够不断增强自信心，最终获得发展。

总之，教师在设计任务簇时，既要关注学生的共性需求，也要充分考虑学生之间的个体差异。为此，教师可以通过个性化的分层任务和灵活的教学方式，让每个学生都能在适合自己的挑战中持续进步，同时在合作与交流中充分发挥个体优势以及互动互补的集体力量。

📖 **案例分析**

● ● ●

跨学科主题学习"气候变化对地球的影响"

在跨学科主题学习"气候变化对地球的影响"中,教师根据学生认知发展水平的差异,设置了不同类型的子任务,见表 5-1。

表 5-1 "气候变化对地球的影响"任务簇设计

任务类型	任务内容
常规的子任务	要求学生阅读较长的文章或观看内容丰富的视频,深入探讨气候变化的原因及对地球生态系统的长期影响,并形成讨论纲要
	需要学生通过小组合作,研究气候变化对特定地区的影响,并制作一份以图片和文字为主的海报,直观表现其影响及可能的解决方案
	要求学生以小组为单位使用地图软件,对比不同地区的气候数据,并分析其异同之处
高层次的子任务	独立研究最新的气候变化模型并进行预测,然后撰写一份报告,讨论其对社会、经济和环境的潜在影响
	在团队合作中,设计并进行一个小规模的科学实验,以探索不同因素对气候变化的影响,并分析实验结果
	利用数据收集和数据分析技能,研究气候变化对特定物种或生态系统的影响,并提出保护和恢复措施

（二）内部关联，任务统领

整体性的任务簇设计是指在明确了任务之间的组合方式之后,对任务簇下的主任务与子任务进行内部关联设计。主题内的子任务与主任务呈现的是一个进阶的状态,即将具有挑战性和开放性的主题解构为相互衔接、逐级深化的子任务。在逐步完成这些任务的过程中,学生以螺旋式上升的方式深入探究和解决问题,从而将头脑中零散的知识碎片整合成结构化的知识体系,使思维逐渐深化。任务簇内部以及上下级任务群之间会相互关联和迁移,当原有的层级关系被打破时,知识之间会形成交叉关联,使学生能够构建出融会贯通的知识体系。任务簇内的子任务之间,会产生顺向和逆向的正迁移,即学生在完成一个子任务后,能够更容易地应用所学知识和技能来解决后续的子任务;同时,在完成后续子任务的过程中,学生也能够反过来加深对之前已完成任务的理解和巩固。类似地,三级任务群会对二级任务群,二级任务群会对一级任务群,产生自下而上的纵向正迁移。

在开展跨学科主题学习时,教师应紧密围绕问题链中的核心问题,设计一个具有统领作用的综合性真实任务,并充分发挥该主任务的引领作用。主任务作为学生学习的中心,能够引导学生进行思考和行动,因此,它的定义应该明确而具体,并且与主题学习的目标密切相关。主任务应引导一系列贯穿教学全过程的子任务,通过一条主线将学生的已有经验与新知识、知识建构与实际应用的内部逻辑紧密联系起来。在设计任务时,应避免孤立性,以确保教学的连续性和系统性。学生应能够清晰地感受到这些任务之间的连贯性,并理解每个任务是如何为下一个任务做准备的。这种内部关联的任务有助于学生构建连贯的思维和知识框架,使学生在体验学习任务的全过程中,逐步建立起知识的内在逻辑关系,梳理并完善学习方法,形成正确的观念意识。通过这样的过程,学生能够真正掌握科学有效的学习方法,发展思维能力,建立大概念,最终实现基本问题的解决与目标的达成,使理想与行动保持一致。

(三) 教学评一体化,任务有效

为落实立德树人、培育学生核心素养的相关要求,必须破除"唯分数""唯升学"的陈旧观念,而"教学评一体化"正是实现这一目标的有效途径。该理念着重强调在课堂教学中促进人的可持续发展,这就要求教师的教、学生的学以及教学评价活动,均须紧密围绕学生学科核心素养的培育这一核心目标展开。首先,"教—学—评"的结构要素要求教学目标必须明确。为了检验教育教学效果,并为改善实践提供证据支持,评价标准要依据教学目标而制定。同时,学习任务要根据教学目标来设计,因为学习任务是学习的载体,也是评价的观测点。其次,"教—学—评"三项活动在一体化实施的过程中需要相互协同与调适,以形成教育教学在时间和空间上的有序结构,从而实现有效的学科育人功能。最后,"教—学—评"在时空尺度上的跃迁,要求多学科教育实践的联合与整合,在学期、学年、学段等时间跨度上不断迭代更新,并在课堂、学校及校外等不同场域中深度融合,以最终实现全面育人的目标。

在跨学科主题学习的实践中,任务簇是践行"教学评一体化"理念的重要载体,并在"C-POTE"模型中发挥着衔接目标层与证据集的关键枢纽作用。从教师的角度出发,任务簇的设计需要充分考虑学情,紧密围绕目标层展开,以便为教师的"教"提供明确的方向和蓝本;从学生的角度出发,学生在完成任务簇的过程中,应能够掌握跨学科主题学习的内容,逐步达成既定的学习目标。在师生交互的过程中,任务簇下的主任务与子任务的逐步细化,以及教师活动与学生活动的紧密配合,不仅有助于教学的顺利进行,也为整个教学过程留下了清晰的记录,为证据集的构建提供了直接的来源。

根据"教学评一体化"理念可知,没有评价的任务往往是低效或无效的。若将评价与学习任务相融合,学生便可在完成任务、接受评价的过程中获得指导,教师也可根据评价结果调整教学方案,迭代优化任务设计。因此,在设计学习任务的同时,教师一定要关注评价,将评价工具与学习任务进行统一构思。评价工具中维度的确定要与学习任务相匹配,其层级和具体指标要清晰明确、具体可评。依托这样的表现性评价所引发的反思、监控等元认知活动,可以进一步优化教师对任务簇的设计,进而优化整个跨学科主题学习的效果。[①]

在大概念统领下的跨学科主题学习活动中,教师需要针对主题学习目标精心设计学习任务,并围绕评价目标来制定学习任务,确保目标、任务、评价三者之间的统一。有什么样的目标,就应当设计对应的学习任务及评价目标,以实现"教学评一体化"。在设计学习任务时,要坚持一致性原则,使学生"心中有目标、学中有标尺",时刻反思自己"学得怎么样、哪里需要再努力",从而增强学生自主学习的意识。

☑ 案例分析 ●●●

跨学科主题学习"可持续发展"

围绕"可持续发展"这一跨学科主题学习,教师进行了"教学评一体化"设计,旨在确保目标、任务和评价之间紧密契合。基于这一理念设计的任务,能够使学生明确学习方向,持续反思学习进展,从而培养自主学习意识,为他们的全面发展提供有机整合的学习体验,具体设计详见表5-2。

表5-2 跨学科主题学习"可持续发展"的"教学评一体化"设计

维度	内 容
教学目标	(1) 理解可持续发展的概念、原则和重要性 (2) 能够识别和分析当今社会面临的可持续发展挑战 (3) 探索个人、社区和全球层面上的可持续发展实践和解决方案
学习任务	(1) 完成研究报告:学生分成若干小组,每个小组研究一个特定的可持续发展挑战(如气候变化、资源匮乏、贫困等),分析其影响和可能的解决方案。学生需要收集数据、查阅文献,并撰写一份研究报告 (2) 可持续解决方案设计:学生提出具有创新性的、可持续性的解决方案。学生可以进行小组讨论,制定符合条件的解决方案,并制作展示材料 (3) 社区实践:学生分成若干小组,选择一个可持续发展方案,并以实际行动将方案应用于社区,如组织环保宣传活动、资源回收活动等。学生需要记录实践过程、反思经验,并撰写实践报告

续　表

维度	内　　容
评价	（1）研究报告评价：评估学生对所选可持续发展挑战的深度分析能力、数据搜集的完备性以及逻辑论证的清晰度 （2）解决方案设计评价：评价学生为可持续发展挑战所制定的解决方案的创意性、实用性和可行性 （3）社区实践评价：考查学生的团队合作、社区参与、解决问题的能力以及反思能力

三、任务簇设计的具体方法

在跨学科主题学习实践中，理解新知、解决问题是教师设计任务簇的出发点。任务簇对标目标层，旨在达成不同的教学目标，因此，在整体设计上需要考量不同的因素。

跨学科主题学习主要有两种不同的目标指向（见图5-6）：一是在跨学科主题学习中综合应用各类知识，侧重于帮助学生掌握新知识；二是在跨学科主题学习中引导学生运用已有知识解决复杂问题，侧重于帮助学生在解决问题的过程中发展思维。由此，跨学科主题学习

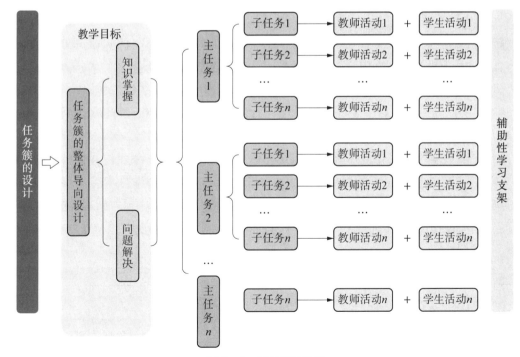

图5-6　任务簇的设计

的任务簇设计路径也可以分为两种类型：一是以知识理解为主线，旨在使学生掌握大概念；二是以思维发展为主线，旨在解决问题。教师需要根据跨学科主题学习的不同目标，选择不同的任务设计路径。

在整体设计任务簇时，教师需要先对跨学科主题学习进行定位，明确期望达成的教学目标或者侧重于何种教学目标，并在此基础上考量任务的设计。不同类型的任务簇能够实现不同的教学效果。为达到相应的教学效果，可以采用不同的设计方法。

> **▶ 微课探究**
>
> 　扫码观看微课视频"任务簇设计的具体方法"，了解跨学科主题学习任务簇的两种设计方法，理解相关的设计案例。
>
>
> 任务簇设计的具体方法

（一）知识理解：通达大概念的任务簇设计

以知识理解为主线的任务簇设计关注的是学生通过跨学科主题学习的方式去学习不同学科的新知识，掌握大概念，构建系统的知识体系，并深化对知识内容层面的理解。对学生而言，这是一个逐步掌握新知识、新内容的过程。因此，教师在设计任务簇时，需要考虑如何引导和支持学生开展相应的探究活动，并帮助他们总结和归纳系统的知识。这一类型任务簇的设计步骤如下所述。

1. 确定任务簇

跨学科主题学习是一种促进学生将不同学科知识有机融合，从而使他们能够更深入地理解世界的学习方法。在确定任务簇的类型时，可以按照以下步骤进行。

（1）分析跨学科主题学习内容。需要注意的是，所选的跨学科主题应能涵盖不同学科领域，具有足够的知识深度和广度，以激发学生的兴趣和好奇心。随后，可围绕此主题确定任务簇所涉及的学科知识范围。

（2）选择任务簇。以知识理解为主的任务簇形式主要包括：总分式任务簇、邻近式任务簇、反向式任务簇、推理式任务簇和渐进式任务簇。教师在开展跨学科主题学习时，需要明确选择适合的任务簇类型，因为各类型任务簇都有其特定的适用范围，它们将有助于学生从不同视角组织知识内容，进而高效地完成学习任务。各类型任务簇的适用情况，见表 5-3。

表 5-3　跨学科主题学习任务簇的适用情况

任务簇类型	适　用　情　况
总分式任务簇	适用于那些需要学生先掌握和完成多个子任务，进而综合应用这些知识和技能去解决一个总任务的情况

续 表

任务簇类型	适 用 情 况
邻近式任务簇	适用于需要学生发现任务所蕴含的知识内容之间的关联和区别的情况
反向式任务簇	适用于鼓励学生从相反视角去组织知识内容,进而引导他们从不同角度深入理解并掌握概念的情况
推理式任务簇	适用于需要学生先进行逻辑推理和分析,然后从多个任务中推导出知识内容之间的规律和差异的情况
渐进式任务簇	适用于引导学生逐步理解并应用相关知识点的情况

2. 确定主任务与子任务

(1)主任务的确定。主任务是任务簇的核心部分,应当清晰表达学生需要达到的知识和技能目标,明确定义学生需要研究的主题或概念的演变历程。主任务的确定需要关注两个因素:①主任务需要紧密围绕问题链中的主问题。教师需要在真实情境中引发明确、具体的探究问题,生成相应的问题链,进而形成任务簇。该任务指向的是大概念或主题学习需要学生学习的系统知识或需要解决的总问题。②主任务的撰写应紧扣目标层。主任务应明确规定学生在跨学科主题学习中需要完成的总体要求及目标,回应核心素养所提出的育人要求。在侧重知识掌握的跨学科主题学习中,主任务还需明确指定哪些内容和知识点需达到掌握程度,而哪些则只需达到了解程度。

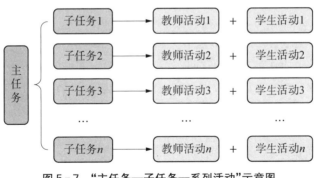

图 5-7 "主任务—子任务—系列活动"示意图

(2)子任务的确定。子任务是主任务的组成部分,它们细化了主任务,以帮助学生逐步掌握知识,循序渐进地达成学习目标。子任务的关注点在于整个学习内容中的某一方面,因此子任务的设计需要考虑以下因素:①注意主任务与子任务之间的层级关系。子任务是实现主任务的步骤,通常包括特定的问题或活动。每个子任务都需要涵盖一个或多个学科领域的知识,且要注意主任务与子任务之间的层级关系。②主任务与子任务的类型不一。以知识内容为组合逻辑的主任务往往是综合型任务,而子任务则通常是事实型任务、概念型任务和原理型任务。

3. 设计教学活动与学习活动

（1）教学活动的设计。教学活动应围绕任务簇的类型以及主任务与子任务的要求来设计。为了帮助学生系统地掌握知识，应逐步引导学生掌握基础知识，随后探究知识之间的联系，并帮助学生建构新的知识网络。因此，教学活动的设计主要涵盖以下环节。

① 引入主题：介绍该主题的背景和重要性，为学生构建一个整体概念，以便他们了解为什么需要深入学习该主题。

② 概念澄清：在开展教学活动的早期阶段，确保学生理解关键概念。教师可以通过为学生提供书籍、文章、视频、讲座等方式来实现这一目标。

③ 抛出探究导向的问题：教师引导学生提出问题，鼓励他们思考和探索。这些问题可以是开放性的，以引导学生主动追寻答案。

④ 跨学科知识整合：要求学生从不同学科的角度来探索主题，帮助学生构建不同学科的知识，进而形成知识网络。例如，可以从历史、科学、文学、艺术等学科角度来了解该主题的不同方面。

⑤ 案例研究：引导学生研究真实世界的案例，让他们应用自己的知识去理解概念，即让他们将抽象的概念与实际情况联系起来。

（2）学习活动的设计。学习活动应具体描述学生需要完成的任务，包括他们需要获取的信息、如何去整合不同领域的知识，以及如何呈现他们的最终成果等。因此，学习活动的设计主要涵盖以下环节。

① 探索资源：学生能够有效地查找并评估各种信息资源，包括书籍、期刊以及互联网上的内容。

② 独立研究：学生进行独立研究，包括文献研究、专家采访、实地考察等，以深入了解主题。

③ 小组合作：学生协作参与小组项目，分享资源、知识和见解。

④ 主题报告：学生撰写主题报告，旨在向其他同学展示他们对知识的理解。教师可鼓励学生进行深入的探讨，以促进他们思考，实现知识共享。

⑤ 反思与总结：学生定期反思他们的学习进展，总结已经学到的知识，并记录他们对该主题的全新理解。例如，学生编写文献综述，总结研究发现与观点。

（二）思维发展：解决问题的任务簇设计

在侧重学生思维发展的跨学科主题学习中，评价标准并非是否掌握了系统的知识体系，而是更加关注学生在真实情境中解决问题的能力。因此，在设计旨在促进学生思维发展及问题求解能力的任务簇时，需要依据以下步骤。

1. 确定任务簇

在设计任务簇时，首先需要明确学生所要达成的目标，即学生通过跨学科主题学习，能够解决问题,并形成高阶思维。根据布卢姆的教育目标分类学理论,教师可以通过设计任务簇来践行高阶认知策略,引导学生运用分析、评价、创造等策略去解决问题。另外,在问题解决的过程中,思维的发散与收敛是问题得以高质量解决的关键。一方面,通过发散思维可以寻求更多的创意;另一方面,通过收敛思维可以对众多观点与方案进行比对、整合与决策,从而生成更具实用性、合理性和可行性的优选方案。

因此,任务簇设计的核心在于紧密围绕目标层的需求,为学生提供进行发散思考的机会,避免设计封闭型任务。同时,任务簇也需要能够引导学生根据已有信息,沿着一个明确的方向进行收敛思考,帮助学生找到解决问题的切入点。

2. 确定主任务与子任务

(1) 主任务的设计:①明确定义目标。教师和学生应当共同明确主任务的目标,包括预期的结果和产出物。另外,这个主任务应涵盖此跨学科主题的核心问题或挑战。②强调复杂性和综合性。主任务应要求学生通过整合多个学科领域的知识和技能来解决问题或完成任务。为了实现这一目标,教师可以引导学生深入讨论主题的不同方面,并明确任务所需涉及的具体学科领域知识。另外,主任务也应当具有挑战性,要求学生运用他们的知识和技能来解决复杂问题。这种设计方式有助于激发学生关联不同学科知识的能力,使他们能够围绕问题展开扩展思维,并进行深入的思考和研究。

(2) 子任务的设计:①注意主任务与子任务之间的关联。主任务可以被细分为若干个子任务,每个子任务都应该对主题的一个方面或一个学科领域进行深入探究。教师可以通过设计多样化的子任务,包括研究、调查、实验、创造、展示等半开放型或开放型任务,来引导学生尝试并掌握不同的方法和技能。学生在讨论子任务的过程中,可以形成对外部世界理解的多种模式,发现共性,不断归纳和总结,从而实现自身技能的提升和迭代,并最终达成问题解决的目标。②注意子任务之间的关联性和进阶性。子任务之间应该有一定程度的关联性,以鼓励学生进行关联思维,深化对知识和技能的理解。同时,每个子任务都应引导学生按照实践的步骤,循序渐进地收集信息、整理材料,以展现逐步进阶的效果,并最终汇总形成解决问题的整体方案。例如,子任务的设计应体现逐步进阶的逻辑,即从"信息收集、存储、组织、巩固"等类型,到"比较、抽象、分类、推理、分析材料",再到"问题解决、洞察、决策、实验、调查研究、系统分析"的进阶。③为每个子任务提供明确的指导,包括所需的资源、方法和时间表。

3. 设计教学活动与学习活动

(1) 教学活动的设计主要包括以下三个方面:①引入挑战性问题。教师可以围绕所开展的跨学科主题,引入挑战性问题,鼓励学生思考;围绕课堂中所分发的任务单,要求学生将不同的知识和技能联系起来,以寻找解决方案。②鼓励探索和提问。鼓励学生提出问题、研究主题,从不同角度进行探索,激发他们的好奇心;帮助学生思考如何将不同的知识点联系起来,从而培养他们的发散思维,使学生能够看到问题的多个方面。教师可以以学习材料为中心,鼓励学生运用发散思维。例如,当学生学习烷烃的分子结构及同分异构体时,教师可以通过旋转投影等方式,从不同角度展示烃分子的变式结构。此外,教师还可以以问题为中心,激发学生的发散思维。例如,教师可以采用"除此以外还有哪些可能性"或"如果……那会怎么样"等具有发散性特点的问题,引导学生转变思考方向,帮助他们突破学习难点。③强调对已有信息的整理。教师需要明确指出与任务相关的背景知识、注意事项等,并提供丰富的材料和资源,促进学生从多元信息中发散思维,从而探索出解决问题的策略。同时,教师应引导学生将零散的知识和多种解决方法总结归纳成有结构、易于记忆的通用思考模式,这样当学生再次面对类似问题时,便能运用收敛思维,迅速聚焦问题关键点,减轻记忆负担,提升方法规律的适用性,从而高效地解决问题。例如,思维导图可以帮助学生整理问题解决的步骤,鱼骨图的展示方式可以帮助学生理清知识发展脉络,词云等软件的运用可以汇聚不同学生的想法。

(2)学习活动的设计主要包括以下四个方面:①阅读及查阅多样化的书籍、视频等资源。学生需要仔细阅读教师提供的多样化教材,同时也需要扩展自己的知识储备,不断搜集来自书籍、期刊、多媒体资源和现实世界的案例,以激发自身的探究兴趣,提出不同的观点。②创造性表达。学生可以使用多种方式表达观点,提出解决方案,包括一些非常规的方式(如绘画、写作、演示、演讲等),这有助于他们将发散思维转化为创造性产出。③关注活动本身。学生需要剥离跨学科主题学习的背景信息,同时排除其他无关干扰,以便能够专注于问题的解决和相应制品的完成。④实际应用。学生应积极参与实践活动,不断地将所学知识进行关联、调整、组合,随后将其应用于具体的情境中。在解决问题的过程中,学生应持续拓展知识和技能,充分发挥想象力,从而有效地运用所学知识和技能来解决实际问题或应对特定情境。

💬 问题研讨

面向知识理解的任务簇设计与面向思维发展的任务簇设计,两者之间有什么共性与不同?请写下你的见解并尝试进行设计。

▣ 拓展阅读

以时空演变逻辑为主线的任务簇设计

有一种任务簇设计融合了以知识理解为主线和以思维发展为主线这两种重要元素,即以时空演变逻辑为主线的任务簇。这种设计不仅着眼于学生对大概念的理解,同时能够通过探索学习内容的时空变化与发展,激发学生的思辨能力和解决问题的潜力。通过引入这样一种任务簇,教师能够在教学过程中为学生创造出更加综合和富有启发性的学习体验,从而给予学生在跨学科学习中获得全面发展的契机。

时空演变逻辑是脱离于单独学科而统摄于全部学科的。教师通过引导学生遵循时间和空间的线索脉络去组织相应的学习内容,能够帮助他们条理清晰地掌握系统、全面的跨学科知识。基于时空演变逻辑设计任务簇,需要兼顾和统整时间和空间两条线索,以发挥它们的整体性作用。此种任务簇的设计步骤如下所述。

1. 确定任务簇

(1)分析跨学科主题学习的内容。分析主题并提取其中蕴含时空演变逻辑的学习内容,确定与时间、空间演变相关的概念和子主题,并将其作为构成任务簇的基础。

(2)选择任务簇。可以选择邻近式任务簇、推理式任务簇和渐进式任务簇进行时空组合设计,帮助学生进行逻辑推理和分析,以发现任务所蕴含知识内容的关联和区别,引导学生逐步加以理解和应用。

2. 确定主任务与子任务

(1)主任务的确定。主任务需要涵盖时间和空间维度,因此它的设计需要注意以下几点:①确定时间维度。明确定义学生要关注的时间范围,如特定历史时期、演化阶段等。②确定空间维度。明确定义学生要关注的地理空间范围,如国家、地区、城市或某一个地方等。③整合时空维度。将时间和空间维度进行有机整合。例如,可以将主任务描述为"理解某一特定历史时期内某个地区的社会演变并完成相应表格"。

(2)子任务的确定。子任务的设计侧重于时空的具体部分,主要包括:①关注时间维度,如"分析该时期内的政治变化""对比当前状态的经济因素以及预测未来趋势的演化"。②关注空间维度,如"探讨该地区社会文化的发展"。③关注与主任务的关联。确保子任务之间能够相互关联,从而形成一个连贯的学习经验。

3. 设计教学活动与学习活动

(1)教学活动的设计。①主题引入活动:设计一个引人入胜的活动,如通过历史故事、视频、问题等导入学习内容,以激发学生对主题的兴趣和好奇心。②时间维度的活动:针对主任务中的时间维度进行设计,包括历史文献分析、时间轴制作、历史人物角色扮演等,以帮助学生理解特定历史时期内的演变过程。③空间维度的活动:针对主任务中的空间维度进行设计,包括地图分析、实地考察、文化体验等,使学生了解并探索特定地理空间范围内的社会演变过程。④任务整合活动:通过小组项目、综合性论文、展示等任务,鼓励学生将所学知识整合起来,从而形成对整体时空演变逻辑的综合理解。⑤反思与讨论:通过小组讨论、课堂辩论、写作任务等促使学生思考所学知识。

(2)学习活动的设计。①信息检索和研究:学生利用各种资源,包括图书馆、互联网和数据库,进行独立研究。②实地考察:学生通过实地考察,包括参观博物馆、考察历史遗迹等,亲身感受特定空间范围的文化、环境等因素,从而加深对主题的理解。③角色扮演:学生参与角色扮演活动,模拟特定历史时期或地区的人物,从而更为深入地理解社会演变的复杂性。

学科之间存在着相通的核心思想和方法,一个学科的核心素养可能蕴含着另一个学科核心素养的思想。例如,地理学科中的核心素养"区域认知",关注的是学生在空间和时间关联的基础上,理解地理事象的存在状态、发展特征及内在规律,从而实现一个完整学习的认知过程。进一步对比课标可知,在历史、语文、美术等多个学科的核心素养中,都蕴含着类似的思想。将多个学科的核心素养向上抽离,可以得出"时空秩序"这个跨学科核心素养,具体见表5-4。

表5-4　体现"时空秩序"的学科核心素养

科目	核心素养	体现"时空秩序"的相关内容
地理	区域认知	运用综合、"空间-区域"的观点认识地理环境
历史	时空观念	在特定时间和空间的联系中对事物进行观察、分析
语文	语言运用与文化自信	在具体的语言情境中进行有效交流与沟通;继承和弘扬中华优秀传统文化;理解和借鉴不同民族和地区的文化,具有比较开阔的文化视野和底蕴
美术	文化理解	能够感受美术作品或现实中的审美对象的空间形式特征,形成空间意识;理解不同国家、地区、民族和时代的美术作品所体现的文化多样性

存在于多学科核心素养中的"时空秩序",从时间和空间的角度为学生提供了一个有序的认知过程,它既有单一学科特性,又有跨学科特性。因此,"时空秩序"可作为跨学科核心素养,用于在既定的主题范围内组织不同学科的教学内容,同时能够依据学科融合所激发出的新知识来设计任务簇。

🖾 案例分析

● ● ●

"探索汲水工具的古往今来"(时空演变逻辑)的任务簇设计

在跨学科主题学习"探索汲水工具的古往今来"中,教师可以从"时空秩序"的角度出发,沿着器物技术发展的时间线索和所处的空间分布来设计任务簇,从而体现对历史学科、地理学科、物理学科等跨学科知识的综合运用。具体而言,任务簇可以涵盖从最初利用杠杆原理的"桔槔",实现将低处的水送向高处;到运用定滑轮原理的"辘轳",克服了桔槔仅适用于浅井或水面开阔沟渠的局限;再到结合活塞和阀门的压水井,以及基于轮轴原理设计出的用脚踩踏驱动的水车;进而到工业化时代,出现了运用机械原理的抽水泵;最后是信息时代智慧农业中的自动浇灌系统等。教师沿着技术发展的脉络,自然地向时间和空间进行辐射,将跨学科知识有机串联成一条知识链,并在每个关键节点上设计相应的任务簇。学生在完成这些任务的过程中,不仅能够掌握每个环节的知识,还能对跨学科知识有深入且全面的理解和运用。

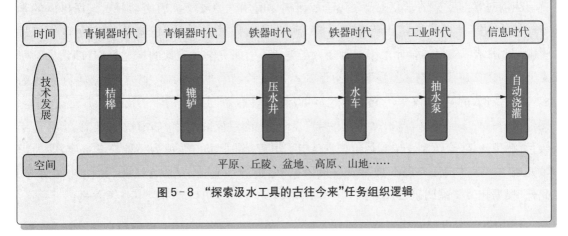

图5-8 "探索汲水工具的古往今来"任务组织逻辑

课例实践

　　扫码观看课例视频"'探索汲水工具的古往今来'的任务簇设计",思考如何依据时空演变逻辑重构课程内容及设计任务。

"探索汲水工具的古往今来"的任务簇设计

四、学习支架的设计

(一)学习支架的含义

　　学习支架也称为脚手架,是教师依托建构主义思想,为促进学生深度学习、帮助学生达成学习目标而提供的一系列学习支持服务。在跨学科主题学习的背景下,学生在探索任务时,常常会遇到从现有知识领域跨越到潜在学习水平的学习鸿沟。为了帮助学生跨越这一鸿沟,需要在他们学习的关键之处搭建功能各异、形式多样的学习支架。这些学习支架可以加深学生对知识的体悟和理解,突破自主学习的瓶颈,激发他们的思维触角,进而自主完成学习任务,提升能力水平,并挖掘个人潜在的发展空间。最终,学生将能够独立学习,内化这些学习支架,巩固知识体系,从而达成学习目标。

因此,在教学过程中,教师常常会利用书面资料、微课视频等资源,为学生的学习提供有效的学习支架。特别是那些与具体学习活动相结合的学习支架,不仅针对性更强,而且更具操作性与可行性。这些精心设计的支架能够协助学生顺利穿越"最近发展区",使他们的认知从实际水平不断提升至潜在水平,从而自主完成任务簇中的各项任务。通过教师提供的学习支架,学生能够更好地参与学习,掌握与跨学科主题学习相关的知识与技能,从而实现深度学习,全面发展个人能力。

(二) 学习支架的分类

当前对学习支架的研究主要聚焦于如何构建通用学习支架。通用学习支架所提供的学习支持并不针对具体内容和特殊学习环节,而是面向任意学科、任意单元的完整学习过程。[①] 通用学习支架的设计工作主要分为三类:其一,研究学习支架的构建策略,即认为学习支架的构建依赖于其构建意图与支架形式。通过满足学生在认知、能力、情感等方面的需求,结合范例、问题、建议等不同的形式,可以形成具有不同功用的学习支架。其二,将学习支架视为一种教学策略,即根据不同的学习环节建构对应的支架,如情境型支架、策略型支架、资源型支架、交流型支架和评价型支架等。其三,将学习支架视为一种教学资源,即为学生完成学习活动或任务提供判断或决策依据,如资源性支架、交流性支架、评价性支架等。此外,根据相关文献调研,跨学科主题学习中的学习支架也可以参考以下分类方式。

1. 根据学习支架的功能效用划分

按照支架在教学过程中所发挥的作用,可以将学习支架分为情境型支架、策略型支架、资源型支架、交流型支架和评价型支架。[②]

(1)情境型支架:指为学生有意义学习而创设的真实情境,包括多媒体素材、案例、问题、建议等形式。在跨学科主题学习的情境下,情境型支架可以帮助学生将不同学科的知识和概念整合在一起,从而形成跨学科的真实学习情境,引导学生思考和解决跨学科主题中的复杂问题。例如,在"城市可持续发展"跨学科主题学习中,教师创设了学生作为城市规划师去负责规划可持续的城市社区的情境,并提供多种形式的资源,帮助学生从多个学科的角度去思考和解决可持续发展的问题。学生通过学习并整合城市规划、环境科学、社会学、经济学等多学科知识来制定可持续发展的解决方案,从而提升批判性思维、协作能力和综合素养。

(2)策略型支架:指为帮助学生完成某一学习任务或解决某一问题,提供实验、程序、训练、范例等多样化的方法和途径,为跨学科主题学习课程的设计与实施提供策略指导。例如,在"关于气候变化对全球农业的影响"跨学科主题学习中,教师可以提供现有的跨学科解

① 马芸,郑燕林. 走向深度学习:混合式学习情境下反思支架的设计与应用实践[J]. 现代远距离教育,2021 (3):89—96.
② 张瑾. STEM+教育中学习支架设计研究[J]. 现代教育技术,2017,27(10):100—105.

决方案,如气候智能农业、农业可持续性实践和气候变化适应策略等。学生可以从中提取范例,了解这些范例的原理、方法和效果,并思考如何将其应用到自己的解决方案中。

（3）资源型支架:指为学生提供学习任务单、电子教案、图表、CAI课件、网站等学习资源,以及资源获取的方法和技巧,为跨学科主题学习活动的实施提供资源支持。学习任务单可以包含学习目标、活动和问题,以帮助学生明确学习任务与要求。电子教案能够提供教学内容和指导,帮助学生理解和消化知识。图表、CAI课件等多媒体资源能够帮助学生以视觉和听觉的方式进行学习,增强学习的交互性。此外,资源型支架还可以指导学生如何获取和利用这些资源,教授学生如何使用图书馆、文献数据库、数字图书馆等渠道来获取相关的资料和文献,介绍学习资源的评估和筛选方法,从而培养学生的信息素养和批判性思维能力,使他们能够更准确地识别和选择有助于达成学习目标的资源。总之,资源型支架能够整合并提供跨学科领域的学习资源,为开展跨学科主题学习提供全面而丰富的资源保障。

（4）交流型支架:指为跨学科教育提供多种异步或同步的交流工具与指导。例如,学生可以利用在线论坛、协作平台等来交流和分享他们的想法、研究成果及解决方案;也可以使用同步交流工具,如视频会议软件或在线聊天工具,进行实时的讨论与合作。学生可以安排定期的在线会议或小组讨论,就特定主题或挑战进行深入交流,并共享他们的研究和发现。

（5）评价型支架:指结合跨学科教育的评价标准,利用评价工具,通过师评、互评、自评等方式开展评价,旨在为学生提供全面的评估与反馈。教师可以根据学科和跨学科的要求来综合选择评价工具,包括项目报告、作品集、口头展示、问卷调查等工具。教师利用这些工具,可以收集学生在整个跨学科学习过程中的数据。同时,多元的评价方式可以帮助学生了解自己的学习进展,发现自己的潜力和改进空间。另外,教师的专业评价与反馈也能确保整个评价过程的有序、公平。在跨学科主题学习中,教师需要特别注意为学生的过程性表现及成果质量提供评价支架,如量规、成长记录袋、测试等。

2. 根据学习支架的表现形式划分

在跨学科主题学习背景下,按照支架的表现形式,可以将学习支架分为范例支架、问题支架、建议支架、向导支架、图表支架等。①

（1）范例支架:范例是符合学习目标要求的学习成果或阶段性成果,往往包含了特定主题学习中最重要的探究步骤或最典型的成果形式。例如,在选修课"网站的规划与设计"的教学中,教师先示范了"虎门销烟启思录"网站的规划与设计步骤,如主题的确定、运行环境的确定、制作工具的选择,以及结构设计、版面设计、交互设计等关键步骤。随后,教师让学生分组制作小组网站的规划与设计文档。在此过程中,教师可以再次演示"虎门销烟启思录"网站的规划与设计文档,为学生提供一个范例。当然,范例支架的形式不一定是实体的电子文档,它还可以是教师的操作技巧与流程。

---

① 闫寒冰. 信息化教学的学习支架研究[J]. 中国电化教育,2003(11):18—21.

（2）问题支架：是指能从认知和元认知层面为学生的学习提供支持，从而引导和促进学生学习的问题集。例如，教师根据教学内容的需要，以问题的形式设置支架，旨在引导学生进行深入思考。通过这些问题支架，教师能够有效地控制教学进程，确保其按照计划推进。学生能够在持续的思考过程中逐渐解决问题，最终实现知识的建构。跨学科主题学习中的层层递进的问题链就是这种支架类型。

（3）建议支架：当将疑问语句改成陈述语句时，问题支架就成了建议支架。与问题支架的启发性引导方式相比，建议支架的表达方式更为直接明了。在进行课堂总结时，教师可以采用建议支架的方式，用以拓展课堂知识内容，并为学生课后的深入学习与提升提供具体建议。例如，在"某浏览器的基本操作"课堂教学结束后，教师可以建议学生在课后尝试其他浏览器的下载、安装和使用，学习不同浏览器的基本操作方法。需要注意的是，建议支架通常是在学生不能自己解决或发现问题的时候才会使用。因此，当可以使用问题支架的时候，教师应尽量采用，以增加学生自主思考的机会，激发学生的思维，避免出现教师代替学生思考的情况。

（4）向导支架：向导也可称为指南，是对围绕某个主题的问题、建议等片段性支架的汇总与集合。它作为一种工具或资源，能够提供全面的支持和有效的解决方案。不同的向导有不同的作用：观察向导可以避免学生错过关键细节；采访向导可以帮助学生收集特定信息；陈述向导可以帮助学生组织思维；等等。例如，在实践技能课上，学生正在自主练习，教师需要巡回指导，观察学生的练习和操作。此时，观察向导可以帮助学生把握好容易出错的难点，而陈述向导则可以帮助学生明确操作思路，把握学习的重心。

（5）图表支架：图表以可视化的方式描述信息，能够促进学生的高阶思维活动，如解释、分析、综合、评价等。图表的形式繁多，包括概念地图、维恩图、归纳塔、组织图、时间线、流程图、棱锥图、射线图、目标图、循环图、比较矩阵等。例如，概念地图适合用于展示概念、要素及实例之间的相互关系，并且能够记录思维过程，从而激励学生进行创造性思考，有助于学生产生新的想法或问题解决方案。再如，在跨学科主题学习中，教师和学生可以通过头脑风暴的方法共同绘就所学主题的概念地图，从而使整个主题学习的问题解决思路明了清晰。另外，学生通过亲自绘图，可以有效提升思维能力。

3. 根据学习支架的教学目标划分

在跨学科主题学习的背景下，根据教学的认知（知识）目标、情感目标、能力目标，可以将学习支架分为认知支架、情感支架、能力支架三类。①

（1）认知支架：知识的认识过程其实就是学生学习基本知识和基本技能的过程。在跨学科主题学习中，它指的是基于多种学科的基本理论和综合实践，学生开展项目、运用技能的学习过程。通过认知支架的搭建，可以使学习的知识得到内化和提升，学生的认知和技能水

---

① 罗梅.关于支架式教学中支架的探讨——以商务英语课程为例[J].牡丹江大学学报,2014,23(3):184—187.

平也得到相应的提高。教学中的教材、案例、图表等能够帮助学生获得知识和技能的工具或手段,均属于认知支架的范畴。例如,在跨学科主题学习中,如果教学目标是让学生了解和掌握生态系统的组成和相互关系,那么,教师可以提供有关生物学中的食物链和生态圈等概念的教材、案例、图表等认知支架,以辅助学生更有效地学习。

(2)情感支架:涉及学生学习的情感、态度和价值观三方面的内容。俗话说:"兴趣是学习最好的老师。"如果学生的兴趣不高,无论教师如何教,往往也是收效甚微的。情感支架在某种意义上可以称为一种内在动因,是激励学生进行学习和探索的推动力。因此,在跨学科主题学习中,教师可以通过导入真实情境来激发学生的好奇心和探索欲望。同时,教师也可在教学过程中运用鼓励、表扬、平等沟通等情感支架,以有效地调动学生学习的积极性。

(3)能力支架:通常也被称为学习能力支架。由于每个学生所拥有的学习能力具有差异,或者说每个学生获取知识的潜在能力存在一定的差距,获取知识的方法和过程也有不同之处。因此,能力支架应针对这些差异提供多样化的学习方法,并运用不同的手段(如分组讨论、小组演讲、生生互评等)来提高学生的学习效率,进而提升教学质量。例如,在跨学科主题学习中,教师可以根据学生的学习能力选择同质分组或异质分组。对于学习能力较强的学生,可以提供更深入、更具挑战性的任务,如独立研究方案或撰写科学报告;而对于学习能力稍弱的学生,则可以提供更为简化、更具支持性的任务,如观察并描述问题等。

(三)学习支架的设计及应用

1. 学习支架设计的注意事项

(1)适时性原则。与学习资源所能提供的支持相比,学习支架具有更高的适时性,能够在学生恰需帮助之时提供恰当的支持。

(2)动态性原则。随着学习的不断深入,最近发展区会呈现动态变化。学习支架的作用在于帮助学生顺利穿越这一"最近发展区",因此,学习支架的设计也应随着学习的发展而适时、动态地进行调整和优化。

(3)个性化原则。学习支架的提供应紧密结合学生的学习特征,因为不同的学生需要不同程度的支架来支持。同时,学习难度越大,学生所需要的支架也相对越多。因此,支架的设计应当符合学生的个性化学习需要,要与学生的认知差异和认知水平保持一致。

(4)引导性原则。学习支架的作用在于引导学生,而非直接给出答案或替代学生完成任务。因此,教师需要深化支架的引导作用,鼓励学生主动进行思考,并在思考的过程中逐步将教材中的知识转换为自己的知识。

(5)多元性原则。所谓"多元",主要是指支架角色的多样性。支架并非仅限于教师提供,学友、家长、专家,甚至学生自己都可能成为支架的提供者。在当前的信息技术环境下,教师还可以借助计算机软件等工具来提供学习支架。这种多元化的支架设计有助于激发学生的学习兴趣,提升他们的学习积极性。然而,需要特别强调的是,多元化设计必须基于学习内容,不能仅追求形式上的多样而忽略了实际效果。

（6）渐退性原则。当学生展现出能够承担更多学习责任的能力时，支架就应该逐渐移除，以给予学生更大的意义建构空间。

（7）跨学科知识融合原则。跨学科主题学习教育注重跨学科知识的融合以及跨学科地解决问题，因此，学习支架的设计应当着重支持学生将新知识融入现有的理解之中。通过构建知识整合的学习环境，并充分利用注重实效的教学法原则，可以使科学知识更易于学生理解和应用。

2. 学习支架应用的注意事项

在以学生为中心的基于大概念的跨学科主题教学中，教师需要为学生提供一系列的支持与帮助，作为他们参与新活动的辅助工具，以便他们能够深入理解活动的基本实践和表征特征。鉴于学习支架的多样性和复杂性，教师应深入理解并熟悉不同学习支架的功能和适用场景，以便根据实际需求灵活运用，从而最大化地发挥学习支架的教育价值。在应用学习支架时，需要注意以下事项。[①]

第一，学习支架的应用应依据不同的学习内容来灵活选择。在跨学科主题学习中，对于理论性较强的内容，可以采用问题、建议、图表等学习支架进行教学，并运用理论与实践相结合的教学方法，以帮助学生更透彻地理解理论知识。而对于媒体制作和使用的部分，则可以采用范例式学习支架，通过展示优秀的媒体作品或制作流程，为学生提供直观的参考与启发。

第二，学习支架的应用应基于学生的差异性而灵活多变。学习支架的形式多样，因此，教师在进行教学设计时，应根据具体的教学内容要求，结合学生的特点来选用适合学生的支架形式，并尝试将其融入教学中。这样，才能更有效地提升教学效果，满足不同学生的学习需求。

第三，学习支架的应用应结合跨学科主题学习的各个环节而精准选择。在最初的主题情境创设阶段，教师可以充分利用情境型支架来增强学生的体验；在主题探究及实践过程中，对于较为困难的问题，教师应提供资源型支架、策略型支架等，以辅助学生逐一完成一系列子任务；在最后的成果展示或学习汇报、反思环节，可提供思维导图、概念图等形式的支架，以帮助学生将思维可视化，从而增进对所学概念的理解与记忆。

学习支架的设计与应用只有从学生的实际需求出发，增强与学习任务的关联性，并能协助学生完成任务和解决问题，学生才会觉得学习的目的性更为明确，从而激发自身对本课程学习的兴趣，为日后开展进一步的跨学科主题学习提供有力的支持和帮助。

3. 学习支架的应用案例

学习支架的应用并不复杂，它贯穿于课堂教学的过程中。"C－POTE"模型以"概念群→问题链→目标层→任务簇→证据集"为核心，帮助教师开展跨学科主题学习。它强调以学习

---

① 李红美. 基于支架式教学的教育技术公共课的教学设计——以知识点"学习教育技术的意义"为例[J]. 现代教育技术，2009，19(11)：40—43.

者为中心开展学习,同时也注重教师在跨学科实践活动中的参与和引导作用。教师的整个教学行为可一一体现为"聚类设计、提炼概念→创设情境、呈现问题→告知目标、促进理解→呈现任务、提供支架→采集证据、应用反馈"。[①]

案例分析

● ● ●

跨学科主题学习"水是生命之源"

基于以上设计理念,跨学科主题学习"水是生命之源"的设计可归纳为如下步骤。[②]

(1)创设真实主题情境,整合学科概念,发现真实问题。教师可以围绕"节约用水"这一跨学科大概念,整合与之密切相关的多学科核心概念,构建跨学科的知识网络,形成概念群。接着,师生可以根据"节约用水"这一主题,共同提出一系列问题,这些问题可能涵盖多个学科领域。例如,可以是数学领域的统计与概率问题,如"如何度量浪费的水量";可以是语文领域的问题,如"如何看待和描述身边浪费水的现象";又或是科学领域的问题,如"当前水资源的现状如何"。这些问题可以层层递进,形成逻辑紧密的问题链,从而引导学生进行跨学科的思考与探究。

(2)围绕核心素养,开展任务引导,搭建学习支架。在提出各种开放性问题之后,教师需要明确聚焦此次跨学科主题学习所要达成的目标,并特别关注学生核心素养的培养。为实现这些目标,教师需要巧妙地将课程内容转化为围绕主题的探究实践任务。在任务设计的过程中,教师应充分考虑何种任务能够最大限度地整合多种核心知识,既要体现知识的多样性,又要确保实践活动的真实性。此外,教师还需注重选择合适的教学方式,或者将多种教学方式进行有机结合,并重视学习支架的搭建和资源的精心设计,以支持学生的学习过程,见表5-5。

表5-5 "水是生命之源"支架设计示例

支架类型	任 务 内 容
资源型支架	提供有关节约用水的科学方法和课程材料
交流型支架	提供交流及自主探究平台
评价型支架	根据节约用水的知识所设计的问卷、量表等

---

① 詹泽慧,季瑜,赖雨彤. 新课标导向下跨学科主题学习如何开展:基本思路与操作模型[J]. 现代远程教育研究,2023,35(1):49—58.

② 李明伟,黄莹,张晓蕾. 2022版数学课标背景下跨学科主题学习设计与操作范式[J]. 教育评论,2022(10):144—151.

例如,教师可以利用资源型支架,提供关于节约用水的科学方法和丰富的课程材料。此外,教师还可以搭建交流型支架,为学生创造一个宽松、自主的探究环境,使他们能够充分地与团队成员交流,记录探究节约用水的全过程,以便于后期的数据整理与成果输出。最后,教师可以利用评价型支架,通过设计问卷或量表等方式,重点考查学生的批判性思维、问题探究与解决能力等方面的情况。

学生围绕问题链,依据任务簇不断拆解、分析问题,并综合运用多学科知识,在探究过程中借助各类支架持续修正方案,最终创造性地完成实践任务。通过实践探究、体验反思和合作交流等学习活动,学生能够深刻感悟基本思想,积累丰富的活动经验,并有效培育核心素养。

4. 信息技术为学习支架赋能

在当今的信息时代,信息技术对教育领域的影响日益显著。学习支架为学生提供了至关重要的支持和指导,而信息技术则为这些学习支架的实施与扩展带来了全新的机遇和可能性。在在线学习环境中,技术能够有效地为学习支架赋能,主要体现在学习设计的优化和学习过程的支持两个方面。[①] 具体到跨学科主题学习中,这种赋能可以进一步细化为跨学科学习设计支架和跨学科学习过程支持支架,见表 5 - 6。

跨学科学习设计支架主要以静态支架的形式嵌入学习环境中,包括问题设计、内容设计、学习环节设计、认知活动空间设计以及学习过程管理等,该类支架更多地体现了技术作为工具的一般属性。跨学科学习过程支持支架则主要是对学习者认知和元认知的诊断与干预。诊断内容包括认知和元认知行为是否发生及质量如何,然后基于诊断结果进行干预。

表 5 - 6 "技术赋能跨学科学习"支架设计示例

类型	形式	作用	案例
跨学科学习设计支架	静态	将技术嵌入问题设计、内容设计、学习环节设计、认知活动空间设计以及学习过程管理等环节	1. 问题设计:支架提供丰富的情境信息,支持学习者在已有认知图式与问题情境之间建立关联 2. 学习环节设计:支架应能对学习者的学习过程进行结构化设计,并有序安排问题解决过程的各个阶段及各种认知活动 3. 学习过程管理:支架能够提供学习过程管理工具,如任务分解结构模板、活动清单模板和项目状态报告模板等

① 李梅. 在线环境下项目化学习支架探究[J]. 现代远距离教育,2019(1):3—9.

续　表

类型	形式	作用	案例
跨学科学习过程支持支架	动态	对学习者认知和元认知的诊断与干预	1. 诊断：对学习者在线参与同伴交互、反思和建模行为进行统计分析。支架可以辅助进行学习行为分析，并呈现学习者的学习状态 2. 干预：保持学习方向，促进深层的认知和元认知活动。支架可以提供学习过程提示、提醒和通知等，如提醒学习者参与讨论、提醒学习者评价制品

案例分析 ● ● ●

学习者挑战性学习支架平台

　　该学习支架平台的设计与开发，充分体现了学习设计支架与学习过程支持支架的应用。平台主要分析学习者的学习需求，并融合了多重时空的教学资源，通过站点管理、活动设计、学习交流、学习评价四个功能模块，实现了学习者挑战性学习实践框架下的人物关联。根据使用主体、使用目的、使用权限的不同，平台考虑到平台管理者（学校）、课程管理者（教师）和学习者（学生）三种用户角色，为挑战性学习活动提供适宜的辅助性学习环境。此外，平台还结合了教师的教学智慧，链接高阶思维，提供了更为智能化的学习反馈和学习活动指导，为学生的学习过程提供支架[①]，这在一定程度上替代了教师的部分工作。

　　总之，以学生为中心的课程理念，决定了必须将课堂教学的过程转变为学生学习的过程。教学的设计应是对学生学习过程的设计，其本质上是把教材中需要学生理解、掌握、内化的知识内容转化成学习任务，以学习任务为中心创设真实的学习情境，再根据学习任务和情境设计具体、可操作的学习活动，并为学生的自主学习活动提供必要的学习支架。学习支架是完成基于任务簇开展的教学活动的抓手，可以为学生提供分析、解决问题的具体方法、思维路径及策略途径，旨在帮助学生高效、快速地完成学习任务。教师可以通过观察、分析和评价来寻找学生学习的优势与不足，并以此为支点搭建学习支架，从而帮助学生树立学习信心，提高学习效率，最终获得各方面的发展。

---

① 孙莹，赵联. 儿童挑战性学习的支架建构与实践探索[J]. 上海教育科研，2020（5）：78—82.

> **问题研讨**
>
> 如何根据个体学生的认知差异和学科特性设计一个综合性的学习支架,以最大限度地促进学生的深度学习和跨学科知识的有效整合?

拓展阅读

支架式教学理论

支架式教学理论(Scaffolding Theory)是基于最近发展区理论在实践中的应用和发展而提出的。该理论强调,学习是一个逐渐建构的过程,学习者需要在经验和知识的支持下,逐步建立和发展新的学习内容和技能。其核心观点是,教师应该在学生当前的认知能力的基础上,提供适度的支持和激励,使学生能够完成原本在自身能力范围之外的学习任务。这种支持和引导可以是多种形式的,如解释复杂概念、给予提示、示范操作、提供反馈等。

在跨学科主题学习中,学生常常面临已有知识经验和技能与理解大概念、迁移知识之间的鸿沟。学习支架的引入,使得学习情境得以在保持其复杂性和真实性的同时被展示和体验,从而促进学生在关联内化与迁移应用阶段深化对概念和知识的理解。在跨学科学习中,合理应用不同类型及功能的学习支架,不仅能够有效提升学生现有的能力水平,还能帮助他们认识到自身潜在的发展空间,对其日后的独立学习起到潜移默化的引导作用。

第三节　任务簇在跨学科主题学习中的应用案例

本节学习目标

通过本节的学习,了解任务簇在基于大概念的跨学科主题学习中的应用案例;通过参考这些案例,提升任务簇的设计能力。

本节将探讨任务簇在基于大概念的跨学科主题学习中的应用。通过分析具体案例,我们将共同了解任务簇在教学实践中的实际运用方式,以期提升学生在跨学科主题学习中的综合能力。

一、知识理解："龙舟文化的传承与创新"的任务簇设计

📍 课例实践

　　扫码观看课例视频，了解龙舟文化的基础知识，思考龙舟文化的传统、演变以及与当代社会的联系；进一步理解任务簇在教学实践中的应用方式，以及它是如何促进知识理解的。

"龙舟文化的传承与创新"的任务簇设计

（一）跨学科主题学习"龙舟文化的传承与创新"背景介绍

　　跨学科主题学习"龙舟文化的传承与创新"是一个丰富多彩的教学主题，涵盖历史、文化、设计与建造、体育等多个学科领域。围绕这一主题，学生将有机会全面探究龙舟的起源、发展历程以及其中蕴含的传统文化内涵。同时，他们也将深入了解龙舟的设计原理与建造过程。通过相关内容的学习，学生不仅能够拓宽知识面，还能提升跨学科思维和综合能力，并增强对我国传统文化的认知与尊重。

（二）任务簇设计

　　下面将根据"C-POTE"跨学科主题学习模型，以龙舟文化为依据设计具体的任务簇。

1. 任务簇确定

　　教师需要以问题链为指引，围绕"如何更好地传承与创新龙舟文化"这一主问题，对任务簇进行整体性设计。本主题关注的是学习龙舟文化知识、掌握龙舟模型的科学原理、领会龙

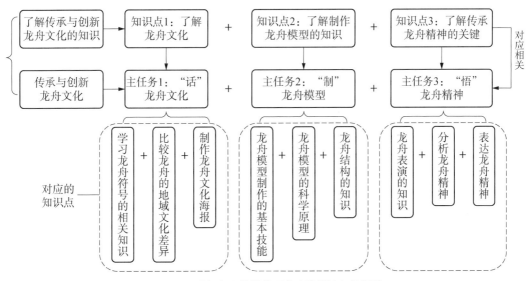

图5-9 "龙舟文化的传承与创新"任务簇设计

舟精神等,因此,任务簇的设计重点便是让学生通过跨学科主题学习的方式,整合不同学科的知识,并掌握龙舟相关知识体系。

2. 确定主任务与子任务

基于确认的重要知识点,可设计三项主任务:一是"话"龙舟文化;二是"制"龙舟模型;三是"悟"龙舟精神。三个主任务从不同的角度,帮助学生系统掌握龙舟文化的相关知识,见图5-10。

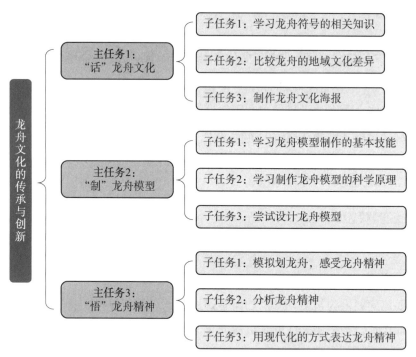

图5-10 "龙舟文化的传承与创新"主任务与子任务设计

第一个主任务:引导学生学习具体的龙舟符号知识,对比不同地域的龙舟文化并制作相应的海报。

第二个主任务:引导学生尝试制作龙舟模型,这需要学生掌握一些手工艺技能以及制作工具的使用方法。学生将学会如选择材料、量取尺寸、剪裁、粘贴和装饰等方面的知识,并且学习其中涉及的科学原理,开拓自己的思维,最终尝试制作一个龙舟模型。

第三个主任务:让学生通过参与划龙舟的实践活动,进一步升华对龙舟文化的价值认识,深刻领悟龙舟背后所蕴含的精神内涵。在这一过程中,学生能够了解龙舟赛事的意义,探讨参与龙舟活动对个人品质的影响等。最终,学生可以运用现代化的手段,积极传播和弘扬龙舟精神。

3. 设计教学活动与学习活动

在落实子任务后,可以将课堂互动细分为教学活动和学习活动,具体内容可参考表5-7。

表 5-7 "龙舟文化的传承与创新"系列活动的确定

主任务	子任务	教学活动	学习活动
"话"龙舟文化	1. 学习龙舟符号的相关知识 2. 比较龙舟的地域文化差异 3. 制作龙舟文化海报	1. 播放一段端午节赛龙舟的视频,并问学生:视频中的龙舟竞赛有哪些特点? 辅以相应的资源,引导学生学习龙舟知识 2. 讲解龙舟的起源、历史及其传统文化内涵,引导学生收集材料,对比地域文化差异 3. 引导学生以小组合作的形式进行龙舟文化海报的制作 4. 提供适当的指导:(1)提供龙舟图片、传统图案等素材;(2)引导学生思考如何通过图像与文字来表达龙舟文化的特点和意义;(3)鼓励学生展示创意,可以使用色彩、形状、文字等多种元素来设计海报	1. 观看视频,参与讨论,认真学习龙舟的相关知识,完成子任务1 2. 组内共同探讨问题,小组代表分享小组讨论结果,并进行辩论,完成子任务2 3. 根据对龙舟文化的理解和感受,自由制作海报。在完成海报后,邀请学生介绍与分享海报,完成子任务3
"制"龙舟模型	1. 学习龙舟模型制作的基本技能 2. 学习制作龙舟模型的科学原理 3. 尝试设计龙舟模型	1. 介绍龙舟模型的制作方法和技巧,解释使用牛皮纸、轻质黏土等工具材料的目的及注意事项 2. 介绍龙舟模型的科学原理,主要包括物理中的力的平衡、科学中的结构设计等 3. 进行模型制作示范,提供启发性材料,引导学生设计龙舟模型 4. 组织学生展示各小组的龙舟模型作品	1. 倾听教师的讲解,并观察教师的示范,记录重要的制作步骤和技巧,完成子任务1 2. 认真总结和归纳龙舟模型的科学原理知识,完成子任务2 3. 进行小组分工,根据教师的指导和示范,小组合作制作龙舟模型,完成子任务3 4. 向同学和教师展示本组的龙舟模型作品
"悟"龙舟精神	1. 模拟划龙舟,感受龙舟精神 2. 分析龙舟精神 3. 用现代化的方式表达龙舟精神	1. 协助学生分组,组织学生进行体验划龙舟的小游戏:每个小组"驾驶"一条龙舟,分别选出鼓手、舵手各一名,其余的为划桨手,佩戴道具,模拟划龙舟,并进行表演	1. 各小组推选出鼓手、舵手。鼓手扎上红头巾,手持鼓槌准备击鼓,舵手以站姿模拟掌舵动作,划桨手手持竹竿(当作桨)准备划船,共同完成子任务1

续　表

主任务	子任务	教学活动	学习活动
		2. 组织学生回顾整个课程内容及亲身实践感受，分析龙舟精神 3. 分组组织学生进行宣传龙舟精神的创作，或者利用新媒体手段传播龙舟文化和精神	2. 利用多媒体资源，如制作 PPT 或展示视频，回顾学习的亲身经历，分析龙舟精神，完成子任务 2 3. 编写宣传龙舟精神的文案，并在学校、班级、互联网等平台进行展示，完成子任务 3

二、思维发展：“探访‘地球之肾’——湿地”的任务簇设计

课例实践

“探访‘地球之肾’——湿地”的任务簇设计

　　扫码观看课例视频，深入思考本课例是如何借助精心设计的任务簇来促进学生深度参与学习的。同时，探讨这些任务簇在教学实践中是如何被有效应用的，以便进一步激发学生的思维发展。请边看边总结本课例中任务的设计逻辑，并尝试在其他跨学科课堂运用此种设计方法。

（一）跨学科主题学习“探访‘地球之肾’——湿地”背景介绍

　　“探访‘地球之肾’——湿地”是地理课程标准中的一项跨学科主题学习活动，涵盖地理学、生物学、数学、信息科技、道德与法治、艺术等多个学科领域。本主题侧重于引导学生通过跨学科主题学习的方式来整合各学科知识，从而解决在探究过程中遇到的问题。

　　在本跨学科主题学习中，学生将深入学习湿地的地理特征、形成机制以及生态系统功能等关键的地理知识；通过研究湿地的物种多样性和生态关系等，掌握相关的生物学知识；通过综合运用不同学科的知识，全面了解湿地及其重要性，并生成可持续管理方案。在这个过程中，学生将进行实地考察、数据收集和分析、小组合作等活动，最终形成解决方案，从而促进学生跨学科思维、问题解决能力的发展。

（二）任务簇设计

1. 确定任务簇

　　跨学科主题学习“探访‘地球之肾’——湿地”的任务簇从整体性角度出发，将总任务拆

解为三个子任务:一是制作湿地公园电子地图,规划考察路线;二是探究湿地功能(生态功能与文化功能)并生成探究报告;三是提出湿地保护建议并形成方案。这三个子任务侧重于解决不同的问题,并生成相应的解决方案,即制作湿地公园电子地图、生成湿地功能探究报告、生成兼顾多方且有建设性意义的湿地保护建议方案。

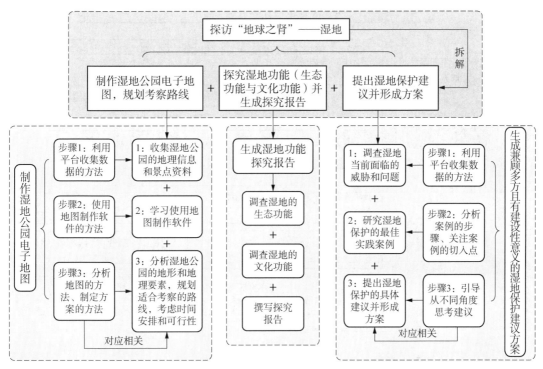

图 5-11 "探访'地球之肾'——湿地"任务簇设计

2. 确定主任务与子任务

教师可以遵循"主任务—子任务—系列活动"逐层落实的设计路线,围绕跨学科主题来确定相应的内容。该跨学科主题学习主要包括三项主任务:一是制作湿地公园电子地图,规划考察路线;二是探究湿地功能(生态功能与文化功能)并生成探究报告;三是提出湿地保护建议并形成方案。围绕这三项主任务,可以进一步细化相应的子任务,见图5-12。

3. 设计教学活动与学习活动

在落实各子任务后,可以将课堂互动细分为教学活动和学习活动,具体内容可参考表5-8。

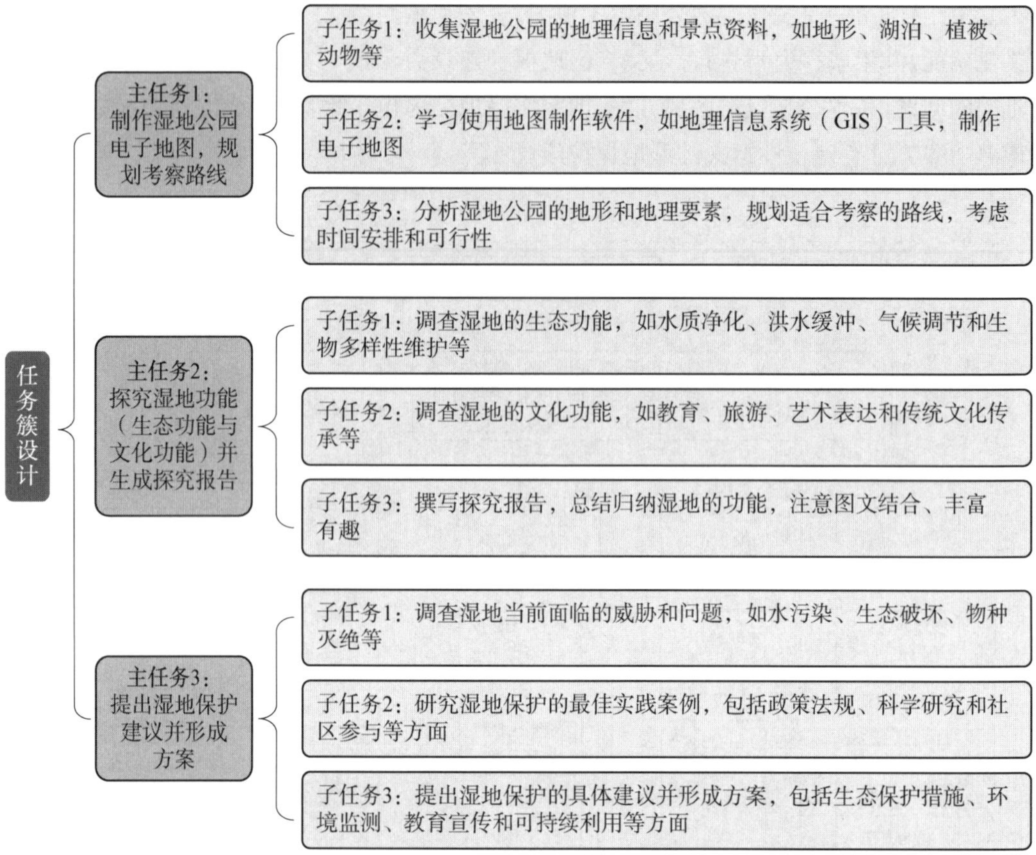

图5-12 "探访'地球之肾'——湿地"主任务及子任务设计

表5-8 "探访'地球之肾'——湿地"系列活动

主任务	子任务	教学活动	学习活动
制作湿地公园电子地图,规划考察路线	1. 收集湿地公园的地理信息和景点资料,如地形、湖泊、植被、动物等 2. 学习使用地图制作软件,如地理信息系统(GIS)工具,制作电子地图 3. 分析湿地公园的地形和地理要素,规划适合考察的路线,考虑时间安排和可行性	1. 教师指导学生使用图书馆或互联网资源,查找湿地公园的地理特征、生态系统和文化等有关信息 2. 教师引导学生使用多种信息源,如图书、学术论文、地理院校网站等,获取全面且可靠的资料 3. 教师传授学习工具的使用方法,并提供相应的支架 4. 教师提供相应的出行及调研指南,需要考虑安全性及可行性	1. 学生利用图书馆或互联网资源,搜索湿地公园的地理特征、生态系统和文化等有关资料 2. 学生参与由教师组织的培训,学习地图制作软件的基本操作方法和功能 3. 学生制作湿地公园的电子地图,包括添加景点、交通路径、设施、边界和地貌特征等

主任务	子任务	教学活动	学习活动
探究湿地功能（生态功能与文化功能）并生成探究报告	1. 调查湿地的生态功能，如水质净化、洪水缓冲、气候调节和生物多样性维护等 2. 调查湿地的文化功能，如教育、旅游、艺术表达和传统文化传承等 3. 撰写探究报告，总结归纳湿地的功能，注意图文结合、丰富有趣	1. 教师与学生一起规划湿地考察的行程和目标，确定考察的日期、时间和地点 2. 教师联系湿地公园管理机构或相关专家，以获得必要的权限和许可，确保活动的安全和顺利进行	1. 学生参加由教师组织的湿地考察活动，与同伴一起观察和学习湿地的地理、生态和文化特征等知识 2. 学生使用观察记录表、摄影设备、采样工具等，进行数据采集和观察
提出湿地保护建议并形成方案	1. 调查湿地当前面临的威胁和问题，如水污染、生态破坏、物种灭绝等 2. 研究湿地保护的最佳实践案例，包括政策法规、科学研究和社区参与等方面 3. 提出湿地保护的具体建议并形成方案，包括生态保护措施、环境监测、教育宣传和可持续利用等方面	1. 教师组织小组讨论，引导学生分析湿地的生态功能和文化功能，并讨论它们的重要性及相互关系 2. 教师提供相关的研究材料和案例，引导学生深入思考湿地保护的挑战和影响因素 3. 教师指导学生整理研究成果，并将其制作成报告、展板或演示文稿等形式，以便能有效地呈现他们的发现和建议	1. 学生根据自己的研究和发现，提出湿地保护的具体建议，包括提高公众意识、改善保护措施、加强监测和管理等方面 2. 学生准备并呈现研究成果，可以选择以口头报告、讨论、展板、海报、电子演示等形式展示自己的发现和建议

本章小结

本章系统介绍了任务簇在跨学科主题学习中的重要性及其应用。第一节详细阐述了任务簇的基本意蕴，包括任务簇的定义、任务的类型、任务簇的类型等，明确任务簇的核心概念和地位，为后续设计任务簇提供了理论基础。第二节详细介绍了任务簇的设计原则、注意事项和具体的设计方法，以及学习支架的设计方法。第三节讨论了任务簇在跨学科主题学习中的应用，展示了以知识理解为主线的任务簇设计和以思维发展为主线的任务簇设计的实践案例。通过本章的学习，读者能够深入了解任务簇的概念、设计和应用方法，从而在教学实践中更加科学地设计任务簇，更有效地开展跨学科主题学习。

思考与练习 ....

1. 简答题

（1）如何根据问题链及目标层设计任务簇？如何设计有针对性的教学活动和学习活动，以促进学生的跨学科思维和解决问题的能力？

（2）你在教学实践中可能面临哪些关于任务簇设计方面的挑战和难点？如何克服这些挑战，以提高任务簇的教学效果？

（3）为提升跨学科主题学习的教学效果，应当如何将任务簇与其他教学策略相结合？

2. 实践操作题

围绕一个你感兴趣的跨学科主题，设计相应的任务簇。

第六章

证　据　集

▶ 本章导语

在跨学科主题学习中,证据是记录学生学习痕迹的材料,也是帮助学生进行自我反思和对学生展开评价的重要载体。在整个跨学科主题学习的过程中,这些证据会逐渐积累,最终汇聚成一个完整的证据集。

本章将聚焦证据集,介绍证据集是什么、有何特点,以及涵盖哪些类型;同时,还将探讨在跨学科主题学习中,证据集内的证据是如何生成的;最后,将从基于证据集的评价和技术赋能评价这两个视角出发,展示应用证据集开展评价的方法。

学习目标

1. 知识层面

(1) 了解证据集的定义,知道证据集的特点和分类。

(2) 了解跨学科主题学习中证据集的形成过程。

2. 能力层面

(1) 能够根据课标要求,选取自己感兴趣的跨学科主题,尝试收集不同类型的评价证据,并根据评价的意义对证据进行分类。

(2) 能够根据课标要求,选取自己感兴趣的跨学科主题,尝试设计用于评价跨学科主题学习活动的证据集。

3. 素养层面

通过本章的学习,能够深入理解跨学科主题学习评价,树立正确的教学评价观。

知识地图

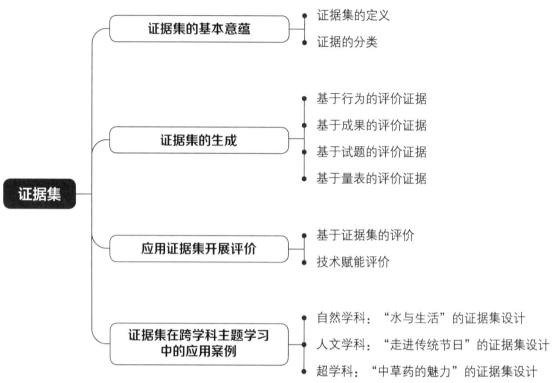

学习建议

1. 学习重点

证据集的内涵;不同类型证据集的生成方式;基于证据集开展评价的方法(基于证据集的评价与技术赋能评价两大视角)。

2. 课前活动

(1)观看导学视频"证据集",了解本章的主要内容。

(2)熟悉课程标准中的评价类型、评价原则和评价的实施方式;收集不同主题的跨学科主题学习案例,作为本章练习的素材。

3. 课后活动

(1)完成本章的"思考与练习"。

(2)通过对课程标准中的教学目标与评价建议的解读,理解跨学科主题学习中评价证据的重要价值。

证据集

第一节　证据集的基本意蕴

本节学习目标

通过本节的学习,理解证据集与教学评价之间的关系;掌握证据集的定义与特点,明晰证据集中的证据是如何服务评价过程的。

学生在完成表现性任务的过程所留下的"痕迹"被称为证据,它可以有效证明学生学习的有效性。本节将介绍证据集的内涵、特点和分类,为后续学习如何在跨学科主题学习活动中收集证据集以及高效地展开教学评价奠定基础。

一、证据集的定义

（一）证据集的内涵

表现性评价是一种同时兼顾过程与结果、以评促教的评价方式。它旨在将评价与任务的展开过程相契合,使师生在跨学科实践的过程中,通过评价获得教学水平的提高及知识的建构。由于跨学科主题学习周期长,学生在学习过程中会留下大量的学习痕迹。这些学习痕迹汇聚成的集合能够反映出学生的学习进展和成果,我们将其称之为"证据集"。《当代汉语词典》对"证据"的解释是"用来证明特定事物真实性的事物"。[1] 在跨学科主题学习中,"证据"是指能够真实反映学生核心素养能力变化的材料。这些材料既包括学生留下的可视化学习痕迹,如项目工作纸、测试题、作品成果等学习数据;也包括学生的课堂行为表现,以及能够反映其认知结构、思维能力变化的相关学习数据。这一项项的学习证据集合在一起,便形成了证据集。

综上所述,证据集作为表现性评价的对象和载体,在学习过程中并非孤立存在,它与C-POTE的其他环节紧密相连,直接或间接地与这些环节产生相互作用。同时,依托表现性评价生成的反思和监控等元认知活动,也在同步促进和优化整个项目学习的效果。[2] 因此,证据集涵盖了从跨学科主题学习活动开始到结束期间,学生产生的所有无形学习数据和可视化学习痕迹,这些证据能够真实、有效地反映学生的学习轨迹和核心素养的变化过程。此外,跨学科主题学习中的证据集往往来源于任务簇。学生在完成任务的过程中会留下许多学习痕迹,教师需要筛选出其中的有效证据。随后,教师再依据"双基层—思维层—素养层"的三层次目标,运用科学合理的处理方法对这些证据进行加工和分析,以评估在跨学科主题学习结束时,学生核心素养与学业质量的提升水平。

---

① 李国炎,等.当代汉语词典[M].上海:上海辞书出版社,2001:565.
② 詹泽慧,姚佳静,吴倩意,等.人工智能课程中表现性评价的设计与应用[J].现代教育技术,2022,32(5):32—41.

（二）证据集的特点

1. 过程性

从形成的时间来看，证据集具有过程性。证据集的形成与完备，需要跨越一个完整的跨学科主题学习过程。若仅仅依靠一个子主题活动是无法完成的。教师收集的证据是学生从跨学科主题学习活动开始到结束期间的各类学习痕迹。这样的收集方式不仅可以直接关注到学生最终外显的学习效果，而且对学习过程中内隐的核心素养也有一个观察窗口。这与新课标中强调的过程性评价是相呼应的。

⌨ 案例分析　　　　　　　　　　　　　　　　　　　　● ● ●

跨学科主题学习"走进传统节日"证据集

教师以"走进传统节日"为跨学科主题设计了一个完整的任务簇。在跨学科主题之下还有一系列子主题。在学生的学习过程中，教师将收集到不同类型的证据。表 6-1 所列的是其中的部分证据。

表 6-1　跨学科主题学习"走进传统节日"中的任务与证据（部分）

子主题	学习目标	任务	证据
认识传统节日	通过阅读不同传统节日的文字材料，感受其独特的风俗习惯；在小组协作绘制手抄报的过程中，提升数字化学习能力与协作能力	学生以小组为单位，查找不同传统节日的资料并绘制手抄报，然后在小组间进行展示与交流	手抄报、评价量表
传统节日文化感悟	在对传统节日文化遗产的演绎过程中，加深对传统节日的认识，增强民族文化认同感，坚定文化自信	以小组为单位，收集关于元旦、清明节、重阳节这三个传统节日的故事、诗歌、游戏、美食等文化遗产，完成学习任务单	学习任务单、呈现资料内容的材料、评价量表
		以不同的形式（如情景剧、诗歌朗诵等）呈现或演绎所收集到的资料内容	

在这个跨学科主题学习活动的子主题中，学生完成任务所产生的证据是整个跨学科主题学习活动的主要证据集。这一证据集贯穿了整个跨学科主题学习活动。通过这些证据，教师可以清晰地观察到学生的成长轨迹及其最终的学习效果。

2. 目标导向性

证据集的目标导向性源自于其是在表现性任务中生成的,并服务于表现性评价,从而能够评价学生对学习目标的达成度。目标导向性强调的是在特定的学习目标下,学生在真实情境中所产生的证据。在真实情境中生成的证据,能更准确地反映学生在教学目标下的问题解决能力与核心素养水平。"教学评一体化"主张将教师的教、学生的学以及教学评价三者有机融合,并强调教学评价在提升教师教学效率和学生学习效果方面的重要作用。在跨学科主题学习中,表现性评价在实现"教学评一体化"的过程中发挥着桥梁作用。

案例分析 • • •

"校园排水能力调查"任务证据集

在一节跨学科主题学习课堂中,教师期望学生能感受洪涝灾害对生活的影响,并了解人们应对洪涝灾害的策略。为此,教师设计了"校园排水能力调查"的任务,要求学生以调查员的身份观察校园中排水口的位置和数量,以及校园的排水能力。在完成这个表现性任务的过程中,学生将产生以下证据。

证据1:校园排水口分布图。

证据2:校园排水能力调查报告。

这两个证据能够反映学生的探究实践和态度责任这两大科学素养,其完整性与科学性能够反映学生对洪涝灾害影响生活的理解程度。学生在明确调查主题后,将自主制定调查计划,搜集并分析证据,最终得出调查结论。通过这一过程,学生能够逐渐增强对科学、社会、环境之间相互关系的理解,并形成对保护环境、推动生态文明建设与可持续发展的责任感。基于这些表现性证据,教师能够更准确地评估学生的真实学习水平,进而为下一阶段的教学安排提供有力依据。

---

3. 主体多元性

新课标的"评价原则"着重强调"评价主体多元"。这意味着对学生的评价不应局限于教师的单方面评价,还应包括学生的自我评价、同伴的相互评价,甚至可以将家长的评价以及其他教学活动参与者的评价纳入评价体系。相应地,跨学科主题学习证据集的多元主体特点在于,它应包含来自不同教学活动主体的评价证据,从而能够从多个角度全面、客观地评价学生,确保评价的全面性和科学性。

案例分析 • • •

"设计并自制简易净水器"任务证据集

在一节跨学科主题学习课堂中,教师组织了学习任务"设计并自制简易净水器"。学生在掌握净水原理的基础上,以小组为学习单位,基于教师提供的实验材料创新性地设计简易净水器,并进行汇报与交流。在这个过程中,将会产生以下证据。

证据1:简易净水器设计图纸。

证据2:简易净水器实物。

证据3:自我评价量表、同伴评价量表、教师评价量表。

这些评价量表涵盖了学生的自我评价、同伴的评价以及教师的评价。学生的自我反思有助于他们复盘整个设计过程,总结经验教训;而同伴和教师的评价则能为学生提供更多元的视角,使评价更为客观和公正。

4. 形式多样性

新课标倡导多元化评价,改变传统单一的纸笔测试形式,鼓励将定性评价与定量评价相结合。这一理念在证据集中得到了充分体现。证据集中的证据形式丰富多样,包括学生的学习评价量规、成果、项目工作表和课堂观察表等,确保了评价的准确性和有效性。

案例分析

跨学科主题学习"中草药的魅力"证据集

在跨学科主题学习"中草药的魅力"中,教师设计了供学生学习的任务簇。学生在完成这些任务的过程中将会产生多种形式的证据,具体见表6-2。

表6-2 跨学科主题学习"中草药的魅力"的任务与证据

子主题	任务	证据
走近中草药:认识我国中草药的种类和发展脉络	借助权威网站,查找记录表中所记载的常见中草药的功用信息,完成记录表的填写	中草药信息记录表、呈现资料内容的材料、中草药历史时间线、评价量规
	以小组为单位,通过互联网或书籍了解中草药的发展和应用,并以不同的形式呈现结果	
	以小组为单位,通过互联网或书籍查找中草药的发展历史,绘制历史时间线	
探究中草药的功能和用法	知识竞赛	知识竞赛记录表、评价量规

续 表

子主题	任务	证据
探究中草药与中华文化	与同学分享、交流与中草药相关的文化故事	记录活动过程的文档、视频等材料,评价量表
探究中草药的衍生产品	以小组为单位,用绘画、手工制作等方式创作与中草药和中华文化相关的产品	中草药主题文创产品、评价量表

在这个跨学科主题学习活动的证据集中,证据的种类非常丰富,包括学习记录单、评价量规、记录活动过程的文档与视频、知识竞赛记录单、中草药主题文创产品等。教师可以基于这些证据,综合运用多种评价方法,将定性评价与定量评价相结合,从而更为客观地对学生进行评价。此外,多样化的学习任务与成果形式也能有效激发学生的学习兴趣与动机,从而提高学习效率。

二、证据的分类

证据集中包含各种形式的证据,对证据进行分类有利于教师判断证据集的完整性与全面性。前文已介绍,朱莉·斯特恩根据评价的意义,将评价分为学习性评价、学习的评价和学习式评价三类。相应地,根据应用证据的评价类型,可以将证据分为学习性评价相关证据、学习的评价相关证据、学习式评价相关证据。

▶ **微课探究**

扫码观看微课视频"证据的分类",进一步了解学习性评价的内涵与教学应用案例。

证据的分类

(一) 学习性评价及相关证据

1. 学习性评价

学习性评价是一个寻找和解释证据的过程,教师可以依据这些证据来诊断学生的学习状态、确定需要达成的目标,以及选择实现学习目标的最佳方法。[①] 简而言之,学习性评价就

---

① Stern J, Lauriault N, Ferraro K. Tools for teaching conceptual understanding(elementary): harnessing natural curiosity for learning that transfers [M]. California: Corwin Press, 2017:81.

是为了推动学习过程而进行的评价。在跨学科主题学习的过程中,"学习性评价"要求教师有目的地收集学生在学习过程中生成的各类材料。① 因此,学习性评价最为注重的是"具体性"这一标准。具体而详细的证据有助于形成更为精准的学习性评价,从而有效地提升学习效率。例如,在评价设计中,可以要求学生"以小组形式完成一份城市简介海报的制作,海报中需包含与城市发展相关的标签图片"。通过评价学生设计的海报,教师可以深入了解学生当前的学习状态以及所达到的学习水平,进而对教学过程进行适时调整,这正是学习性评价的具体体现。②

2. 证据形式

对于学习性评价证据的判断,主要看这个证据是否能够帮助教师完成对学生的学习性评价。以"城市简介海报"设计任务为例,学生所设计的海报便是与学习性评价紧密相关的证据。这份证据不仅能够协助教师评估学生对特定知识点的理解程度,还能够体现出学生运用适当的地理实践活动方式来观察、认识城市的能力。通过这样的学习性评价,可以帮助学生从"空间—区域"的视角认识地理环境,培养他们的人地关系思维。

(二) 学习的评价及相关证据

1. 学习的评价

学习的评价的结果显示了学生在某一学习阶段内的学习效果。在评价过程中,教师收集的证据用于对学生的学业质量进行价值判断,并将这些信息传达给学生本人、家长以及社会等③,旨在评定学生的学习水平。在跨学科主题学习活动中,"学习的评价"体现为教师根据不同学科核心素养的关键维度,选择合适的评价工具。这些评价工具不仅要满足对学生学习成果的评价需求,还要能够评估学生认知结构水平的变化,如通过活动过程评价表、作品评价表和综合评价表等工具,重点对学生的阶段性学习成果进行合理测评。④ 因此,对于学习的评价来说,其最重要的标准是"公平"。例如,在评价设计中,可以要求学生"结合整个城市及关键区域的发展概况,完成一份'城市'单元的知识测试"。教师根据这份单元知识测试的结果来评定学生的学习水平,这正是学习的评价的一个具体体现。⑤

2. 证据形式

在跨学科主题学习活动中,判断一个证据是否属于学习的评价范畴,其关键在于这个证

---

① 詹泽慧,季瑜,赖雨彤. 新课标导向下跨学科主题学习如何开展:基本思路与操作模型[J]. 现代远程教育研究,2023,35(1):49—58.
② 刘徽. 大概念教学:素养导向的单元整体设计[M]. 北京:教育科学出版社,2022:3.
③ Stern J, Lauriault N, Ferraro K. Tools for teaching conceptual understanding(elementary): harnessing natural curiosity for learning that transfers [M]. California: Corwin Press, 2017:81.
④ 詹泽慧,季瑜,赖雨彤. 新课标导向下跨学科主题学习如何开展:基本思路与操作模型[J]. 现代远程教育研究,2023,35(1):49—58.
⑤ 刘徽. 大概念教学:素养导向的单元整体设计[M]. 北京:教育科学出版社,2022:3.

据能否真实地反映学生的学习质量。这些证据的形式多样,如传统的纸笔期末考试以及项目调查报告、项目作品成果等。然而,证据与学习评价的相关性并不取决于其形式,而在于其是否能够准确展现学生在跨学科主题学习结束时所达到的核心素养水平。例如,在跨学科主题学习活动结束时,教师要求学生完成一份与主题相关的实验报告或实地调查报告。这份报告就是教师用以评估学生在完成整个跨学科主题学习后核心素养水平的证据。教师会将学生的测试结果以分数的形式反馈给学生及其家长,以便双方都能了解学生对相关知识的理解水平。

(三) 学习式评价及相关证据

1. 学习式评价

学习式评价侧重于培养学生的自我评价能力。教师需要为学生提供外部的、有组织的自我评价机会,并做出示范。学生不仅可以利用收集的证据开展同伴评价,而且还可以开展自我评价,根据自我评价的情况调整学习节奏,制定合理目标。[①] 在跨学科主题学习中,学习式评价的重点在于为学生搭建成果展示与交流的平台,并根据学生的学习表现提供即时反馈。学生可以通过平台向全班同学展示个人成果,或在小组内、小组间开展交流与评选活动,同时反思自身的不足之处。[②] 因此,学习式评价最重要的标准是"自省"。例如,在评价设计中,教师要求学生针对"杭州市的哪个区县未来发展潜力最大"这一问题开展合作探究,并以 PPT 的形式呈现小组合作成果(对照教师设计的量规,由学生投票选出最有说服力的一组并给予奖励,投票时不能投自己的小组)。学生在自评与互评作品的过程中,深化了对"城市"相关知识的理解,体现了学习式评价的内涵。[③]

2. 证据形式

学习式评价相关证据的关键作用在于帮助学生评价学习。在跨学科主题学习活动中,这些证据主要通过作品交流与评价活动呈现,而在学历案中则通常以"学后反思"的形式出现。这类证据对帮助学生深化知识理解、反思自身当前学习水平与目标之间的差距具有重要意义。例如,在跨学科主题学习活动中,教师可以安排学生设计简易净水器装置,并在小组间进行展示与交流。随后,学生需要从设计过程、装置的功能及外观等方面,对自己与他人的作品进行评价。在这个过程中,学生自我评价量规与同伴评价量规是学习式评价的重要证据。通过评价自己与他人的作品,学生能够加深对净水原理的理解,深入体会技术与工程实践的要点,最终实现通过评价促进学习的目标。

---

① Stern J, Lauriault N, Ferraro K. Tools for teaching conceptual understanding(elementary): harnessing natural curiosity for learning that transfers [M]. California: Corwin Press, 2017:81.

② 詹泽慧,季瑜,赖雨彤. 新课标导向下跨学科主题学习如何开展:基本思路与操作模型[J]. 现代远程教育研究,2023,35(1):49—58.

③ 刘徽. 大概念教学:素养导向的单元整体设计[M]. 北京:教育科学出版社,2022:3.

> 💬 **问题研讨**
>
> 　　什么是学习性评价、学习的评价和学习式评价？尝试列举这三类评价在各个学科中的应用实例。

第二节　证据集的生成

🎯 **本节学习目标**

　　本节的学习重点是掌握跨学科主题学习活动中四种评价证据的生成方法，并理解每种证据的特点。

　　在明确证据集的定义后，教师需要积极地在跨学科主题学习活动中收集评价证据。这些证据能够确保评价过程更加科学和客观，有助于学生清晰地认识到自己的学习定位和进展。因此，熟练掌握证据集的生成方法对促进学生的发展具有重要意义。

一、基于行为的评价证据

（一）证据来源

　　跨学科主题学习课程种类繁多，且大多数强调实践性。这些课程倾向于采用伴随性、过程性的评价方式，即通过学生在学习过程中的外显行为来评估其高阶能力。基于行为的评价主要是通过对课堂交互行为、任务表现等信息进行采集与编码来实现的，生成的编码表就是基于行为的评价证据。基于行为的评价证据，大体可以分为三类。

　　（1）师生或生生互动分析的编码表。这类编码表主要是通过教师观察课堂上的学生行为来获得的。教师采用不同的编码方法，可以收集到不同类型的学生数据。例如，由顾小清等人[1]设计的基于信息技术的互动分析编码系统所得到的编码表，能够反映学生在课堂上的合作学习能力及问题解决能力。由詹泽慧等人[2]设计的智慧教室师生互动编码系统所生成的编码表，则可以分析学生在课堂上的言语行为、动作行为以及主动参与程度等情况。然而，这一类编码表对教师而言操作难度较大，因此主要用于教研活动。随着技术的不断发

---

[1] 顾小清，王炜. 支持教师专业发展的课堂分析技术新探索[J]. 中国电化教育，2004(7)：18—21.

[2] Zhan Z, Wu Q, Lin Z, et al. Smart classroom environments affect teacher-student interaction: evidence from a behavioural sequence analysis [J]. Australasian Journal of Educational Technology，2021(2)：96—109.

展,已有开发者设计出能够由平台自动生成的课堂互动分析编码表,预计在未来的教学活动中,教师将能够更轻松地收集这类评价证据。

（2）论坛上的话语分析编码表。当跨学科主题学习活动借助在线平台来收集学生课堂话语时,学生在线上论坛上的发言也可以成为评价的"证据"。对学生在论坛上的发言频率及发言与主题的相关度进行分析,所得结果可以作为评判学生平时成绩的依据。进一步地说,对学生在论坛上所发言论进行深入分析,能够反映出学生在论坛上的学习情感与思维能力等要素。这种形式的证据适用于在线学习或混合学习,需要在线平台的支持。例如,冷静等人[1]对在线协作平台中学生的发言帖子进行了编码分析,生成的编码表反映了学生的批判性思维发展水平。而钟伟等人[2]则通过在学习元平台上举办师生共读活动,收集了学生的言语数据。经过分析,这些数据提供了学生在学习活动中的参与度以及对阅读材料的理解程度等重要信息。

（3）项目实践过程的行为表现分析编码表。有些跨学科主题学习活动所培养的素养或评价内容无法通过传统的纸笔测试来准确衡量,而需要依据学生在项目实践过程中的外显行为来进行判断,如学生在线下课堂中的参与度与专注度。对学生在实践过程中的表现进行深入分析,不仅能评估学生的学习状态、对知识与能力的理解程度,而且还能洞察学生的高阶思维能力水平。例如,在体育课上,教师可以通过观察学生的动作来评估他们对技能知识要点的掌握程度。顾小清等人[3]通过对师生课堂教学行为的多模态数据（如表情、动作、话语等）进行分析,成功揭示了学生在认知发展、学习习惯、学习持续力以及高阶思维等方面的特征。此外,在人工智能课堂上,行为表现分析同样扮演着重要的角色,可以帮助教师更为全面地评价学生。以美国加州大学基于 Alice 平台开发的 The Fairy Assessment（精灵评价系统）为例,它通过让学生在三个不同难度的评价任务中调试和修正程序故障,有效地评估了学生的问题解决能力。

（二）使用注意事项

基于行为的评价证据通常是由教师或在线平台根据学生的行为数据生成的,它随着跨学科主题学习活动的深入而不断丰富。相较于其他评价证据,基于行为的评价证据在编码上更具挑战性,对教师的技术素养、学校的教学支持设备等都提出了一定的要求。例如,在生成论坛上的话语分析编码表时,教师需要结合教学目标与评价对象来选定合适的处理方法,有时还需要具备一定的自然语言处理能力,如解读词云。基于行为的评价证据（尤其是在项目实践过程中生成的行为表现分析编码表）,能够将学生的行为表现转化为量化数据,从而更加精准地评价学生。然而,值得注意的是,部分基于行为的评价证据在生成过程中可

---

① 冷静,郭日发. 在线协作平台中批判性思维话语分析研究[J]. 电化教育研究,2018,39(2):26—31.

② 钟伟,吴娟,陈露. 基于学习元平台的师生共读活动之社会网络分析和内容分析[J]. 现代远距离教育,2015 (1):52—59.

③ 顾小清,王超. 打开技术创新课堂教学的新窗:刻画 AIoT 课堂应用场景[J]. 现代远程教育研究,2021,33 (2):3—12.

能比较依赖研究者的主观判断。

二、基于成果的评价证据

（一）基于作品的评价证据

1. 证据来源

跨学科主题学习不仅关注学生的表现性评价，而且也关注学生的成果作品。基于作品的评价证据是通过学生的作品来评估其学习成果和能力的证据。这种评价方法注重学生的实际表现和产出，而非仅仅依靠传统的考试或测验成绩。对学生作品的评价是多维度的，教师可以通过评分表的形式对其作品进行全面评价。评分表作为基于作品的评价证据，能够让学生清晰地认识到自己作品的优点与不足，并通过评价了解自身的能力水平，以便进行后续的改进和提升。学生可以展示他们完成的各类作品，如论文、报告、研究项目、艺术作品和设计方案等，这些作品能够充分反映他们在特定领域或学科中的知识和技能。此外，学生还可以利用多媒体技术创作作品，如视频、音频、图画和动画等，这些作品能够展现学生的创造力、技术运用能力和信息传达能力，是评价学生能力的重要依据。

案例分析 ● ● ●

基于成果的评价证据：人工智能课程评分表

在表 6-3 中，教师可以从运动、外观、声音、运算等维度对学生的作品进行评分，并分为基础、发展中、精通三个层级，每个层级都有相应的描述。评分表可以帮助学生清晰地了解自己作品的优势与不足，可以让教师客观地了解学生的能力水平，以为下一轮教学调整提供依据。

表 6-3　人工智能课程编程作品评分表①

维度	基础（1分）	发展中（2分）	精通（3分）
运动	转向、移动	转向固定角度、移动固定距离	转向/移动变量值
外观	简单呈现	—	对呈现进行控制（时长、动作、位置）
声音	播放声音	—	合成声音
运算	运算呈现	运算控制	运算触发

---

① 詹泽慧，姚佳静，吴倩意，等. 人工智能课程中表现性评价的设计与应用[J]. 现代教育技术，2022，32（5）：32—41.

续　表

维度	基础（1分）	发展中（2分）	精通（3分）
变量	软件内置变量	自行新建变量	新建列表
判断	—	—	使用〈 ＝ 〉
顺序和循环	顺序	重复	重复……直到……
条件	如果	如果……则……	嵌套的 IF 结果
等待	—	使用"等待"	使用"等待"……直到……
并行	—	—	运行触发 2 个及以上的对象同时活动
用户交互	人触发机器	—	人机互动
AI 技能	使用 1 个模块	使用 2 个模块	使用 3 个及以上模块

2. 使用注意事项

基于作品的评价证据既可以来自教师与同学，也可以来自学生本人，是学习式评价或学习的评价中常见的评价证据类型。这类评价证据具有一定的编码难度，因此，教师需要在深入理解评价要求后才能做出客观公正的评判。此外，基于作品的评价证据能够促进学生对知识的深入理解，实现"以评促学"的效果。它不仅能激发学生参与评价的积极性[1]，还有利于开展协商式评价。这种评价方式需要从多个维度对作品进行评价，使作品的优点与不足一目了然，便于学生对作品进行迭代改进，体现了发展性的评价原则。同时，每个学生的作品独具特色，因此评价结果也各不相同，呈现出个性化的特点。

（二）基于项目工作纸的评价证据

1. 证据来源

在跨学科主题学习中，项目工作纸也可以作为任务单。它是教师引导学生完成学习的支架，也是一种过程性文档，伴随着学生的学习全过程。从评价的视角来看，项目工作纸也是一种重要的评价资源，能够反映学生的学习轨迹。在跨学科主题学习活动结束后，项目工作纸作为评价证据，主要是通过它的完成度来对学生进行评价的。它可以反映学生的课堂参与情况，以及学生对项目工作纸上各部分知识与技能的掌握情况。当然，有时也需要将项目工作纸的内容作为分析对象进行评价。例如，对于学生在项目工作纸上绘制的思维导图，教师可以从重点突出、发挥联想、构图清晰、个人风格、整体布局五个维度出发，按照发展级、

---

[1] 广州市海珠区"小学生信息技术主题作品发展性评价方案的探索"课题组，范谊. 基于电子量规的小学生信息技术主题作品发展性评价研究[J]. 电化教育研究，2006(5)：72—76，80.

完成级、示范级三个等级对其进行评分。

2. 使用注意事项

基于项目工作纸的评价证据能够充分发挥项目工作纸的价值,它不仅可以作为学生在学习过程中的任务支架,还可以作为教师对学生学习情况做初步评价的重要依据。项目工作纸伴随着跨学科主题学习活动的进行而生成,减轻了学生与教师在评价工作上的负担。通过项目工作纸中题目的正确率和完成度,教师可以清晰地了解学生对相关知识点的掌握程度。与基于试题的评价证据相比,尽管项目工作纸生成的评价证据在形式上可能不够严谨和正式,但它所涵盖的评价内容却更为细致,因此更适用于教师在课堂上即时了解学生的学习状态,从而使评价变得更加便捷。表 6-4 是"水与生活"课程中"水的净化原理"学习任务单,详细列出了学生在课堂上需要完成的各项任务。这些任务可以作为学生在学习过程中的学习支架,引导学生主动建构知识体系。教师可以通过分析学生对任务单的完成度及正确率,准确把握学生对相关知识的掌握情况。在化学教学中,对实验原理及操作过程的理解至关重要,而这份任务单将能够有效协助教师评估学生对实验的掌握程度,从而优化教学策略。

表 6-4 "水与生活"课程中的"水的净化原理"学习任务单

学习目标

(1)**知识与技能**:能说出水的净化原理,并举例说明水的净化原理在生活中的应用。

(2)**学科思维**:在完成水的净化实验的过程中,能够遵守实验室安全规则,分析实验实施的合理性,培养严谨求实、敢于质疑的科学态度。

(3)**高阶素养**:通过对不同的水的净化原理实验的比较分析,初步形成科学思维与探究实践素养;通过探究水的净化原理在生活中的应用,培养良好的态度责任素养。

热身活动

通过互联网搜索当地自来水的阶梯价格及收费项目。

任务 1:实验探究

活动 1:阅读人教版《化学》九年级上册第四单元"自然界的水"课题 2 中的内容,根据教材中的要求,分别完成实验 4-1"用明矾净化水"和实验 4-2"用漏斗和滤纸过滤水"。

活动 2:根据活动 1,完成表格的填写。

实验	实验 4-1	实验 4-2
现象		
结论		
讨论:实验 4-1 是依靠明矾的什么特性来完成水的净化的? 其净化原理与实验 4-2 有何异同? 你认为哪种净化方式在生活中更适用? 在开展实验 4-2"用漏斗和滤纸过滤水"时,有哪些操作关键点? 实验 4-2 中的漏斗和滤纸,在生活中有哪些替代品?		

续 表

任务 2:自主探究

活动1:阅读人教版《化学》九年级上册第四单元"自然界的水"课题2中的内容,完成实验4-3"水的蒸馏"。

活动2:根据活动1,将答案填入以下空格内。

(1)水壶或盛水的器具之所以会结水垢,是因为水中含有较多_____。

(2)在生活中,_____可以区分软水和硬水,_____可以降低水的硬度。

(3)在"水的蒸馏"实验中:

实验装置的安装顺序为_____。

加入沸石(或碎瓷片)的作用是_____。

课堂小结

通过绘制思维导图或流程图,回顾本节课所学的水的净化实验的步骤、操作要点以及所观察到的现象。

三、基于试题的评价证据

(一) 证据来源

测试题评价是应用非常广泛的评价方法,具有方便快捷的特点。在跨学科主题学习中,教师只需要通过学生对测试题的作答结果,就可以快速考查学生对知识与技能的掌握水平。例如,PISA(国际学生评估项目)中的部分测试题,就被用于衡量学生的知识与技能水平,并在国际上被广泛认可。基于试题的评价不仅能评估学生的知识水平,还能深入考查学生的高阶思维。以百博思测试(Bebras Tasks)为例,它模拟实际生活中的问题情境,通过分层任务来测量被测者的计算思维水平。[①] 此时,学生的作答结果成为基于试题的评价证据,通常以试卷的形式呈现。此外,还有部分基于试题的评价聚焦于学生的答题表现,此时的评价证据包括学生的相关数据,如答题的正确率、作答时间以及脑电状态等。

(二) 使用注意事项

基于试题的评价证据通常来源于正式的考试或考查,这一过程需要教师专门组织学生进行试题作答,并涉及一定的评价成本,因此,它更适合于大规模的学生测试。学生在完成测试后,教师会根据学生的作答情况给予分数评价。这些分数代表着不同的能力水平,而学生整体分数的分布通常呈现出正态分布的特点。然而,对于教师而言,基于试题的评价证据往往使他们更加关注那些测试结果不理想或优秀的学生,同时强调整体情况,这可能在一定

---

① 詹泽慧,姚佳静,吴倩意,等. 人工智能课程中表现性评价的设计与应用[J]. 现代教育技术,2022,32(5):32—41.

程度上限制了个性化教学的实施。在跨学科主题学习中,教师应当采用综合性的试题设计方法,因为跨学科主题学习涵盖了多个学科领域的知识和技能。试题的设计需要能够全面考查学生对这些领域知识的综合理解和应用能力,鼓励学生运用不同学科的知识进行综合分析和问题解决。

四、基于量表的评价证据

(一) 证据来源

在跨学科主题学习活动中,对学生情感态度或思维能力的评价,除了可以通过学生的作品、学习过程的行为表现来进行外,还可以借助专门的情感态度或思维能力量表来进行量化评估。基于量表的评价证据,是通过采用特定主题的量表或问卷来收集学生的自我评价数据或他人的观察数据,以此作为定位学生学习成果与能力的评价证据。这些量表通常由教育或心理专家、教育机构设计,旨在全面评估学生在跨学科主题学习中的技能掌握、知识积累和态度表现情况。基于量表的评价证据能够从多个维度评价学生对不同学科领域大概念的认知,反映出学生在知识掌握、批判性思维、问题解决和合作能力等方面的具体表现。同时,由于这些量表通常配备了标准化的测量工具和评分体系,因此能够确保评价的客观性和可靠性。这些量表在开发过程中经过了严格的验证,具有明确的评分标准和可比较的结果,能够将学生的主观表现转化为客观的数据,使得评估结果更具说服力和可信度。

案例分析

● ● ●

基于量表评价学生的计算思维

有学者从合作能力、算法思维、问题解决、批判思维、创造力这五个维度设计了适用于测量小学生计算思维的专业量表。量表采用李克特五级计分法,共有 23 道测试题。[①] 学生需要将测试量表中题项的描述与自身的实际情况进行对比,选出与自身最为符合的选项。随后,通过计算测试的总分来评估自己的计算思维能力。这类测试量表通常适用于学生的自我评价。

表 6-5　计算思维测试量表(部分)

题　项	选　项				
我会从不同角度看待问题以产生多种想法	完全同意	同意	一般	不同意	完全不同意

---

① 张屹,莫尉,张岩,等. 我国小学生计算思维量表研发与应用[J]. 中国电化教育,2020(10):49—57.

续 表

题 项	选 项				
在遇到问题时,我会寻找平常不被注意到的细节	完全同意	同意	一般	不同意	完全不同意
当遇到新问题时,我总能有好的想法	完全同意	同意	一般	不同意	完全不同意
当我在某个问题上陷入困境时,我会尝试把以前的解决方案应用到新的情况中	完全同意	同意	一般	不同意	完全不同意
当我在某个问题上陷入困境时,我会从我的周围寻找解决线索	完全同意	同意	一般	不同意	完全不同意

这张量表在跨学科主题学习中的具体应用方式为:在学习开始前,教师可通过问卷平台将量表分发给学生,作为诊断性评价工具,用以了解学生的计算思维起始水平,并作为学情数据的一部分。在学习结束后,教师会再次分发量表,这不仅是学生反思整个跨学科主题学习中自身表现的工具,也是教师评估学生通过跨学科主题学习后计算思维水平提升情况的窗口。

(二)使用注意事项

在大多数情况下,基于量表的评价证据是衡量学生情感态度与思维能力的有效工具。学生在完成跨学科主题学习活动后若能进行自我评价,将有助于他们准确评估自己的思维能力水平。由于这类评价证据通常体量较大,生成评价证据需要较长时间,因此,它更适用于学生的自我评估。这一类证据通常不涉及具体的学科知识,不受知识水平的限制,而是要求学生根据实际情境并结合自身情况选择符合的选项,从而更为全面地了解自己。通过在跨学科主题学习活动前后分别采集这类评价证据并进行对比,教师可以清晰地观察到学生在情感态度与思维能力方面的成长,这也是一种增值性评价方式。

> **问题研讨**
>
> 对比分析前文介绍的四类评价证据的生成方式,说说它们各自的特点,并举例说明它们适用于什么类型的跨学科主题学习活动。

大概念与学历案

　　学历案是教师在班级集体教学的环境中,围绕一个具体的学习单元(如主题、单元),从期望"学会什么"的目标出发,设计并展示"学生何以学会"的过程,以便学生自主建构或社会建构知识及经验的专业方案。学历案与导学案不同,首先,导学案是从教师的立场出发设计的教学文本,而学历案则是由教师从学生的立场出发,设计并用于规范或引导学生学习的文本,是学生通向目标达成的脚手架。其次,学历案的重要功能是记录每一位学生在学习过程中的表现,是学生学习的认知地图,也是可重复使用的学习档案,可用于学业质量检测。[①] 跨学科主题学习需要培养学生综合学习和以综合方式解决真实情境中复杂问题的习惯和能力,最终形成的是高阶思维与能力。[②] 这一学习效果并非仅通过知识的识记与理解所能达成,而是需要通过深度学习来培养学生的核心素养。学历案在设计上要求创设真实的复杂问题情境,设置指向核心素养和有意义的任务,开展表现性评价,通过学后反思路径帮助学生培养反思学习的习惯。[③] 学历案的设计理念及学习支架功能,能够有效帮助学生培养高阶思维与在真实性情境中解决问题的能力。

　　"教学评一体化"体现了核心素养教育背景下课程思维的本质要求。学历案支持教师站在学生的立场思考教学,特别注重在激活学生已有知识经验的基础上,引导学生从不知道到理解,从应用到分析,从评价到创造。通过学历案,学生的认知发展、思维脉络、遇到和突破的瓶颈,以及梳理反思的全过程均得以可视化呈现。因此,教师在设计跨学科主题学习时,也可以参考单元学历案的写法,模板见表6-6(关于学历案的具体案例可参考第七章"典型案例")。

表6-6 跨学科主题学习单元学历案模板

主题名称			课时	
年级		主干学科		对应章节
一、你愿意接受挑战吗?				
简单介绍本主题将会涉及的内容。				
二、你需要学习什么?				
介绍主题所涵盖的课时,以及各课时所包含的信息。				

---

① 卢明,崔允漷.教案的革命:基于课程标准的学历案[M].上海:华东师范大学出版社,2016:12.

② 伍红林,田莉莉.跨学科主题学习的"跨""学""评""行"[J].湖南师范大学教育科学学报,2023,22(5):16—21.

③ 崔允漷.指向深度学习的学历案[J].人民教育,2017(20):43—48.

续　表

三、期望你学会什么?

(1) 了解……

(2) 解决……

(3) 协作完成……

四、给你支招

1. 为何学

2. 如何学

(1) 通过阅读学习材料,观看视频资源……

(2) 通过问题驱动、任务驱动……

(3) 通过小组合作讨论和创作……

3. 学习资源

教材、微课、学历案、在线学习平台……

分课时学历案(1-1)

单元名称:	第一课时名称:

(一) 课时目标

(1) ……

(2) ……

(二) 评价任务

完成思考 2、任务 1 和任务 2(检测目标 1 和目标 2)。

(三) 学习过程

1. 课前任务

(1) 查找资料……

(2) 观看……

2. 聚焦问题,明确任务

◇ 活动安排:完成思考 1,根据课前学习的内容分享自己的观点。

■ 思考 1:

_____

_____

_____

3. 参观……

◇ 活动安排:带领学生……完成思考 2,以及任务 1 和任务 2。

■ 思考 2:_____

_____

_____

■ 任务 1:

■ 任务 2:

4. 课堂小结

　　填写下方的"PMIQ"表格,对本节课所学内容进行反思。

P(Plus)学习收获(我已经学会的知识)	M(Minus)不足之处(我还没有学会的地方)	I(Interesting)我还感兴趣的内容(我还想学的知识)	Q(Question)我感到疑惑的问题(我还想弄清楚的问题)

分课时学历案(1-2)

单元名称:	第二课时名称:

……

五、检测与作业

(一)必做题

(1)……

(2)……

(3)……

(二)选做题

(1)……

(2)……

六、学后反思

七、单元评价

　　根据自己在本单元的表现,按照以下评价量表,对自己、同伴的表现及作品进行评价,同时教师也会对你的表现进行评价。

评价说明	学生自评	同学互评	教师评价
	☆☆☆☆☆	☆☆☆☆☆	☆☆☆☆☆
	☆☆☆☆☆	☆☆☆☆☆	☆☆☆☆☆
	☆☆☆☆☆	☆☆☆☆☆	☆☆☆☆☆
	☆☆☆☆☆	☆☆☆☆☆	☆☆☆☆☆
	☆☆☆☆☆	☆☆☆☆☆	☆☆☆☆☆
	☆☆☆☆☆	☆☆☆☆☆	☆☆☆☆☆
	☆☆☆☆☆	☆☆☆☆☆	☆☆☆☆☆

第三节 应用证据集开展评价

本节学习目标

本节的学习重点是从基于证据集的评价和技术赋能评价这两个视角，掌握跨学科主题学习的评价方法。

在跨学科主题学习活动中，基于证据集对学生进行有效的评价是非常关键的内容。本节主要聚焦于评价连续体，介绍对学生开展学习式评价、学习性评价和学习的评价的方法，以及基于技术赋能进行评价的方法。

一、基于证据集的评价

跨学科主题学习关注学生对知识的综合性与创造性应用能力。为了检验学生是否达到这一水平，教师需要在基于真实情境的任务中对其进行评价，这一要求与表现性评价的内涵相一致。[①] 表现性评价要求学生在某种特定的真实性情境中，应用已有的知识完成指定任务或解决特定问题，从而评价他们在知识与技能的掌握、交流合作、问题解决以及批判性思考等复杂能力方面的发展状况。[②] 表现性评价的重要依据是学生在完成任务或解决问题的过程中所产生的学习痕迹，因此，它也是指向证据集的评价。

在 C-POTE 模型的跨学科主题学习中，指向证据集的评价是形成闭环的重要环节。这一环节要求教师能够有意识地收集学生在跨学科主题学习实践过程中生成的表现证据，并依据学生的学习表现即时提供反馈。同时，教师还应引导学生借助案例阐述、评价展示等实践活动，对自身的学习过程进行评价与反思。[③]

（一）确定最终评价任务

1. 围绕目标层明确评价目的

评价的目的是检验教学目标是否达成，因此，评价需要依赖行为证据，这些证据应能明确反映每一个主要教学目标所隐含的行为。例如，当教学目标为"形成对文学的兴趣"时，教师需要在教学过程中找出学生对文学产生兴趣的行为方面的证据并进行评价。[④] 在逆向教学设计的流程中，首先需要完成教学目标的设计，随后进入评价设计的阶段，最后才是对学习活动进行设计。这样的流程旨在引导教师和课程设计者在着手设计跨学科主题学习之

① 张春雷. 跨学科学习评价：价值定位、过程方法及模型应用[J]. 中国考试，2023(4)：42—49.
② 赵德成. 表现性评价：历史、实践及未来[J]. 课程·教材·教法，2013,33(2)：97—103.
③ 詹泽慧，季瑜，赖雨彤. 新课标导向下跨学科主题学习如何开展：基本思路与操作模型[J]. 现代远程教育研究，2023,35(1)：49—58.
④ 拉尔夫·泰勒. 课程与教学的基本原理[M]. 施良方，译. 北京：人民教育出版社，1994：89.

前,先深入思考如何有效评价以检验教学目标的达成情况。① 总而言之,在跨学科主题学习中,评价应当与目标层保持一致,即根据目标层明确评价的目标,然后设计整个评价过程,并通过收集的证据集来检验各个教学目标的达成效果。

2. 选定评价模型

跨学科主题学习评价是对学生学习效果是否达到素养目标进行综合性判定的过程。核心素养因其复杂多元的特点,决定了评价类型和方法必须多样化。形成性评价和总结性评价虽然能有效评估学生在学科知识层面上的发展,但核心素养更强调学生的全面发展,包括学习能力的提升。因此,为了评估学生的核心素养,需要采用更为多元化的评价方式来提供评估支持。

前文已介绍,教学评价分为学习的评价、学习性评价和学习式评价三类。学习的评价与总结性评价相对应,关注学生的学习成果,是为了评定学生的学习水平而开展的评价;学习性评价与形成性评价相对应,注重学生在学习过程中的表现,是为了推进学生的学习而开展的评价;而学习式评价则侧重于学生自我评价能力的发展,是为了使学生在学习中学会评价而开展的评价。这三类评价共同满足了学生在学科知识与学习能力发展上的需要。② 学习式评价的重要意义在于,在真实世界的社会生活中,每个独立的个体都需要学会评价,不仅要学会评价他人,更重要的是要学会自我评价。这一意义与核心素养所要求的发展学生在现实世界的能力高度契合。③

（二）设计评价连续体

在跨学科主题学习中,评价连续体是以问题解决过程或任务完成过程为主线,学生在子问题或子任务中的学习表现的集合体。评价连续体不仅整合了多种评价类型,也实现了评价方法的一体化。跨学科主题学习的评价对象聚焦于主题学习的核心素养目标,而核心素养的复杂性决定了评价需要采用连续体的形态。在整合性评价逻辑下,跨学科主题学习包含了复杂的真实性学习情境族,这些情境族下的评价相互关联,共同构成了评价连续体。同样地,过程性评价强调学生在跨学科主题学习活动中的表现与成果。评价连续体能够展现学生从学习活动开始到结束的整个过程中的表现与成果。在评价方法上,评价连续体体现为针对不同目标采用不同的评价策略和方法,通过构建完整的评价连续体所生成的各类证据,能够有效揭示学生行为上的变化。在评价类型上,学习性评价、学习的评价和学习式评价三者相辅相成,贯穿于整个跨学科主题学习过程中。

在大多数的跨学科主题学习活动中,前期的评价以为了推进学习的"学习性评价"和为

① 格兰特·威金斯,杰伊·麦克泰格. 追求理解的教学设计(第二版)[M]. 闫寒冰,宋雪莲,赖平,译. 上海:华东师范大学出版社,2017:3.
② 詹泽慧,季瑜,赖雨彤. 新课标导向下跨学科主题学习如何开展:基本思路与操作模型[J]. 现代远程教育研究,2023,35(1):49—58.
③ 刘徽. 大概念教学:素养导向的单元整体设计[M]. 北京:教育科学出版社,2022:3.

了发展学生评价能力的"学习式评价"为主。这两类评价持续为学生的学习提供及时的反馈,因为无论是核心素养的培养、元认知能力的提升,还是高阶思维的发展,都需要时间的积累和持续的努力。"学习的评价"通常在学习的中后期出现,其主要目的是评估学生的学习效果。在学习的中期引入"学习的评价",是为了检验学生在特定阶段对单一技能及低阶思维的掌握情况,从而确保学生能够在扎实的基础上逐步向更高层次的学习目标迈进。①

📝 案例分析

●●●

"城市"单元评价连续体

这里以"城市"单元为例,展示跨学科主题学习的评价连续体,具体见图 6-1。

◆ 通过一个导入性问题(如"你了解你所在的城市吗")来激发学生学习"城市"主题的兴趣。

◆ 介绍本质问题并讨论单元的终极表现任务(结合实际需求撰写一份城市选择报告)。

◆ 介绍相关术语,以满足多种学习活动和表现任务的需要。学生阅读并讨论人教版高中地理必修二《城市与城市化》的相关内容,以支持学习活动和任务。作为一项持续推进的活动,学生以小组为单位,讨论学校所在城市的发展概况,以PPT、Word文档或思维导图等形式的学习工具呈现小组观点,并由小组选派一位同学进行分享,小组其余成员接受其他小组的评价,并进行自我评价。 ◁ 学习性评价 学习式评价

◆ 在展示过程中,教师选择影响城市发展和变化的关键区域,要求学生分组开展实地调研;结合网络资源和信息技术,调研关键区域的发展水平,包括经济概况、政策出台、人文环境等,然后让学生以PPT的形式呈现。

◆ 结合整个城市及关键区域的发展概况,完成一份"城市"单元的知识测试和思维导图。 ◁ 学习的评价 学习性评价

◆ 介绍城市发展过程中的基本要素及其影响因素。学生以小组的形式,完成城市简介的海报制作,要求海报中体现与城市发展相关的标签图片,将海报在课堂或走廊上展示。 ◁ 学习性评价

◆ 分组辩论:到底是自然环境还是人类活动对城市形态和结构的影响更大?学生分组辩论,对峙双方进行充分论证。在准备的过程中,教师观察并指导学生。

◆ 教师总结分享,学生完成阶段性作业,针对"人与环境的交互影响并塑造着城市"这一观点展开论述(至少500字)。教师筛选论述具有典型性的学生并让其进行课堂分享,邀请学生进行互评或补充,允许学生基于反馈做出修改。 ◁ 学习性评价 学习式评价

◆ 观看并讨论视频《杭城风韵》。

---

① 刘徽.大概念教学:素养导向的单元整体设计[M].北京:教育科学出版社,2022:3.

◆ 通过小组合作查阅资料、邀请相关人士参与访谈的方式，梳理杭州在城市空间结构、城市等级、城市服务范围方面的演变过程；结合当下的实际情况，针对"杭州市的哪个区县未来发展潜力最大"这一问题开展合作探究，并以PPT的形式呈现小组合作成果（对照教师设计的量规，由学生投票选出最有说服力的一组并给予奖励，投票时不能投自己所在的小组）。 〔学习的评价 学习性评价 学习式评价〕

◆ 在单元结束时，学生回顾所学知识及学习过程，并对城市的发展进行进一步的思考：是否已经注意到了城市的发展与变化？是否注意到在融入城市发展的过程中，自己的感受和表现所发生的变化？

◆ 单元总结：学生结合学习过程进行自我评价，并结合个人成长和发展需求，撰写一份未来毕业后的城市选择计划。 〔学习的评价 学习性评价〕

图 6-1 评价连续体示例①

在"城市"这个单元的学习前期，学生以小组形式讨论了学校所在城市的发展状况，这是一个包含"学习性评价"与"学习式评价"的表现性任务。在学习中期，从小组合作制作城市简介海报到分组辩论相关观点，再到个人阐述"人与环境的交互影响并塑造着城市"这一话题的观点，这一系列有梯度的表现性任务，都隐藏着"学习性评价"。同时，学生对自己或同伴的评价，就是在进行"学习式评价"的过程。在学习后期，学生开展自评并撰写城市选择计划，这些既是检验学生学习成果的"学习的评价"，也是培养学生评价能力的"学习式评价"。

（三）实施评价过程

表现性评价的目的是依据预先设定的目标层，检验学生的学习效果，其评价对象包括学生的认知水平结构与学习成果。常用的表现性评价工具有评价量规、项目工作纸、试题、学历案、学习档案袋等。② 其中，评价量规分为面向学生认知水平结构的评价量规与面向学生学习成果的评价量规；项目工作纸、试题与学历案等工具，既是学生的学习工具，也是开展评价的工具，记录了学生的学习痕迹；学习档案袋能够在尊重学生意愿的前提下收集学生的各类材料，包括智力层面与非智力层面的。在实施评价的过程中，评价形式是多元的，评价主体也是多元化的，既包括教师对学生的评价，也包括学生对自己的评价以及来自其他学生的评价。

---

① 徐玲玲,刘徽,曹琦.评价连续体:大概念教学的评价设计[J].上海教育科研,2022(1):19—24.
② 孙宏志,解月光,张于.核心素养指向下高阶思维发展的表现性评价设计[J].电化教育研究,2021,42(9):91—98.

二、技术赋能评价

（一）技术如何赋能教学评价

1. 形式上支持教学评价创新①

技术赋能教学评价在形式上主要表现为应用信息化平台来支持评价创新,旨在教育信息化时代实现评价的电子化和便利性。其中,信息化平台指的是专门用于记录学生测评或呈现项目的教育信息化软件、应用或系统。在教学实践中,信息化平台被用来变革传统的评价形式,其主要应用形式包括:①变革原有的档案袋评价形式。通过建立电子档案袋,记录和存储学生在跨学科主题学习中产生的各类材料,如项目工作纸、表现量规、知识测试题等,使评价更加全面和便捷。②将传统纸笔测试与线下评价信息整合到在线评价平台中。这种整合不仅提高了评价材料保存的丰富性和时效性,还降低了教师用于评价的时间与精力成本,同时提升了评价的效率。③利用在线评价平台设计具有真实性的复杂任务情境。通过这种方式,能够培养学生在真实情境中解决问题的素养与能力,同时能够对学生核心素养中的复杂性和内隐性成分进行有针对性的评价。

2. 方法上促进教学评价变革

在信息化教学环境下,各类智能技术为学生评价的全流程带来了巨大变革,实现了评价的自动化与智能化。智能技术所支持的数据采集、处理与分析技术,与学生素养评价过程中的数据输入、处理与分析过程具有内在的耦合机理。② 多模态学习分析技术是智能技术赋能教学评价的典型代表之一。在跨学科主题学习中,多模态学习分析技术通过收集学生高频、细粒度、微观层面的学习数据,能够从多个维度更准确地反映学生真实的学习状态。这一技术不仅满足了多元评价原则中评价形式多样化的要求,而且丰富了评价的层次,提高了评价的质量。它为实现学习评价从静态的学业成就的数字化表征转向动态的、立体的过程性学习评价提供了有效的路径。将多模态学习分析技术应用于跨学科主题学习,可以有效促进发展性评价的实施,强化综合性评价,同时保障评价的真实性。③

（1）多模态学习分析技术的内涵。多元评价原则强调对学生多方面的表现进行全面评价,因此,评价所需的证据也应当来自多元化的渠道。多模态学习分析技术能够通过捕获、融合以及分析教学环境中的来自多种渠道的数据,深入、客观地理解和洞察学生的学习行为、认知结构、信念、学习动机以及情绪等多个方面。其中,多模态数据类型按由外及内的结

① 柴唤友,陈丽,郑勤华,等.技术赋能学生综合素质评价:进展、挑战与路向[J].现代远程教育研究,2023,35（3）:40—46,54.
② 柴唤友,陈丽,郑勤华,等.技术赋能学生综合素质评价:进展、挑战与路向[J].现代远程教育研究,2023,35（3）:40—46,54.
③ 张家华,胡惠芝,黄昌勤.多模态学习分析技术支持的学习评价研究[J].现代教育技术,2022,32（9）:38—45.

构顺序可分为:在学习过程中可直接被观察到或记录到的外显数据(如日志记录、笔迹分析和草图等)、学生内部结构在接受刺激时发生变化的生理数据(如脑电图、心电图等)、反映学生自身心理活动的心理数据(如与认知、情感有关的数据)、具备个人属性和特质的基础数据(如年龄、性别等)四类。①

(2) 如何应用多模态学习分析技术。多模态学习分析技术在学习评价过程中的应用可划分为四个主要环节:确立目标→获取数据→建立模型→提供反馈。这四个环节相互衔接,构成一个闭合的循环流程,具体流程见图6-2。

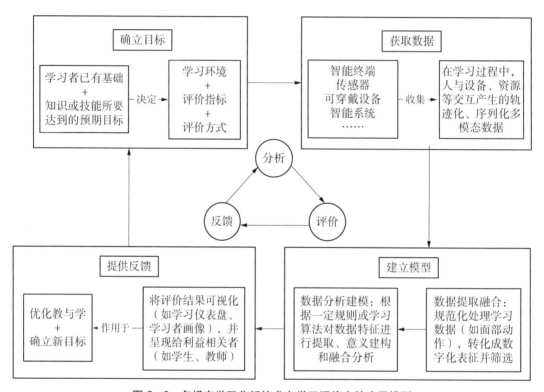

图6-2 多模态学习分析技术在学习评价中的应用模型

在应用多模态学习分析技术进行评价时,教师在教学活动开始前需要依据学生的基本情况和学习要求,设定预期的学习目标,并据此规划合理的学习环境与评价方案。在数据获取阶段,教师可以利用智能设备收集学生在跨学科主题学习中产生的学习数据,从而持续评估和判断学生的学习表现及学习状态。在建立模型阶段,教师需要对收集到的分布离散数据和缺乏关联的数据进行立体建模,从而建立起学习数据与学生外显行为和内隐特征之间的联系。最后,教师可通过评价结果可视化手段(如仪表盘、知识图谱等),为

---

① 张家华,胡惠芝,黄昌勤.多模态学习分析技术支持的学习评价研究[J].现代教育技术,2022,32(9):38—45.

学生、家长、其他教师等各方提供反馈,然后依据反馈指导学生调整学习状态和学习目标,并进入下一阶段的动态循环。①

（二）技术赋能教学评价的核心价值

1. 评价证据可视化

传统的教学评价通常以学生作业或测试分数以及教师评语的形式呈现,而智能技术赋能教学评价使评价的形式发生了改变。在智能技术的支持下,教师能够全面覆盖教、学、考、评、管的各个环节,以及课前、课中、课后的全过程,采集海量的伴随式数据,以形成学生的学习画像。通过智能技术,教师不仅可以将学生的生理、体征等数据纳入评价证据的范围,而且还改变了学生评价证据的呈现形式,使学生的学习过程和学业质量结果以更加直观的方式展现,从而有助于学生更好地理解复杂的评价数据。② 例如,智能学习平台能够将学生知识测试的结果以雷达图的形式呈现,直观地反映出学生在知识体系中的薄弱环节,并帮助他们识别出失分题型。

2. 评价证据精准化

技术赋能下的教学评价证据更具准确性,主要表现在数据收集与分析环节。在数据处理方面,智能技术可以对大量的学生成绩进行交互式统计分析和可视化呈现,如自动阅卷技术③,能够高效地处理大量数据。在数据分析方面,通过多模态数据融合分析,可将学生的各种数据(如生理数据、情感数据、行为数据等)进行智能可视化表征,对学生的学习指标(如知识与技能、学习品格、关键能力等)进行数字画像评价,从而实现动态精准评价。技术赋能教学评价使得评价证据有据可查,能够基于学生的大量数据,综合学生多方面的表现给予评价。

3. 评价反馈即时化

技术赋能下的教学评价证据具有即时性的特点,具体表现在实时传送、实时反馈、实时干预这三大关键场景中。在实时传送场景下,借助移动通信和高速局域网技术,学生能够将生成的学习评价证据(如项目工作纸、学习作品、试题等)实时传送到教师手中。在实时反馈场景中,教师能够利用数据可视化技术对评价证据进行深入分析,并将评价结果及时反馈给学生与家长。在实时干预场景中,智能技术(如知识图谱、自然语言处理技术等)可以基于学生的多模态数据分析情况,通过为学生制定个性化的学习方案来对其进行及时干预和有效指导。④

① 张家华,胡惠芝,黄昌勤. 多模态学习分析技术支持的学习评价研究[J]. 现代教育技术,2022,32(9):38—45.

② 张志华,王丽,季凯. 大数据赋能新时代教育评价转型:技术逻辑、现实困境与实现路径[J]. 电化教育研究,2022,43(5):33—39.

③ 张志祯,齐文鑫. 教育评价中的信息技术应用:赋能、挑战与对策[J]. 中国远程教育,2021(3):1—11,76.

④ 刘邦奇,喻彦琨,袁婷婷. 智能技术赋能过程评价:目标、路径与典型场景[J]. 现代教育技术,2022,32(5):14—23.

评价证据的即时性不仅保证了评价的有效性,而且还在一定程度上提高了学生的学习热情。

> 💬 **问题研讨**
>
> 在一个跨学科主题学习中,如何设计其中一个子主题的评价证据集? 请你尝试设计,并从技术赋能的角度优化这个设计方案。

第四节　证据集在跨学科主题学习中的应用案例

🎯 本节学习目标

通过本节的学习,了解基于证据集的学习评价在自然学科、人文学科等跨学科主题学习以及超学科主题学习中的应用案例。

在深入理解"证据集是什么"以及"如何应用证据集进行评价"的基础上,本节将详细剖析具体的跨学科主题学习评价案例,以便读者更深入地领悟如何将所学的理论知识成功应用于实践之中。

一、自然学科:"水与生活"的证据集设计

> 📍 **课例实践**
>
> 扫码观看课例视频"'水与生活'的证据集设计",思考本课例是如何基于证据集开展评价的。

"水与生活"的证据集设计

在本课例中,教师针对地理、生物、化学学科的共性概念"水资源",提出跨学科主题"水与生活",并基于"C-POTE"模型开展"水与生活"跨学科主题学习的设计与应用。教师通过引导学生进行探究、实验、撰写调查报告等多种学习方法,使学生深刻理解了"人与自然是一种相互依存、相互影响的关系"。在跨学科主题学习"水与生活"中,证据集以学历案为主要载体,有效地贯穿了整个学习活动。本课例的评价体系具体见表6-7。

表 6-7 自然学科跨学科主题学习案例"水与生活"评价体系

子主题 1:查找与水相关的灾害材料

评价的目标	学习活动	评价类型	评价证据
● 了解洪涝和旱灾的相关知识,掌握洪涝和旱灾的特点以及洪涝的类型	认识洪涝和旱灾:观看电子班级论坛中的视频资源,完成任务 1	学习性评价	知识测试题
● 知道从自然环境的角度分析洪涝和旱灾产生的原因	洪涝和旱灾产生的原因:学习电子班级论坛中的视频资源,完成任务 2 及思考 2	学习性评价	思考题
● 了解校园中常见的与水有关的安全隐患。通过小组合作的方式,调查校园中与水有关的安全隐患,提升科学探究实践能力 ● 通过小组合作的方式开展校园调查,绘制校园安全隐患分布图,提升地理实践力	校园安全隐患调查:以 6 人为一组,调查校园中可能存在的安全隐患。主要任务包括:绘制校园平面图、设计调查路线、展开实地调查,以及观察校园中是否存在如积水、裸露电线等安全隐患,并设计相应的图例,将其位置标注在校园平面图中,完成思考 3 和任务 3	学习性评价	校园平面图(含调查路线、设计图例)
● 通过小组合作的方式开展实验,探究植物在减轻洪涝灾害中的作用,提升科学探究与实践能力 ● 通过小组合作的方式开展校园调查,绘制校园排水口分布图,提升地理实践力	校园排水能力调查:以 6 人为一组,调查校园的排水能力。主要任务包括:阅读材料 3,学习排水口的形状类型,观察校园中主要的排水口类型及其分布情况,设计图例并在校园平面图中标注排水口的大小及位置,划定易积水区域并设计逃生路线,完成任务 4 和思考 4	学习性评价	校园排水口分布图、排水能力调查报告
● 对学生在子主题 1 中的学习水平进行评价 ● 学生通过评价自己或他人的作品,深入理解洪涝对生活带来的影响	主题学习评价活动	学习式评价、学习的评价	自我评价量表、同伴评价量表、教师评价量表

子主题 2:减轻水旱灾害的方法

评价的目标	学习活动	评价类型	评价证据
● 了解绿色植物在减轻水旱灾害中的作用,能够通过实验探究的方式来验证假设的可行性 ● 通过设计实验研究方案,提升	通过实验探究减轻水旱灾害的措施:探究植被在减轻水旱灾害中的作用	学习性评价	探究实验报告

子主题 2：减轻水旱灾害的方法			
评价的目标	学习活动	评价类型	评价证据
科学思维 ● 通过小组合作的方式开展实验，探究植物在减轻水旱灾害中的作用，提升科学探究与实践能力	主题学习评价活动	学习式评价、学习的评价	自我评价量表、同伴评价量表、教师评价量表

子主题 3：自制简易净水器，调查净水原理在生活中的应用			
评价的目标	学习活动	评价类型	评价证据
● 能说出水的净化原理 ● 完成水的净化实验，遵守实验室安全规则，分析实验实施的合理性，培养严谨求实、敢于质疑的科学态度	水的净化原理：根据教材中的指导与要求，分别完成实验 4-1"用明矾净化水"和实验 4-2"用漏斗和滤纸过滤水"，完成实验探究表和测试题	学习性评价	实验探究表、知识测试题
● 通过小组合作的形式设计简易净水器，了解技术与工程实践的一般过程和方法，并实施计划，根据实际效果对设计方案进行优化迭代 ● 能够用自制的简易净水器展示净水原理	自制简易净水器：以 6 人为一组，选用教师提供的材料，包括塑料瓶、纱布、小卵石、石英砂、活性炭、蓬松棉、不同孔径的带孔奶粉盒（作为滤材载体）、抛光树脂（吸附水中的可溶性钙元素、镁元素化合物），设计简易净水器图纸，并制作出简易净水器；在完成制作后，小组选派代表展示成果，完成对自己小组及其他小组作品的评价，教师也将对各个小组的作品进行点评	学习的评价、学习性评价、学习式评价	简易净水器设计图纸、简易净水器实物、自我评价量表、同伴评价量表、教师评价量表
● 通过实践调查，知道水的净化原理对人类日常生活的重要影响 ● 基于水的性质和实践调查，初步分析和评价水的净化原理的实际应用情况，尝试对水体保护等社会性科学议题展开讨论，认识到水是宝贵的自然资源，并初步形成保护资源的可持续发展意识与社会责任感	调查净水原理在生活中的应用：以 6 人为一组，将全班分成 6 个小组，从污水处理厂、自来水厂和户外便携式净水器三个角度中任选一个，围绕净水原理的应用展开调查，每个角度只能有两个小组选择；将调查报告以 Word 文档的形式形成规范性文件，并以 PPT 的形式或其他合适的形式在班级中进行汇报与交流；完成对自己小组及其他小组作品的评价，教师也将对各个小组的作品进行点评	学习的评价、学习性评价、学习式评价	调查报告、汇报材料、自我评价量表、同伴评价量表、教师评价量表

续 表

子主题 4：规划"人水和谐的理想城市"			
评价的目标	学习活动	评价类型	评价证据
• 基于"旱涝灾害形成的原因"的分析以及"减轻旱涝灾害的方法"的探索，选择合适的工具，尝试设计一个"人水和谐的理想城市"模型 • 通过合作探究，能从多个角度理解"协调人类活动与地理环境的关系，是建立人与自然生命共同体的需要" • 通过创作表达体悟思想情感，并利用媒介、技术和艺术语言进行表达	规划"人水和谐的理想城市"：以 6 人为一组，将全班分成 6 个小组，各小组基于前面所学的知识，选用合适的形式（如海报、沙盘、3D 模型等）呈现设计理念，设计一个"人水和谐的理想城市"模型；完成后在班级中对作品及其设计理念进行汇报与交流，并对自己小组及其他小组的作品进行评价，教师也将对各个小组的作品进行点评；根据他人的意见对小组作品进行优化	学习的评价、学习性评价、学习式评价	创作的模型、呈现设计理念的材料、自我评价量表、同伴评价量表、教师评价量表
• 理解人与自然的关系，初步形成人与自然生命共同体、人类命运共同体等意识	跨学科主题学习活动评价量表	学习的评价	学历案、自我评价量表、教师评价量表

二、人文学科："走进传统节日"的证据集设计

> **课例实践**
>
> 　　扫码观看课例视频"'走进传统节日'的证据集设计"，思考本课例是如何基于证据集开展评价的。
>
>
>
> "走进传统节日"的证据集设计

　　"走进传统节日"是以语文为主干学科，融合艺术、信息科技等学科的跨学科主题学习活动。活动围绕四个跨学科子主题——"认识传统节日""传统节日文化感悟""传统节日回忆习作"以及"传统节日传承与推广方案设计"展开，通过阅读、探究和创作表达等多种学习方法，引导学生理解"传统节日是传承优秀历史文化的重要载体"的意义。本课例的评价体系具体见表 6-8。

表6-8　人文学科跨学科主题学习案例"走进传统节日"评价体系

子主题1:认识传统节日			
评价的目标	学习活动	评价类型	评价证据
• 通过小组合作的方式绘制传统节日手抄报,引导学生了解我国主要传统节日的风俗习惯,并说出与传统节日相关的故事与诗歌	以小组为单位查找并收集不同传统节日的日期和风俗,绘制传统节日手抄报,并在课堂或走廊展示	学习性评价	传统节日手抄报
• 通过了解不同传统文化的起源和风俗习惯,提升学生的数字化学习能力和小组协作能力 • 通过对传统节日的了解和学习,引导学生关注传统文化的传承与创新,坚定文化自信 • 小组合作收集与传统节日相关的资料并进行分享,培养学生的团队协作和语言表达能力	主题学习评价活动	学习式评价、学习的评价	自我评价量表、同伴评价量表、教师评价量表

子主题2:传统节日文化感悟			
评价的目标	学习活动	评价类型	评价证据
• 通过小组合作的方式,收集元旦、清明节、重阳节的相关资料,了解我国重要的传统节日,提升学生的数字化学习能力和小组协作能力	以小组为单位,收集关于元旦、清明节、重阳节这三个传统节日的故事、诗歌、游戏、美食等文化遗产,完成学习任务单	学习性评价	学习任务单
• 基于对传统节日文化遗产的演绎视角,引导学生关注传统文化的传承与创新,坚定文化自信	以不同的形式(如情景剧、诗歌朗诵等)呈现或演绎所收集到的资料内容	学习性评价、学习式评价	呈现资料内容的材料
• 对学生在子主题1中的学习水平进行评价 • 学生通过评价自己或他人的作品,强化对传统节日文化的感悟	主题学习评价活动	学习式评价、学习的评价	自我评价量表同伴评价量表教师评价量表

续 表

子主题3:传统节日回忆习作			
评价的目标	学习活动	评价类型	评价证据
• 基于对传统节日文化与生活的联系这一视角,引导学生关注传统文化的传承与创新,坚定文化自信,提升审美创造能力	以"我最难忘的一个传统节日"为题创作短文,记录自己过节的感想,要求围绕主题将一段话写清楚	学习性评价	创作的文章
	主题学习评价活动	学习式评价、学习的评价	自我评价量表、同伴评价量表、教师评价量表

子主题4:传统节日传承与推广方案设计			
评价的目标	学习活动	评价类型	评价证据
• 通过小组合作的形式,设计传统节日传承与推广方案,增强文化认同感,坚定文化自信,关注和参与当代文化生活	以小组协作的形式设计传统节日传承与推广方案,完成后在班级中进行汇报与交流;对自己小组作品及其他小组作品进行评价,教师也将对各个小组的作品进行点评	学习的评价、学习性评价、学习式评价	传统节日传承与推广的方案、自我评价量表、同伴评价量表、教师评价量表
• 对学生在跨学科主题学习结束时的学习水平进行评价 • 学生通过反思自己的学习表现,强化"传统节日是传承优秀历史文化的重要载体"这一认识	跨学科主题学习活动评价量表	学习的评价	课堂观察表、自我评价量表、教师评价量表

三、超学科:"中草药的魅力"的证据集设计

课例实践

　　扫码观看课例视频"'中草药的魅力'的证据集设计",思考本课例是如何基于证据集开展评价的。

课例视频

"中草药的魅力"
的证据集设计

　　中草药文化是中国优秀传统文化的重要组成部分,凝聚了中华民族几千年的智慧。跨学科主题学习活动"中草药的魅力"有机融合了地理、生物、化学、历史、艺术等学科,围绕"走

近中草药：认识我国中草药的种类和发展脉络""探究中草药的功能和用法""探究中草药与中华文化""探究中草药的衍生产品"这四个跨学科子主题，通过分享交流、合作探究、创作表达等学习方法展开，旨在让学生理解"人与自然和谐健康发展"理念。本课例的评价体系具体见表6-9。

表6-9　超学科主题学习案例"中草药的魅力"评价体系

子主题1：走近中草药：认识我国中草药的种类和发展脉络

评价的目标	学习活动	评价类型	评价证据
• 了解中草药的形态、生长环境、分类等基本知识	借助权威网站，查找记录表中提供的常见中草药形态功用信息，完成记录表的填写	学习性评价	中草药形态功能记录表
• 从健康和医学的角度，探究中草药对人类的药用价值以及在疾病治疗中的应用	以小组为单位，通过互联网或书籍了解中草药的发展和应用，呈现形式不限（如图片、PPT等），最终将材料在课堂或走廊进行展示	学习性评价	呈现资料内容的材料
• 结合文化、历史、艺术等领域，探索中草药在社会和人类文化中的意义和表达方式，培养学生的文化认同感和民族自豪感	以小组为单位，通过互联网或书籍查找中草药的发展历史，制作历史时间线记录表，并在小组之间展示和交流	学习性评价	中草药历史时间线记录表
• 评估并定位学生在子主题1中的学习水平 • 强化对中草药的种类和发展脉络的认识	主题学习评价活动	学习式评价、学习的评价	自我评价量表、同伴评价量表、教师评价量表

子主题2：探究中草药的功能和用法

评价的目标	学习活动	评价类型	评价证据
• 了解中草药的种植方法、采摘与加工等过程，以及它们在中医药中的传统应用 • 理解中草药的药理功能和作用机制 • 分析中草药与其他学科（如生物、化学、地理等）的关联和相互影响	在学习"中草药因种植气候条件和地理位置的差异而具有不同的药用价值""中草药的生长过程""中草药中的大多数有效成分是化学物质，具有其独特的药理作用"等相关知识后，围绕这些知识展开竞赛	学习的评价	知识竞赛记录表
	主题学习评价活动	学习式评价、学习的评价	自我评价量表、同伴评价量表、教师评价量表

子主题 3：探究中草药与中华文化

评价的目标	学习活动	评价类型	评价证据
• 认识中草药在文化领域中的重要性和传统用途 • 结合文化、历史、艺术等领域相关知识，探索中草药在社会和人类文化中的意义和表达方式，培养学生的文化认同感和民族自豪感	分享、交流与中草药文化相关的故事	学习性评价	记录活动的文字、视频等材料
	主题学习评价活动	学习式评价、学习的评价	自我评价量表、同伴评价量表、教师评价量表

子主题 4：探究中草药的衍生产品

评价的目标	学习活动	评价类型	评价证据
• 认识中草药在文化领域中的重要性和传统用途 • 创造性地运用中草药知识，设计中草药产品(如端午香包、药膳等)或解决实际问题(中草药的种植和提取受到哪些因素影响，以及如何解决)的方案，传承中华传统中草药文化 • 团队合作设计并制作中草药产品，培养学生的团队协作、创造性思维、沟通表达和信息技术应用等综合能力	以小组为单位，用绘画、手工制作等形式创作与中草药和中华文化相关的产品，从创意和主题表达(评估学生作品中的创意程度，以及能否展现中草药的特点、中华文化的元素等)、结构和组合(观察作品的整体结构和组合方式，评估学生在构图、布局等方面的能力)、创新和独特性(评估作品中的创新程度和独特性，能够展现自己的想法和个人风格，并在作品中呈现出与众不同的元素和视角)等方面进行评估；对自己及其他小组的作品进行评价，同时教师也将进行点评	学习的评价、学习性评价、学习式评价	中草药主题的文创产品、自我评价量表、同伴评价量表、教师评价量表
	跨学科主题学习活动评价	学习的评价	课堂观察表、自我评价量表、教师评价量表

💬 **问题研讨**

　　对比"水与生活""走进传统节日"与"中草药的魅力"三个跨学科主题学习案例,分析它们在教学设计上有什么共同点与差异。

📋 本章小结

　　本章重点介绍了"什么是证据集"和"如何应用证据集进行评价"。第一节介绍了证据集的基本意蕴,重点梳理了证据集的定义与特点,以及证据集的分类。第二节围绕证据集的生成方式展开详细阐述,介绍了基于行为的评价证据、基于成果的评价证据、基于试题的评价证据和基于量表的评价证据在跨学科主题学习中的生成方式。第三节从证据集的评价和技术赋能评价两个视角,介绍了跨学科主题学习如何借助证据集展开评价,其重点是学会设计评价连续体,以及学习的评价、学习性评价和学习式评价。第四节展示了基于证据集的评价在自然学科、人文学科和超学科等领域的实践案例,以帮助教师加强对跨学科主题学习评价的理解。

💡 思考与练习

1. 简答题

　　(1)什么是证据集?在你教授或所研究的学科领域中,证据集有哪些常见的表现形式?

　　(2)如何根据证据集科学地评价学生的核心素养发展水平?请结合具体实例进行论述。

2. 实践操作题

　　根据课标要求,围绕一个或多个跨学科主题学习案例完成以下任务:

　　(1)分别收集一个基于行为的评价证据、基于成果的评价证据、基于试题的评价证据和基于量表的评价证据;

　　(2)设计一个评价连续体,找出其中所需要的评价证据,并按学习性评价、学习的评价和学习式评价进行分类。

第七章

典型案例

▶ 本章导语

本章基于跨学科主题学习"C‒POTE"模型(概念群→问题链→目标层→任务簇→证据集),根据研究对象、学科领域以及知识体系的不同,精心选取了自然科学、人文社科和信息工程等领域的跨学科主题学习活动案例,旨在为广大教师提供丰富且生动的跨学科主题学习示范。其中,自然科学类跨学科主题学习强调围绕科学性议题,在真实的情境中开展以成果为导向的主题式学习。因此,我们选取了六年级科学课程中的"建造植物工厂"开展跨学科主题学习设计。在人文社科领域,我们选取了注重语言运用的语文学科,并结合数学、科学、艺术、劳动等其他学科,设计了"传统节日游园会"这一跨学科主题学习案例。在信息工程领域,我们聚焦于人工智能教育这一前沿方向,设计了"中草药智慧种植"这一跨学科主题学习案例。

▤ 学习目标

1. 知识层面

掌握跨学科主题学习设计的基本流程,能够自主设计并开展跨学科主题学习课程。

2. 能力层面

(1)通过学习跨学科主题学习案例,提升自身的跨学科主题学习设计能力。

(2)通过设计与实施跨学科主题学习,提升教师之间的跨学科协作能力。

3. 素养层面

在具体实践的过程中,感受跨学科知识的魅力,并能在日常教学的开展过程中运用跨学科知识及跨学科思维。

知识地图

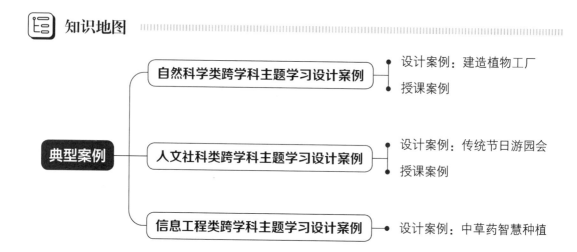

学习建议

1. 学习重点

掌握跨学科主题学习设计与实施的基本流程；深入探究和分析本章提供的具体案例和情境材料，形成全面而完整的认知。

2. 课前活动

（1）观看导学视频"典型案例"，了解本章的主要内容。

（2）理解和把握跨学科主题学习的设计方法和流程；阅读课程标准中对应的跨学科主题内容与要求，初步掌握该主题涉及的学科、内容和目标。

典型案例

3. 课后活动

（1）完成本章的"思考与练习"。

（2）结合前文介绍的知识以及自身教学的实际情况，思考跨学科教学设计的基本流程，并与自己的学习伙伴进行讨论和分享。

第一节 自然科学类跨学科主题学习设计案例

本节学习目标

通过本节学习，了解自然科学领域跨学科主题学习的实施过程，为后续深入开展跨学科主题学习活动奠定基础。

系统的跨学科主题学习设计是确保教学顺利展开的基础。为了让教师对自然科学类跨学科主题学习设计有一个直观且感性的认识，本节以"建造植物工厂"为例，对教学内容进行深入分析和设计，并将相应的概念群、问题链、目标层、任务簇和证据集呈现在具体的教学设计和学历案中，旨在为教师的实际教学操作提供强有力的参考与借鉴。

一、设计案例：建造植物工厂

基本信息

主题名称	建造植物工厂		
主题课时	3 课时	实施年级	六年级
主干学科	科学	其他学科	信息科技、生物、数学、艺术、语文

课例实践

扫码观看课例视频"建造植物工厂"，并跟随教师的设计思路，深入思考该案例的前后变化。这一过程将让你深刻认识到，一个好的跨学科主题学习设计需要教师不断地迭代和完善。

建造植物工厂

（一）概念群选择：以大概念统整教学内容

本主题包含科学、信息科技、生物、数学、艺术和语文等学科大概念，并在学科交叉的基础上生成二级跨学科大概念，然后生成最终的三级超学科大概念，即"人与自然和谐共生"，具体见图 7-1。

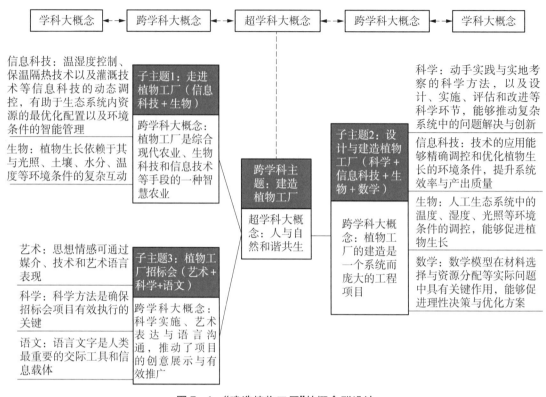

图 7-1 "建造植物工厂"的概念群设计

（二）问题链设计：依据主题内容和概念群

本跨学科主题学习的问题链（主问题串/子问题），具体可见图 7-2。

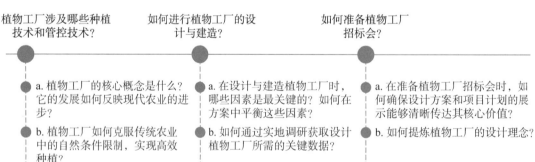

图 7-2 "建造植物工厂"的问题链设计

（三）目标层设计：以学生素养发展为导向

1. 双基层

（1）能够说出植物生长所需的光照、温度、湿度等自然条件，以及植物工厂与普通农业种植之间的区别。（第一课时）

（2）简单描述植物工厂中的立体化空间、自动灌溉、人工光源等技术的特点和原理，并说出它们所能解决的问题。（第一课时）

（3）能够描述植物的生长需求和种植方法，并选择合适的技术设计与建造植物工厂。（第二课时）

（4）总结植物工厂建造所需的设计与规划、建造与实施、评估与改进等科学步骤。（第二课时）

（5）获得植物的生长、生物与环境等方面的基础知识，初步形成生物学的结构与功能观、生态观等生命观念。（第一课时）

（6）掌握植物工厂中的立体化空间、自动灌溉、人工光源等技术的应用方法。（第一课时）

（7）合作完成地理调查，掌握围绕植物生长影响因素知识开展实地调查的技能。（第二课时）

（8）掌握植物工厂建造的基本步骤，实现微型植物工厂的设计与建造。（第二课时）

（9）通过招标海报的制作，提升海报制作能力，培养艺术鉴赏能力和审美表达能力。（第三课时）

（10）参与植物工厂招标会，说出小组设计的植物工厂的设计理念、科学技术和功效价值，提升语言表达能力。（第三课时）

（11）在设计植物工厂的过程中，能运用观察、查阅资料、实地调查等方式获取信息，并用科学语言记录和整理信息。（第二课时）

2. 思维层

（1）能够通过观察和类比的方法，认识植物工厂与普通农业种植的区别，抽象出植物工厂设计图，实现植物工厂模型的建造，并解释植物工厂技术在解决种植问题方面的作用。（第一课时）

（2）能够全面地分析植物工厂建造过程中的各种影响因素，针对具体问题提出假设，并基于实地调查情况填写调查报告，建立证据与假设之间的联系。（第二课时）

（3）能够运用已有的植物与环境等方面的生物学知识、证据和逻辑，对"植物工厂需要考虑的因素"这一生物学议题进行思考或展开论证。（第二课时）

（4）对植物工厂有一个全面的了解，包括它的技术特点、功能和应用等方面的知识，并通过深入探究获取灵感，初步提出创意设计与分享方案。（第三课时）

（5）能够进行初步的创意设计和创意分享，利用植物工厂招标海报、微型植物工厂作品和汇报 PPT 等材料表达自己的创意。（第三课时）

（6）能够从植物生长所需条件和影响因素的角度,提出在教室建造植物工厂需要注意的问题,并制定比较完整的实地调查方案。(第二课时)

3. 素养层

（1）能够利用技术与工程思维提高生产效率和工作效率,初步具备运用工程思维将植物工厂的创意和方案转化为有形物品的能力。(第二课时)

（2）能够运用生命观念探讨和阐释生物现象及规律,初步形成科学的自然观和世界观。(第一课时、第三课时)

（3）通过深入探究植物工厂的技术特性和功能,体会科技对生活的深远影响,建立起正确的科技理念,并且借助植物工厂的实践应用,激发创新思维,培养创新实践能力和创新意识。(第一课时)

（四）任务簇构建:课程内容的组织与呈现方式

下面将依据主干任务、子任务和系列活动三个维度构建任务簇。说明:可以运用图或表来展示任务簇设计。

1. 主干任务一:植物工厂技术剖析

表 7-1 "植物工厂技术剖析"子任务

子任务	系列活动
子任务一:参观植物工厂,填写"植物工厂技术"表格	观看视频,说出植物工厂的概念、发展历程和相关技术;通过实地参观植物工厂,初步探究植物工厂相关技术,并填写"植物工厂技术"表格
子任务二:分析植物工厂技术原理	以小组为单位,从光照、环境监测、水肥管理等技术中任选一个对其原理进行深入学习,并通过植物工厂技术分享会将"植物工厂技术"表格补充完善

2. 主干任务二:设计与建造植物工厂

表 7-2 "设计与建造植物工厂"子任务

子任务	系列活动
子任务一:教室环境调查	选择教室中的一个角落进行调查,完成植物工厂调查报告
子任务二:绘制设计图	各组在完成调查之后,画出相应的植物工厂设计图
子任务三:建造植物工厂	小组协作建造微型植物工厂,并将建造的植物工厂置于教室进行种植尝试

3. 主干任务三:组织与开展植物工厂招标会

表 7 - 3　"组织与开展植物工厂招标会"子任务

子任务	系 列 活 动
子任务一:招标前准备	组织开展植物工厂招标会,回顾本组设计与建造的植物工厂,并设计招标海报和汇报 PPT
子任务二:招标会开展	邀请语文、科学、信息科技、美术等学科的教师作为评委参与招标会,各组派一位代表对建造的植物工厂进行汇报,按照公平竞争的原则进行招标

(五)证据集：学习评价设计

表 7 - 4　"建造植物工厂"评价体系

子主题 1:走进植物工厂			
教学阶段	任务与活动	评价类型	评价证据
课前	完成线上科学、生物等基础知识测验,并完成与植物工厂相关的阅读任务	学习性评价	测验情况和读书笔记
课中	在参观植物工厂的过程中填写"植物工厂技术"表格,并相互分享学到的技术和原理	学习性评价	"植物工厂技术"表格
		学习式评价	植物工厂技术分享会
		学习的评价	课堂观察表
课后	通过自评、互评、师评的方式对学生在课堂中的表现进行评价;引导学生完成学习任务单中的相关任务	学习式评价、学习的评价	自我评价量表、同伴评价量表、教师评价量表
		学习性评价	学习任务单完成情况
子主题 2:设计与建造植物工厂			
教学阶段	任务与活动	评价类型	评价证据
课前	完成线上讨论与思考任务	学习式评价	课前讨论情况
课中	完成植物工厂的实地调研,并在此基础上设计与建造植物工厂	学习性评价	实地调研报告、植物工厂设计图、植物工厂作品
		学习的评价	植物工厂作品评价表、课堂观察表

续　表

教学阶段	任务与活动	评价类型	评价证据
课后	通过自评、互评、师评的方式对学生在课堂中的表现进行评价；引导学生完成学习任务单中的相关任务	学习式评价、学习的评价	自我评价量表、同伴评价量表、教师评价量表
		学习性评价	学习任务单完成情况

子主题3:植物工厂招标会

教学阶段	任务与活动	评价类型	评价证据
课前	完善植物工厂作品	学习性评价	作品完善情况
课中	完成招标前的准备和招标会的开展	学习性评价	招标海报和汇报 PPT
		学习式评价	植物工厂招标会
课后	通过自评、互评、师评的方式对学生在课堂中的表现进行评价；引导学生完成学习任务单中的相关任务	学习式评价、学习的评价	自我评价量表、同伴评价量表、教师评价量表
		学习性评价	学习任务单完成情况

（六）信息化教学资源以及信息化教学工具

（1）信息化教学资源:学历案（包含相应的驱动性任务等）、教学课件（配有相应视频资源和各类教学支架）、板书、耳机（包含麦克风功能）。

（2）信息化教学工具:人工智能实验室、Classin 平台（在线教室直播互动系统）。

（七）课时教学设计

第一课时：走进植物工厂

1. 课时内容分析

本课时涉及生物和信息科技的学科大概念。生物学科大概念强调植物生长需要光照、营养供给等自然条件;信息科技学科大概念强调通过手机、电脑等终端实现植物工厂的自动化控制和科学管理。本课时通过"做中学"的方式带领学生走进植物工厂,指导学生学习植物工厂的相关技术,并通过持续提问的方式,引导学生运用这些技术来解决种植过程中遇到的问题。在学习完本课时的内容后,学生能够了解植物工厂的基本特征,掌握相关的种植技术和管控技术,并能根据现实中的种植问题选择合适的技术加以解决。

2. 课时学情分析

（1）知识基础:①该班级学生在之前的课程中已经掌握了植物的简单分类、光合作用原理,以及风能和水能的运用等知识,这些基础知识为学习本节课的植物工厂技术奠定了基础。②该班级学生具备一定的植物种植基础,知道植物生长过程中所需的环境条件,如光照、水分、温度、氧气等。

（2）一般特征：本节课的授课对象是六年级的学生。该阶段学生的探索欲很强，但动手能力较弱，需要在教师的指导下参与实践。教师可以通过组织实地参观植物工厂活动来调动学生的学习兴趣，然后再引导他们进入深度学习。

（3）学习风格：①六年级的学生正处于从具象思维到抽象思维的过渡阶段，因此，教师可先通过让学生参观植物工厂的方式来使他们对植物工厂技术这一抽象知识有一个整体的感知，进而为他们的后续学习和掌握抽象概念打下基础。②该班级的学生喜欢通过交流与合作来获取信息，善于与他人协作完成任务，喜欢利用社交媒体来学习新知识。

3. 课时教学目标

（1）双基层：

① 能够说出植物生长所需的光照、温度、湿度等自然条件，以及植物工厂与普通农业种植之间的区别。

② 简单描述植物工厂中的立体化空间、自动灌溉、人工光源等技术的特点和原理，并说出它们所能解决的问题。

③ 获得植物的生长、生物与环境等方面的基础知识，初步形成生物学的结构与功能观、生态观等生命观念。

④ 掌握植物工厂中的立体化空间、自动灌溉、人工光源等技术的应用方法。

（2）思维层：

能够通过观察和类比的方法，认识植物工厂与普通农业种植的区别，抽象出植物工厂设计图，实现植物工厂模型的建造，并解释植物工厂技术在解决种植问题方面的作用。

（3）素养层：

① 能够运用生命观念探讨和阐释生物现象及规律，初步形成科学的自然观和世界观。

② 通过深入探究植物工厂的技术特性和功能，体会科技对生活的深远影响，建立起正确的科技理念，并且借助植物工厂的实践应用，激发创新思维，培养创新实践能力和创新意识。

4. 教学过程

第一课时"走进植物工厂"的教学过程，见表7-5。

表7-5　第一课时教学过程

教学过程	教师活动	学生活动	设计意图
情境导入 （5分钟）	（1）给予学生植物工厂"设计师""建造师"和"竞标人"身份，展示本单元主题"建造植物工厂"，介绍本节课的内容以及植物工厂竞标的要求	了解本节课的学习目标，代入"设计师""建造师"和"竞标人"身份，积极思考并回答问题	（1）赋予学生"设计师""建造师"和"竞标人"身份，让他们在学习中更有沉浸感

教学过程	教师活动	学生活动	设计意图
	(2) 根据学生课前预习的内容提问:植物工厂的核心概念是什么? 它的发展如何反映现代农业的进步?		(2) 介绍课程内容,明确学习目标 (3) 创设情境,激发学生的学习兴趣
参观植物工厂 (20分钟)	(1) 带领学生参观植物工厂,学习植物工厂的相关技术,了解其特点。引导学生思考以下问题:植物工厂如何克服传统农业中的自然条件限制,实现高效种植? 植物工厂中的自动化系统如何通过数据驱动实现精确管理? 植物工厂技术的核心优势是什么? 它们如何应对现代农业中的关键挑战? (2) 让学生通过组内互助、自主探究及教师指导的方式完成子任务一"植物工厂技术"表格的填写 (3) 提供学科知识引导:物联网知识的介绍(信息科技);植物生长条件的介绍(生物)	(1) 带着问题参观植物工厂,观察技术应用 (2) 通过组内互助、自主探究及教师指导的方式,完成子任务一"植物工厂技术"表格的填写 (3) 认真学习植物工厂中涉及的信息科技知识和生物知识	观察能力是科学探究的基础能力。参观植物工厂,可以帮助学生更直观地了解和学习植物工厂技术,培养与锻炼学生的观察能力,激发学生的学习意识,同时也为后面自己设计微型植物工厂做准备
汇报交流 (10分钟)	(1) 引导各组学生分享学习到的技术:植物工厂充分应用了现代农业、生物科技和信息技术等手段,因此,它是一种"智慧农业"。请各组同学分享一下自己在植物工厂里学习到的技术 (2) 进行评价、总结,并引导学生整理各项技术	(1) 分享、汇报本组成员所学到的技术 (2) 根据其他小组的汇报,补充植物工厂所涉及的技术 (3) 通过对技术的整理和小结,完善植物工厂技术框架	通过汇报交流的形式,将学生获得的感性材料加以总结和优化,以进一步完善植物工厂技术框架
课堂小结 (5分钟)	(1) 与学生一起总结本节课所学的内容,并引导学生畅谈收获 (2) 与学生一起总结本节课所学的内容,并引导学生从"学习收获(P)、不足之处(M)、我还感兴趣的内容(I)和我感到疑惑的问题(Q)"这四个方面说一说自己的反思	(1) 回顾和总结本节课所学的内容,积极畅谈收获并进一步思考植物工厂技术对生活的作用 (2) 进行自我评价	正确认识植物工厂技术对生活带来的便利与影响,培养学生的信息社会责任

5. 教学评价

在课堂教学过程中,教师运用语言和行为对学生的回答和表现进行激励性评价,并通过自评、互评、师评的方式,多维度考查和分析学生的学习情况。

(1)自评:通过学历案将评价融入任务中,使学生在完成任务后能够进行自我反思和评价,发挥学生的主观能动性。(学习性评价)

(2)互评:通过植物工厂技术分享会,实现各组之间的交流与评价。(学习式评价)

(3)师评:教师在课后能够根据学生的课堂表现、"植物工厂技术"表格完成情况、任务单填写情况对其进行评价。(学习性评价、学习的评价)

<h3 style="text-align:center">第二课时:设计与建造植物工厂</h3>

1. 课时内容分析

本课时涵盖科学、生物、信息科技和数学等学科大概念。科学学科大概念强调在构建植物工厂时需要运用立体化空间、自动灌溉、人工光源等技术手段,以及在设计、实施、评估和改进植物工厂时需要考虑一系列科学因素;生物学科大概念强调植物生长需要光照、营养供给和通风等自然条件;信息科技学科大概念强调通过各种信息科技手段,实现植物工厂的自动化控制和科学管理;数学学科大概念强调材料选取过程中的成本预估。本课时包括两部分内容:一是明确设计植物工厂需要考虑哪些因素并画出设计图;二是准备相关的材料和工具,并根据设计图建造微型植物工厂,然后将建造的植物工厂置于教室,检验实际效果。

2. 课时学情分析

(1)知识基础。①该班级学生在上一课时的学习中已经掌握了植物工厂的种植技术与管控技术的基本原理,为本课时植物工厂的设计与建造提供了技术基础。②该班级学生具有合作调查和作品创作的经验,为本课时植物工厂的设计与建造提供了经验基础。

(2)一般特征:学生对设计作品有想法和热情,但在具体的落实过程中,他们对主题确定、内容选择和实现方法等缺少明确的思路和具体的实操经验,需要教师的引导以及其他课程内容的支持和铺垫。六年级的学生需要通过实践与互动(如触摸、操作、参与体验等)来建构知识,这样能帮助他们更好地理解和记忆所学的内容。

(3)学习风格:六年级的学生正处于从具象思维到抽象思维的过渡阶段。学生通过参与设计与建造植物工厂,以及在植物工厂招标会上交流作品、实现作品迭代来完成技能实践,并从中获得价值的升华。这样的教学过程能够更好地满足这一年龄段学生的学习需求。

3. 课时教学目标

(1)双基层:

① 能够描述植物的生长需求和种植方法,并选择合适的技术设计与建造植物工厂。

② 总结植物工厂建造所需的设计与规划、建造与实施、评估与改进等科学步骤。

③ 合作完成地理调查,掌握围绕植物生长影响因素知识开展实地调查的技能。

④ 掌握植物工厂建造的基本步骤,实现微型植物工厂的设计与建造。

⑤ 在设计植物工厂的过程中,能运用观察、查阅资料、实地调查等方式获取信息,并用科学语言记录和整理信息。

(2)思维层:

① 能够全面地分析植物工厂建造过程中的各种影响因素,针对具体问题提出假设,并基于实地调查情况填写调查报告,建立证据与假设之间的联系。

② 能够运用已有的植物与环境等方面的生物学知识、证据和逻辑,对"植物工厂需要考虑的因素"这一生物学议题进行思考或展开论证。

③ 能够从植物生长所需条件和影响因素的角度,提出在教室建造植物工厂需要注意的问题,并制定比较完整的实地调查方案。

(3)素养层:

能够利用技术与工程思维提高生产效率和工作效率,初步具备运用工程思维将植物工厂的创意和方案转化为有形物品的能力。

4. 教学过程

第二课时"设计与建造植物工厂"的教学过程,见表7-6。

表7-6 第二课时教学过程

教学过程	教师活动	学生活动	设计意图
提问导入 (5分钟)	结合植物工厂招标会情境,引导学生思考:如果要在教室一角建造一个微型植物工厂,需要做哪些准备?	根据之前所学的知识,积极思考问题	通过提问导入新课,引发学生积极思考
设计 植物工厂 (20分钟)	(1) 布置子任务一和子任务二:选择教室的一角进行环境调查,关注光线、温度等关键因素,并完成植物工厂调查报告。根据调查结果绘制简易的植物工厂设计图,标注功能区并列出所需材料和工具清单 (2) 提供学科知识引导:在材料的自制和准备过程中,要注意安全,同时也要注意控制材料的成本(数学);关注植物的选取以及植物生长的条件(生物);在建造过程中,需要运用种植技术和管控技术(科学、信息科技)	(1) 结合所学的生物、科学等知识,共同完成场地调查和植物工厂设计图绘制的任务 (2) 列出材料和工具清单,并进行任务分配,小组协作准备材料和工具 (3) 讨论怎样自制或购买工具和材料	通过任务驱动的形式让学生进行科学探究,并以提问的方式逐步引导学生分析和解决问题

续　表

教学过程	教师活动	学生活动	设计意图
建造植物工厂（12分钟）	（1）布置子任务三：根据设计方案和准备的材料，建造微型植物工厂，并将建造的植物工厂置于教室，检验其实际效果，进而对植物工厂加以改进 （2）提供学科知识引导：将建造植物工厂这一复杂工程分解为多个小项目来加以解决（科学）；建造的外观设计（艺术）	（1）小组协作完成植物工厂的建造，并检验植物工厂的实践效果 （2）在思考和改进已有想法的基础上进行深入讨论，最终完善小组设计方案及建造的植物工厂	此阶段属于小组实践探究环节，能够突出学生的主体地位，培养学生主动参与的意识
课堂小结（3分钟）	（1）引导学生回顾设计与建造植物工厂的重点内容和注意事项 （2）和学生一起总结本节课所学的内容，并引导学生从"学习收获（P）、不足之处（M）、我还感兴趣的内容（I）和我感到疑惑的问题（Q）"这四个方面说一说自己的反思	（1）回顾并总结设计与建造植物工厂的重点内容和注意事项 （2）进行自我评价和小组评价	此环节能在巩固学生所学知识的同时，引导学生形成正确的技术应用观

5. 教学评价

在课堂教学的过程中，教师运用语言和行为对学生的回答和表现进行激励性评价，并通过自评、师评等维度考查和分析学生的学习情况。

（1）自评：通过学历案将评价融入任务中，使学生在完成任务后能够进行自我反思和评价，发挥学生的主观能动性。（学习性评价）

（2）师评：教师在课后根据学生的课堂表现、教室环境调查情况、设计图绘制情况、植物工厂建造情况、任务单填写情况等对其进行评价。（学习性评价、学习的评价）

第三课时：植物工厂招标会

1. 课时内容分析

本课时涵盖艺术和语文等学科大概念。艺术学科大概念强调植物工厂的外观设计以及招标海报的美观性设计；语文学科大概念强调语言的表达与应用。本课时通过创设植物工厂招标会情境，让学生对自己在上一节课中建造的植物工厂进行招标，评选出"最佳植物工厂"。

2. 课时学情分析

（1）知识基础：①该班级学生已经在上一课时中完成了植物工厂的设计与建造。本课时将通过创设植物工厂招标会情境，为各组提供展示与交流的机会。②该班级学生具有较好的表达与交流能力，为招标会的开展提供了能力基础。

（2）一般特征：①学生对设计和展示个人作品有热情和想法，乐于与同学进行分享和交流。②在实际展示中，该班级学生还缺乏明确主题、选择合适的内容以及有逻辑地开展实践活动的经验。为此，他们需要教师的引导以及相关的支持与辅助。

（3）学习风格：六年级的学生正处于从具象思维到抽象思维的过渡阶段。通过植物工厂招标会上的作品交流，能够提升学生的表达能力，使他们更好地完成作品的迭代更新，从而实现价值的升华。

3. 课时教学目标

（1）双基层：

① 通过招标海报的制作，提升海报制作能力，培养艺术鉴赏能力和审美表达能力。

② 参与植物工厂招标会，说出小组设计的植物工厂的设计理念、科学技术和功效价值，提升语言表达能力。

（2）思维层：

① 对植物工厂有一个全面的了解，包括它的技术特点、功能和应用等方面的知识，并通过深入探究获取灵感，初步提出创意设计与分享方案。

② 能够进行初步的创意设计和创意分享，利用植物工厂招标海报、微型植物工厂作品和汇报 PPT 等材料表达自己的创意。

（3）素养层：

能够运用生命观念探讨和阐释生物现象及规律，初步形成科学的自然观和世界观。

4. 教学过程

第三课时"植物工厂招标会"的教学过程，见表 7-7。

表 7-7　第三课时教学过程

教学过程	教师活动	学生活动	设计意图
创设情境（5分钟）	呈现植物工厂招标广告，引导学生明确招标要求和奖励情况	明确招标要求和奖励情况	通过创设招标情境，激发学生的兴趣
招标前准备（15分钟）	（1）布置子任务一：丰富本组制作的设计图并将其转化为招标海报，突出作品的设计理念，同时制作汇报 PPT，呈现植物工厂调查报告、设计方案以及实践应用情况 （2）提供学科知识引导：海报设计的要点（艺术）；语言表达的逻辑性（语文）	（1）结合海报设计的要点，小组协作完成招标海报的设计 （2）小组合作制作汇报 PPT，呈现植物工厂调查报告、设计方案以及实践应用情况	通过任务驱动的形式，进一步引导学生梳理植物工厂的设计与建造流程

教学过程	教师活动	学生活动	设计意图
招标会开展（15分钟）	(1) 布置子任务二：语文、科学、信息科技、美术等学科的教师将担任评委参与招标会；各小组派出代表在招标会上详细汇报植物工厂的设计理念、功能亮点及实践效果，并通过答辩环节充分展示方案的创新性与可行性 (2) 各位评委对各小组的植物工厂进行评分，评选出"最佳植物工厂"，同时给予适当奖励	各组派一位代表对建造的植物工厂做汇报，按照公平竞争的原则进行招标	突出学生的主体地位，培养学生主动参与的意识
招标总结（5分钟）	(1) 单元总结升华：科学技术的发展日新月异，希望同学们在课后将所学的新技术、新材料应用到植物工厂中，不断对植物工厂进行改进和完善，使植物生长得更好、更快、更节能 (2) 和学生一起总结本节课所学的内容，并引导学生从"学习收获(P)、不足之处(M)、我还感兴趣的内容(I)和我感到疑惑的问题(Q)"这四个方面说一说自己的反思 (3) 请学生根据整个主题中的自身表现，在任务单中进行自我评价和小组评价	(1) 回顾和总结所学知识，并进行反思，感受技术在生活中的应用 (2) 进行自我评价和小组评价	(1) 在巩固学生所学知识的同时，引导学生形成正确的技术应用观 (2) 进行多元评价，通过自评、他评、作业评价等方式，多维度考查学生的学习情况

5. 教学评价

在课堂教学过程中，教师运用语言和行为对学生的回答和表现进行激励性评价，并通过自评、互评、师评的方式，多维度考查和分析学生的学习情况。

（1）自评：通过学历案将评价融入任务中，使学生在完成任务后能够进行自我反思和评价，发挥学生的主观能动性。（学习性评价）

（2）互评：通过"植物工厂招标会"，实现各组之间的交流与评价；通过任务单中的主题评价量表，引导学生对同伴在整个主题中的表现进行评价。（学习式评价、学习的评价）

（3）师评：各学科教师对学生的作品做出具有针对性的评价；通过任务单中的主题评价量表，对学生在整个主题中的表现进行评价。（学习的评价）

（八）学历案设计

表 7 - 8　学历案

你愿意接受挑战吗？
本主题中，我们以小组为单位，基于对植物工厂的实地调查来学习植物工厂种植技术，并通过设计、建造与完善等环节，协作完成植物工厂工程项目。一起来挑战一下吧！

续　表

期待你学会什么？
（1）了解植物工厂种植技术和管控技术，并能够说出哪些技术可以解决我们面临的问题。 （2）知道解决工程类问题的方法和步骤。 （3）小组协作完成小型植物工厂的设计、制造与更新。

给你支招
1. 为何学 学习植物工厂的相关技术，能够帮助我们利用信息科技解决种植过程中的问题。小型植物工厂的设计与建造是一个较为复杂的工程项目，需要分解为采光、灌溉和管理等若干个小任务，因此，本单元的学习对培养分析和解决复杂问题的能力非常有帮助。 **2. 如何学** （1）通过阅读学习材料、观看视频资源，学习植物工厂的相关技术。 （2）通过问题驱动、任务引导的方式开展学习实践。 （3）通过小组合作展开讨论和创作，完成小型植物工厂的设计与建造，最终进行分享和展示。

第一课时	走进植物工厂

任务一：参观植物工厂，填写"植物工厂技术"表格

1. 观看视频，回答以下问题 ☐ 植物工厂的核心概念是什么？它的发展如何反映现代农业的进步？ **2. 参观植物工厂，思考以下问题** ☐ 植物工厂如何克服传统农业中的自然条件限制，实现高效种植？植物工厂是怎样实现自动化控制和科学管理的？ 提示：植物工厂技术包括光照技术、灌溉技术、智能管控技术等。	● 认识植物工厂的概念，正确说出其发展历程。 ● 正确回答植物工厂中涉及的种植技术和管控技术。

任务二：分析植物工厂技术原理

3. 小组合作，填写表格

☐ 各小组针对植物工厂涉及的空间利用、光照、营养供给、管道灌溉、通风换气、保温、自动化控制等技术，思考这些技术解决了哪些问题，以及这些技术在解决植物种植问题上的优势与劣势，并完善表格。

技术	技术原理	解决的问题	解决该问题的优势和劣势
光照技术	人工控制的LED光源	解决光环境控制的问题	优势：不受外界气候的影响，生产力较稳定 劣势：耗能较高，电力成本较高
……			

4. 分享交流，完善表格

☐ 各组积极分享所发现的技术，不断完善"植物工厂技术"表格。

● 正确填写"植物工厂技术"表格。
● 能够说出至少一种技术的原理及其能够解决的问题。
● 根据其他小组的分享，补充植物工厂所涉及的技术。

第二课时	设计与建造植物工厂

任务一:教室环境调查

1. 结合技术原理,思考以下问题

□如果要在教室一角建造一个微型植物工厂,需要做哪些准备?

2. 开展调查,完成报告

□各组对场地环境进行调查,完成植物工厂调查报告。

> （ ）组植物工厂调查报告
>
> 1. 场地测量
>
> 长: 宽: 高:
>
> 2. 安全性考量
>
> (提示:可以从"同学们从这里经过是否存在危险"这一方面考虑)
>
>
>
> 3. 选择的植物和土壤
>
> (提示:说出选择的原因)
>
>
>
> 4. 教室的环境
>
> (提示:可以从光源、通风换气、温度等环境的角度考虑是否适合植物的生长)
>
>
>
> 5. 材料和工具调查
>
> (提示:可以从如何获取材料和工具以及成本预估两个方面考虑)
>
>
>
> 6. 建造植物工厂需要运用的学科知识
>
> (提示:可以从不同学科考虑。例如:科学学科,如植物的种植、环境或土壤因素等;信息科技学科,如智能化技术等;美术学科,如设计美观等;数学学科,如成本预算等)

- 正确说出在教室建造植物工厂需要做的准备。
- 依据实地调查情况,正确填写植物工厂调查报告。

续　表

任务二:绘制设计图

3. 依据调查报告,绘制设计图 □依据前期的调查情况,绘制植物工厂设计图。 （　　　）组植物工厂设计图 	● 能够依据前期调查结果,合作完成设计图的绘制。 ● 能够说出设计图所包含的基本技术及原理。 ● 能够体现设计的创新之处。

任务三:建造植物工厂

4. 依据设计图,建造植物工厂 □小组协作建造微型植物工厂,并将建造的植物工厂置于教室。 □通过相互评议,对各组建造的植物工厂进行评价和改进。	● 能够依据设计图,协作建造微型植物工厂。 ● 能够通过相互评价的方式,改进和完善建造的植物工厂。

第三课时	植物工厂招标会

任务一:招标前准备

1. 设计招标海报和汇报 PPT □丰富本组制作的设计图并将其转化为招标海报,突出作品的设计理念。 □制作汇报 PPT,呈现调查报告、设计方案以及实践应用情况。	● 能够合作完成招标海报的制作。 ● 能够合作完成汇报PPT 的制作。 ● 能够通过招标海报和汇报 PPT 呈现小组的设计理念。

任务二:招标会开展

2. "最佳植物工厂"评选 □邀请语文、科学、信息科技、美术等学科教师作为评委,参与招标会,各组派一位代表对建造的植物工厂进行汇报,按照公平竞争的原则进行招标,评选出"最佳植物工厂",同时给予适当奖励。 **3. 主题评价** □根据评价量表,对自己和他人的表现进行打分,同时教师也会对你的情况进行打分。	● 能够清晰呈现和表达本组作品的创新之处、设计理念和小组成员所做的工作。 ● 能合理对自己和他人的表现进行评价。

评价说明	学生自评	同学互评	教师评价
对植物工厂的技术有了进一步理解	☆☆☆☆☆	☆☆☆☆☆	☆☆☆☆☆
在小组分工中承担了适当的责任	☆☆☆☆☆	☆☆☆☆☆	☆☆☆☆☆
绘制的植物工厂设计图能满足相应要求	☆☆☆☆☆	☆☆☆☆☆	☆☆☆☆☆
建造的植物工厂能体现个人的独特性和创造力	☆☆☆☆☆	☆☆☆☆☆	☆☆☆☆☆
交流汇报环节表达流畅,能清楚地阐述内容	☆☆☆☆☆	☆☆☆☆☆	☆☆☆☆☆
能够向他人传达自己的设计意图	☆☆☆☆☆	☆☆☆☆☆	☆☆☆☆☆
能够根据评价和建议对作品进行修改	☆☆☆☆☆	☆☆☆☆☆	☆☆☆☆☆

二、授课案例

（一）火山探索者①

"火山探索者"跨学科主题学习主要涉及地理、化学和艺术三门学科,略涉及生物、科学等学科,旨在让学生全面了解火山的相关知识。该主题以"C‐POTE"模型为指导进行设计。我们需要先明确火山探索课程的目标,即让学生全面了解火山的相关知识,包括火山的形成、喷发过程、喷发物的成分等。同时,通过实践体验,让学生了解火山喷发的过程和火山模型的制作过程,培养学生的实践能力和创新思维。该主题分为三个子主题,分别是"火山地理与探索""火山的形成与喷发""火山中的艺术"。然后基于此,我们提炼出"火山喷发对火山的类型、自然灾害和生物活动有着深远的影响""通过化学实验探索火山喷发机制""火山喷发蕴含丰富的艺术价值和人文价值"三个跨学科大概念,并凝练出"火山活动深刻影响地球形态、自然环境和人类活动"这一超学科大概念。

第一个主题的内容主要包括:以火山的地理知识为主线,学生将学习火山的类型、火山喷发的好处和危害。通过了解火山的形成、分布和活动特点,学生将能够理解火山喷发的自

---

① 本课例视频由华南师范大学师范生张星语、孔令媛、杨紫茵、刘丽香、王紫晴、阿合江·叶尔江提供。授课学校为江西省赣州市金星小学,年级为小学五年级,指导教师为潘垚、谢晓聪、姚海福。

然现象及其对环境和人类生活的影响。

第二个主题的内容主要包括：以火山喷发的科学原理为主线，学生将学习火山喷发的原因，通过实验和模拟来观察、分析火山喷发的过程，研究火山喷发的化学现象，以加深对火山喷发的理解。

第三个主题的内容主要包括：以火山外观的艺术赏析为主线，学生将根据火山的形状和特点，亲手体验和实践火山模型的制作过程。通过制作火山模型，学生将能够锻炼动手能力和创造力，同时深入了解火山的外形和特征。

课例实践

扫码观看课例视频，依据附录中提供的"跨学科教学实践听评课工具"对该课例进行评价，并与"建造植物工厂"典型案例进行对比，指出"火山探索者"跨学科教学中存在的问题及优点。

火山探索者（1）　　火山探索者（2）　　火山探索者（3）

（二）蒸汽发明——探究噗噗船①

"蒸汽发明——探究噗噗船"跨学科主题学习以物理学科为主干学科，同时还涉及工程、历史、艺术等学科，通过问题引导、手工实践等方式，让学生在学习噗噗船原理的同时掌握科学与工程知识，培养学生跨学科项目式学习的综合实践能力。该主题以跨学科主题学习"C-POTE"模型为指导，将跨学科主题分解为"了解噗噗船的原理""制作噗噗船，尝试改进创新""感悟噗噗船科技奥妙"三个子主题，并提炼出"物理学原理与技术应用""创新设计与工程实践""科学发现与文化历史"三个跨学科大概念，以及"科技创新与实践智慧"这一超学科大概念。

第一个主题的内容主要包括：引导学生初步了解噗噗船的整体组成及其各部分零件，使学生认识噗噗船的动力装置和动力原理。

第二个主题的内容主要包括：让学生通过动手实践完成噗噗船的制作，感受蒸汽动力在噗噗船中的原理和应用，并尝试创新。

第三个主题的内容主要包括：在上节课动手实践的基础上，通过将噗噗船的动力原理迁移到拔火罐、喷气式飞机发动机装置上的方式，引导学生感知其中科技原理的现实应用，进

① 本课例视频由华南师范大学师范生彭丛翠、吕思妍、钟明轩、袁裕添、张鑫、比力格努尔提供。授课学校为海南省昌江黎族自治县思源实验学校，年级为小学六年级，指导教师为林岗壮、王丽、吉祥星、杨耀文。

而深刻领悟中华民族伟大的创造精神。

📍 课例实践

　　扫码观看课例视频，依据附录中提供的"跨学科教学实践听评课工具"对该课例进行评价，并与"建造植物工厂"典型案例进行对比，指出"蒸汽发明——探究噗噗船"跨学科教学中存在的问题及优点。

蒸汽发明——探究噗噗船(1)　　蒸汽发明——探究噗噗船(2)　　蒸汽发明——探究噗噗船(3)

💬 问题研讨

　　请选择自己感兴趣的自然科学类跨学科主题，根据"设计案例"中的流程，进行跨学科教学设计和学历案设计。请注意：在进行教学设计和学历案设计时，要充分考虑不同学科的内容和教学方法，以促进跨学科知识的整合和学生的全面发展。

第二节　人文社科类跨学科主题学习设计案例

🎯 本节学习目标

　　通过本节的学习，了解人文社科领域跨学科主题学习的实施过程，为后续深入开展跨学科主题学习活动奠定基础。

　　为了使教师能够对人文社科类跨学科主题学习设计有一个感性的直观认识，本节以"传统节日游园会"为例，对教学内容进行深入分析和设计，并将相应的概念群、问题链、目标层、任务簇和证据集呈现在具体的教学设计和学历案中，旨在为教师的实际教学操作提供强有力的参考与借鉴。

一、设计案例：传统节日游园会

基本信息

主题名称	传统节日游园会		
主题课时	2 课时	实施年级	三年级
主干学科	语文	其他学科	艺术、数学、科学、劳动、历史

（一）概念群选择：以大概念统整教学内容

本主题选自人教版语文三年级下册第三单元的"综合性学习"部分，其目的在于引导学生深入探索传统节日及其背后丰富的文化内涵，同时培养他们的实践能力、创新思维以及口语表达与合作学习能力。本跨学科主题学习主要包括：传统节日的认知、传统文化的探究、实践活动的策划以及成果展示与分享四个环节。本单元的教学重点是让学生展示传统节日的风俗习惯、相关文化以及文创产品，并用一段话表达自己对传统节日的认识或过节的过程。因此，本单元的教学将围绕"传统节日游园会"这一主题，引导学生开展跨学科学习，并设计四个子主题，即"游园筹划组""游园召集令""游园招商会"和"游园总结会"。在传统节日游园会的情境中，学生将通过筹划、召集、招商以及总结等一系列步骤，来全面学习和分享传统节日的文化内涵。本主题涉及语文、艺术、数学、科学、劳动和历史等学科大概念，并在学科交叉的基础上生成二级跨学科大概念，然后再生成最终的三级超学科大概念，即"传统节日是传承优秀历史文化的重要载体"，具体大概念见图 7 - 3。

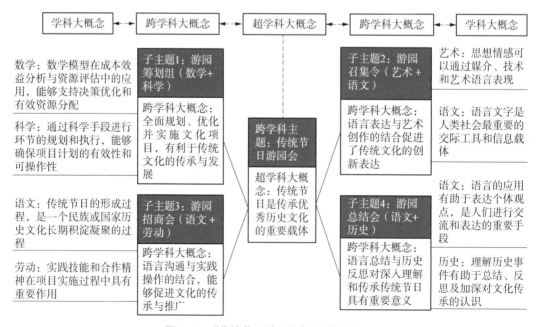

图 7 - 3 "传统节日游园会"的概念群设计

（二）问题链设计：依据主题内容和概念群

本跨学科主题学习的问题链（主问题串/子问题），具体可见图 7-4。

如何进行传统节日游园会的筹划？	如何实现传统节日游园会的召集？	如何开展游园招商会？	如何进行游园会总结？
a. 如果想在校园里举办一场传统节日游园会活动，向同学们展示不同的传统节日，需要做哪些准备工作？	a. 如何通过创意表达和语言沟通，有效推广游园会并吸引更多参与者？	a. 如何通过语言表达和实践操作，展示传统节日的习俗、游戏、美食和文创产品的文化内涵？	a. 回顾本次游园会的活动过程，哪些环节最能体现传统文化的传承与创新？
b. 如何利用数学知识合理制定游园会的材料需求和预算，确保资源的有效利用？	b. 在制作宣传海报时，如何将传统文化的核心理念和美学元素有效结合？	b. 如何通过有效的语言沟通和创意表达，让他人深入理解和认同传统节日文化？	b. 如何用一段话总结并表达你对本次游园会的整体感受与反思？
c. 如何在明确本次游园会主题与目的的基础上，规划活动时间和地点，并进行合理的分工？	c. 如何用语言清晰传达本次游园会的活动主题，并成功邀请他人参与？	c. 如何在游园会场地的装饰和布置中，运用传统元素营造出浓厚的节日氛围？	
d. 传统节日的习俗和活动如何能够在游园会中得到有效传承与展示？	d. 如何通过深刻理解传统节日的文化内涵，设计具有象征意义的宣传内容？	d. 如何结合传统节日的文化象征，选择并设计道具与装饰，以增强场地的文化氛围？	

图 7-4　"传统节日游园会"的问题链设计

（三）目标层设计：以学生素养发展为导向

1. 双基层

（1）能够描述筹划传统节日游园会的科学步骤，说出游园会的主题与目的、活动时间与地点以及相应的人员分工。（第一课时）

（2）能够阐述至少一种中国传统节日的文化内涵和历史渊源，包括起源、发展、意义和价值等，认识中华优秀传统文化所蕴含的思想和智慧。（第一课时）

（3）能够列出游园项目所需的相关材料及其预算。（第一课时）

（4）能够用一段话描述一件事情或一段经历，以此对传统节日游园会进行总结，注意要清楚明白地讲述见闻，说出自己的感受和想法，将自己觉得新奇有趣、印象深刻或深受感动的内容与他人分享，并就不理解的地方向他人请教，就不同的意见与他人商讨。（第二课时）

（5）能够组织有趣味的语文实践活动，在传统节日游园会活动中学习传统节日的有关知识，并学会合作。（第二课时）

（6）能够运用艺术语言，通过制作宣传海报的方式来表达思想情感，从而对游园会活动进行宣传。（第一课时）

（7）能够快速阐述游园会的主题、时间和地点等基本信息，召集同年级的同学参与游园会。（第一课时）

（8）能够探究宣传海报的版面设计、色彩搭配和字体样式，以清晰表达游园会的主题、活动内容、时间和地点等信息。（第一课时）

2. 思维层

（1）通过组织和筹划传统节日游园会，联想到不同传统节日的宣传风格和主题活动，并进行设计与实现，从而更深入地掌握每个传统节日背后的文化内涵和历史渊源，包括其起源、发展、意义和价值等。（第一课时）

（2）能够从传统节日游园会的活动中挖掘不同传统节日之间的联系和相互影响，从而更全面地了解民族文化的传承和发展。（第二课时）

（3）比较传统节日与传统文化之间的联系，理解传统节日在民族文化传承中的重要价值，以及它们对于社会文化建设的贡献。（第一课时）

3. 素养层

（1）能够通过传统节日游园会，深入了解民族文化的精髓，坚定文化自信，增强文化自觉，进而更好地传承和发展民族文化。（第二课时）

（2）能够通过走进传统节日，在了解传统文化的基础上，培养爱国爱家、尊老爱幼、勤俭节约等传统美德和家国情怀。（第二课时）

（3）能够从传统节日游园会的筹划过程中汲取智慧和灵感，通过宣传海报创造性地表现传统节日主题、传达传统文化信息，进一步弘扬和传播传统文化，坚定文化自信，增强文化自觉。（第一课时）

（4）通过主动参与传统节日游园会的策划、召集、招商和总结等过程，养成积极的劳动态度和良好的劳动习惯。（第一课时）

（5）能够理解和掌握传统节日所蕴含的文化，并通过故事解说、诗歌朗诵、美食讲解、文创产品制作等形式将其融入游园招商会，使招商会具有较强的文化基础和人文底蕴。（第二课时）

（6）通过制作宣传海报，学习并运用各种视觉元素（如色彩、线条、版式、图片等）和设计原则（如对比、对称、平衡等），培养艺术鉴赏能力和审美表达能力。（第一课时）

（四）任务簇构建：课程内容的组织与呈现方式

下面将依据主干任务、子任务和系列活动三个维度构建任务簇。说明：可以运用图或表来展示任务簇设计。

1. 主干任务一:游园会筹划与宣传

表 7-9 "游园会筹划与宣传"子任务

子任务	系列活动
子任务一:"传统节日游园会"策划方案设计	各小组从游园会主题与目的、活动时间与地点、准备事项、分工安排及经费预算等方面,全面筹划本次"传统节日游园会"活动,并制定"传统节日游园会"策划方案
子任务二:"传统节日游园会"宣传海报制作	各组结合传统节日的文化内涵制作宣传海报,并向同年级学生宣传本次活动

2. 主干任务二:游园招商与总结会

表 7-10 "游园招商与总结会"子任务

子任务	系列活动
子任务一:游园招商会开展	小组分工开展游园会的宣传与招商活动,结合语言表达和实践操作,讲解节日文化,展示文创产品
子任务二:游园总结	根据指导提示,并结合本次活动的实际情况,运用一段话总结游园会的开展情况,反思活动对传统文化传承的影响

(五)证据集:学习评价设计

表 7-11 "传统节日游园会"评价体系

子主题 1:游园筹划组　　子主题 2:游园召集令

教学阶段	任务与活动	评价类型	评价证据
课前	复习《元日》《清明》和《九月九日忆山东兄弟》,并讨论对这三首古诗的认识	学习性评价	学习笔记和讨论情况
课中	完成传统节日游园会的策划和宣传任务,并就设计的策划方案和海报进行汇报交流	学习性评价	传统节日游园会策划方案、传统节日游园会宣传海报
		学习的评价	作品评价表、课堂观察表
课后	通过自评、互评、师评的方式对学生在课堂中的表现进行评价;引导学生完成学习任务单中的相关任务	学习式评价、学习的评价	自我评价量表、同伴评价量表、教师评价量表
		学习性评价	学习任务单完成情况

子主题 3：游园招商会　子主题 4：游园总结会

教学阶段	任务与活动	评价类型	评价证据
课前	根据上节课的意见,进一步完善策划方案和宣传海报	学习性评价	完善的策划方案和宣传海报
课中	按照策划方案积极开展招商活动,并对本次游园活动进行总结分享	学习式评价	游园招商会、游园总结会
		学习的评价	课堂观察表
课后	通过自评、互评、师评的方式对学生在课堂中的表现进行评价;引导学生完成学习任务单中的相关任务	学习式评价、学习的评价	自我评价量表、同伴评价量表、教师评价量表
		学习性评价	学习任务单完成情况

（六）信息化教学资源以及信息化教学工具

（1）信息化教学资源:传统节日微课视频、学历案（包含相应的驱动性任务等）、教学课件（配有相应的视频资源以及各类教学支架）、板书、耳机（包含麦克风功能）。

（2）信息化教学工具:人工智能实验室、Classin 平台。

（七）课时教学设计

第一课时：游园会筹划与宣传

1. 课时内容分析

本课时涉及数学、科学、艺术和语文学科大概念。语文学科大概念强调语言文字是人类社会最重要的交际工具和信息载体,以及传统节日的文化内涵;艺术学科大概念强调思想情感可以通过媒介、技术和艺术语言来表现;数学学科大概念强调运用数学知识来计算并规划开展游园会所需的预算;科学学科大概念强调运用科学手段来筹划游园会的组织和开展流程。本课时通过让学生以小组合作的形式完成"传统节日游园会"的筹划和宣传,来了解传统节日的习俗文化,同时提升学生的小组协作和多角度分析问题的能力。

2. 课时学情分析

（1）知识基础:①该班级学生在之前的课程中已经学习了《元日》《清明》和《九月九日忆山东兄弟》三首关于传统节日的古诗,对传统节日有了简单的认识,为本主题设计"传统节日游园会"打下了基础。②该班级学生具有策划、筹备和执行班级节日庆祝活动的经验,为筹划和开展"传统节日游园会"提供了经验基础。

（2）一般特征:①本节课的授课对象是三年级学生,但在具体的落实过程中,他们对主题确定、内容选择和实现方法缺少明确的思路和具体的实操经验,需要教师的引导以及其他课程内容的支持和铺垫。②由于学生年龄较小,注意力不稳定,容易分心,且无意注意占优势,因此,通过组织与开展"传统节日游园会"活动,能够较好地吸引学生的注意力。

(3) 学习风格:①该班级学生探索欲强烈,热衷于探索新鲜事物,思维活跃,勇于表达,乐于分享,善于表现,并且对协作探究的学习充满兴趣。②该班级学生拥有较强的实践理念和实际操作能力,他们喜欢通过动手操作(如实验、手工制作等)来学习新知识。

3. 课时教学目标

(1) 双基层:

① 能够描述筹划传统节日游园会的科学步骤,说出游园会的主题与目的、活动时间与地点以及相应的人员分工。

② 能够阐述至少一种中国传统节日的文化内涵和历史渊源,包括起源、发展、意义和价值等,认识中华优秀传统文化所蕴含的思想和智慧。

③ 能够列出游园项目所需的相关材料及其预算。

④ 能够运用艺术语言,通过制作宣传海报的方式来表达思想情感,从而对游园会活动进行宣传。

⑤ 能够快速阐述游园会的主题、时间和地点等基本信息,召集同年级的同学参与游园会。

⑥能够探究宣传海报的版面设计、色彩搭配和字体样式,以清晰表达游园会的主题、活动内容、时间和地点等信息。

(2) 思维层:

① 通过组织和筹划传统节日游园会,联想到不同传统节日的宣传风格和主题活动,并进行设计与实现,从而更深入地掌握每个传统节日背后的文化内涵和历史渊源,包括其起源、发展、意义和价值等。

② 比较传统节日与传统文化之间的联系,理解传统节日在民族文化传承中的重要价值,以及它们对于社会文化建设的贡献。

(3) 素养层:

① 能够从传统节日游园会的筹划过程中汲取智慧和灵感,通过宣传海报创造性地表现传统节日主题、传达传统文化信息,进一步弘扬和传播传统文化,坚定文化自信,增强文化自觉。

② 通过主动参与传统节日游园会的策划、召集、招商和总结等过程,养成积极的劳动态度和良好的劳动习惯。

③ 通过制作宣传海报,学习并运用各种视觉元素(如色彩、线条、版式、图片等)和设计原则(如对比、对称、平衡等),培养艺术鉴赏能力和审美表达能力。

4. 教学过程

第一课时"游园会筹划与宣传"的教学过程,见表 7 - 12。

表 7 - 12　第一课时教学过程

教学过程	教师活动	学生活动	设计意图
情境创设 （5分钟）	创设文化节日情境,给予学生传统节日游园会"筹划者""招商人"的身份,并提出问题:如果想在校园里举办一场传统节日游园会活动,向同学们展示《元旦》《清明》和《九月九日忆山东兄弟》古诗中的三个传统节日,需要做哪些准备工作?	了解本节课的学习目标,并代入传统节日游园会"筹划者""招商人"的身份,积极思考举办游园会需要做的准备工作	创设文化节情境,激发学生的兴趣
游园会筹划 （15分钟）	(1) 布置子任务一:设计"传统节日游园会"策划方案,引导学生分组从游园会的主题与目的、活动时间与地点、准备事项、分工安排及经费预算等方面对本次游园会进行筹划 (2) 提供学科知识引导:传统节日筹划的具体步骤(科学);传统节日筹划的经费预算(数学)	选择自己喜欢的一个传统节日,从不同的角度筹划并完成子任务一"传统节日游园会"策划方案设计	让学生以"筹划者"的身份筹划传统节日游园会活动,在实践中充分应用语文、数学、科学等学科知识
游园会召集 （10分钟）	(1) 布置子任务二:让学生通过组内互助、自主探究、教师指导的方式,根据策划方案完成宣传海报的制作 (2) 美术教师提供适当的指导:提供不同传统节日的图片素材;引导学生思考如何通过图像和文字来描述传统节日;鼓励学生展示创意,可以利用色彩、形状、文字等多种元素来设计海报	(1) 在教师的指导下,小组分工制作海报 (2) 将制作的海报分发给同年级同学,宣传"传统节日游园会"活动	通过协同制作海报环节,学生不仅能够深入体会不同传统节日的由来及其风俗习惯,还能提高团队的协作能力
汇报交流 （10分钟）	(1) 引导各小组汇报交流本组设计的策划方案和海报 (2) 邀请语文、美术、数学等不同学科的教师对作品进行点评,并提出相应的修改意见 (3) 和学生一起总结本节课所学的内容,并引导学生从"学习收获(P)、不足之处(M)、我还感兴趣的内容(I)和我感到疑惑的问题(Q)"这四个方面说一说自己的反思	(1) 各小组派一名代表,介绍与分享本组的策划方案和宣传海报 (2) 根据语文、美术、数学等不同学科教师的修改意见,进一步完善策划方案和宣传海报 (3) 回顾本节课的学习内容,总结所学知识,积极畅谈收获	通过不同学科教师的点评,可以从多个角度提供适当的评价和反馈

5. 教学评价

在课堂教学过程中,教师运用语言和行为对学生的回答和表现进行激励性评价,并通过自评、互评、师评的方式,多维度考查和分析学生的学习情况。

（1）自评:通过学历案将评价融入任务中,使学生在完成任务后能够进行自我反思和评价,发挥学生的主观能动性。（学习性评价）

（2）互评:通过汇报策划方案和海报,实现小组之间的互评。（学习式评价）

（3）师评:教师在课后根据学生的课堂表现、游园会策划方案的完成情况、宣传海报的制作情况和任务单的填写情况对其进行评价。（学习性评价、学习的评价）

第二课时：游园招商与总结会

1. 课时内容分析

本课时涉及语文和劳动等学科大概念。语文学科大概念强调语言文字是人类社会最重要的交际工具和信息载体,以及传统节日的文化内涵;劳动学科大概念强调劳动对社会发展的影响。在本课时中,学生需要根据策划方案查找与传统节日相关的诗歌、故事、美食、游戏等资料,并以游园招商会的形式,通过朗诵诗歌、故事演绎的方式来分享收集到的资料。在完成本节课的学习后,学生能够了解不同传统节日的文化,并提升资料收集和整理能力,以及团队协作能力。

2. 课时学情分析

（1）知识基础:该班级学生在上一课时的学习中,进行了传统节日游园会的筹划与召集活动,为本课时游园会的开展奠定了基础。

（2）一般特征:本节课的授课对象是三年级学生。该年级学生的思维活跃且乐于分享,通过创设游园会和总结会的真实情境,能有效促进他们更好地分享与交流。

（3）学习风格:三年级的学生探索欲强,热衷于探索新鲜事物,思维活跃,勇于表达,乐于分享,善于表现,并且对协作探究学习充满兴趣。

3. 课时教学目标

（1）双基层:

① 能够用一段话描述一件事情或一段经历,以此对传统节日游园会进行总结,注意要清楚明白地讲述见闻,说出自己的感受和想法,将自己觉得新奇有趣、印象深刻或深受感动的内容与他人分享,并就不理解的地方向他人请教,就不同的意见与他人商讨。

② 能够组织有趣味的语文实践活动,在传统节日游园会活动中学习传统节日的有关知识,并学会合作。

（2）思维层:

能够从传统节日游园会的活动中挖掘不同传统节日之间的联系和相互影响,从而更全面地了解民族文化的传承和发展。

（3）素养层:

① 能够通过传统节日游园会,深入了解民族文化的精髓,坚定文化自信,增强文化自觉,进而更好地传承和发展民族文化。

② 能够通过走进传统节日,在了解传统文化的基础上,培养爱国爱家、尊老爱幼、勤俭节约等传统美德和家国情怀。

③ 能够理解和掌握传统节日所蕴含的文化,并通过故事解说、诗歌朗诵、美食讲解、文创产品制作等形式将其融入游园招商会,使招商会具有较强的文化基础和人文底蕴。

4. 教学过程

第二课时"游园招商与总结会"的教学过程,见表 7 - 13。

表 7 - 13　第二课时教学过程

教学过程	教师活动	学生活动	设计意图
情境导入 (5分钟)	(1) 回顾上节课设计的策划方案,引导学生根据自己喜欢的传统节日进行分组,引导学生进行游园会摊位布置 (2) 介绍传统节日招商会的要求:小组分工进行游园宣传、导游解说、故事讲解、文创产品制作与介绍、游戏闯关等一系列活动	(1) 根据自己喜欢的传统节日分组,并布置游园会摊位 (2) 明确传统节日招商会的要求,小组分工合作完成各项活动,并分享收集到的资料	创设真实的任务情境,激发学生的学习兴趣
游园招商会 (22分钟)	(1) 布置子任务一:游园招商会开展。引导学生呈现策划方案中的活动,如导游解说、游戏闯关等 (2) 进行巡视指导	(1) 小组分工积极开展招商活动,如导游解说、游戏闯关、文创产品制作与讲解等,让其他同学了解本组摊位所介绍的传统节日相关知识 (2) 参观其他组的活动,了解其他传统节日的相关知识	通过游园招商会的情境,让学生进一步学习与分享传统节日的相关知识
游园总结会 (10分钟)	(1) 布置子任务二:聚焦节日本身、活动过程或自身感受等方面,用一段话对本次游园活动进行总结 (2) 提供语文学科知识引导:语言呈现的结构和重点内容	结合语文学科知识积极思考,并根据提示用一段话分享自己的感受	让学生用一段话来进行游园会总结,在反思中达成教学目标
课堂小结 (3分钟)	(1) 和学生一起总结本节课所学的内容,并引导学生从"学习收获(P)、不足之处(M)、我还感兴趣的内容(I)和我感到疑惑的问题(Q)"这四个方面说一说自己的反思 (2) 请学生根据自身在整个主题中的表现,在任务单中进行自我评价和小组评价	(1) 回顾本节课的学习内容,总结所学知识,积极畅谈收获 (2) 进行自我评价和小组评价	通过自评、互评、作业评价等多元评价方式,多维度考查学生的学习情况

5. 教学评价

在课堂教学过程中,教师运用语言和行为对学生的回答和表现进行激励性评价,并通过自评、互评、师评的方式,多维度考查和分析学生的学习情况。

（1）自评:通过学历案将评价融入任务中,使学生在完成任务后能够进行自我反思和评价,发挥学生的主观能动性;通过游园总结会,引导学生用一段话进行反思总结。（学习性评价）

（2）互评:通过任务单中的主题评价量表,引导学生对同伴在整个主题活动中的表现进行评价。（学习的评价）

（3）师评:教师在课后根据学生的课堂表现、招商会开展情况、总结情况、小组合作情况和任务单填写情况对其进行评价;通过任务单中的主题评价量表,对学生在整个主题中的表现进行评价。（学习性评价、学习的评价）

（八）学历案设计

表 7-14　学历案

你愿意接受挑战吗?
在本次主题学习活动中,我们将围绕"传统节日游园会"这一任务情境,经历游园筹划组、游园召集令、游园招商会和游园总结会四个主题。让我们一起来挑战一下吧!
期待你学会什么?
(1) 能够围绕传统节日主题,筹划、宣传和开展游园会。 (2) 能够说出至少一个与传统节日相关的故事、诗歌、美食或文创产品。 (3) 能够围绕一件事情,把一段话说清楚。
给你支招

1. 为何学

传统节日是中华优秀文化的重要载体。本主题处于教材最后的"综合性学习"部分,主要内容包括:了解并交流主要传统节日的风俗习惯、故事传说、美食、游戏以及文创产品,并用一段话描述一件印象深刻的事。这对于语言的应用和传统文化的感悟非常有帮助!

2. 如何学

(1) 在"游园筹划组"活动中,以筹划者的身份筹划传统节日游园活动。

(2) 在"游园召集令"活动中,制作海报并向同年级学生宣传游园活动。

(3) 在"游园招商会"活动中,选择自己喜欢的传统节日摊位,通过文创产品展示、游戏闯关、导游解说等形式介绍相关文化。

(4) 在"游园总结会"活动中,围绕提示说一段话,对活动进行总结。

第一课时	游园会筹划与宣传

任务一:"传统节日游园会"策划方案设计

1. 回忆旧知,回答以下问题

□如果想在校园里举办一场传统节日游园会活动,向学校同学展示不同的传统节日,需要做哪些准备工作?

提示:可以从游园会的主题、目的、预算、宣传等方面进行回答。

2. 小组合作,策划方案

□各小组从游园会的主题与目的、活动时间与地点、准备事项、分工安排和经费预算等方面筹划本次游园会,并填写以下"传统节日游园会"策划方案。

> "传统节日游园会"策划方案
> 1. 游园会的主题和目的
>
>
> 2. 游园会活动的时间和地点
>
>
> 3. 游园会准备
> (1)前期宣传方面:
>
> (2)具体活动及物品方面:
>
> (3)后续收尾方面:
>
>
> 4. 小组安排与分工
> (示例:×××负责场景布置;×××负责海报设计与宣传……)
>
>
> 5. 游园会经费预算
> (包括奖品和道具购买费用)

- 正确回答举办传统节日游园会所需要做的准备工作。
- 正确填写策划方案。

任务二:"传统节日游园会"宣传海报制作	
3. 小组合作,制作海报 □各组根据自己选择的传统节日制作宣传海报,并向同年级学生宣传本次活动。 **4. 汇报交流,完善海报** □各组派一名代表,对本组的策划方案和宣传海报进行介绍与分享;根据语文、美术、数学等不同学科教师的修改意见,进一步完善策划方案和宣传海报。	● 合作绘制富有创意性的宣传海报。 ● 为本组和其他小组贡献有价值的发言。 ● 能够根据教师和其他小组的建议完善宣传海报。
第二课时	**游园招商与总结会**
任务一:游园招商会开展	
1. 结合方案,布置摊位 □各组根据上节课设计的策划方案提前进行摊位布置。 **2. 小组合作,开展活动** □小组分工完成游园宣传、导游解说、故事讲解、文创产品制作与介绍、游戏闯关等一系列活动。 □各组之间通过交流来分享学习到的传统节日知识。	● 能够合作完成摊位布置和活动的开展。 ● 能够向他人详细介绍至少一种传统节日习俗文化。 ● 能够通过和其他组的分享交流,了解至少两种传统节日。
任务二:游园总结	
3. 游园总结,反思评价 □选择以下提示中的一项,用一段话对本次游园活动进行总结。 提示: (1)聚焦节日本身;(2)聚焦小组分工;(3)聚焦活动过程;(4)聚焦自身感受。 **4. 主题评价** □根据以下评价量表,对自己和他人的表现进行打分,同时教师也会对你的情况进行打分。	● 能够聚焦某一主题,用一段话进行描述或总结。 ● 能合理地对自己的表现进行评价,并用清晰的语言表达出来。

续　表

评价说明	学生自评	同学互评	教师评价
我至少能够说出一个有关传统节日的文化习俗	☆☆☆☆☆	☆☆☆☆☆	☆☆☆☆☆
我在小组分工中承担了适合的工作,并能够与小组成员有效合作	☆☆☆☆☆	☆☆☆☆☆	☆☆☆☆☆
我设计的游园策划方案内容丰富,能够全面地反映出策划的思路	☆☆☆☆☆	☆☆☆☆☆	☆☆☆☆☆
我设计的游园策划方案具有较强的可操作性	☆☆☆☆☆	☆☆☆☆☆	☆☆☆☆☆
我设计的游园活动创意独特,能激发其他同学的兴趣	☆☆☆☆☆	☆☆☆☆☆	☆☆☆☆☆
我设计的宣传海报美观大方,有较好的阅读体验	☆☆☆☆☆	☆☆☆☆☆	☆☆☆☆☆
我能够很好地与同学交流传统节日文化知识	☆☆☆☆☆	☆☆☆☆☆	☆☆☆☆☆
我能够很好地用一段话对相关内容进行描述	☆☆☆☆☆	☆☆☆☆☆	☆☆☆☆☆

二、授课案例

(一)中国结：源远流长的编织艺术与文化传承①

"中国结:源远流长的编织艺术与文化传承"跨学科主题以"C-POTE"模型为指导进行设计,有机融合了语文、数学、历史、美术等学科的知识。该主题分为三个子主题,分别是"中国结的基础知识和历史""中国结的数学之美和编织技法""中国结的传统元素与现代设计融合的创新设计与应用"。在此基础上,提炼出"中国结文化是中华优秀传统文化,有丰富的知识内涵和历史底蕴""中国结包含了数学之美和编织技法""中国结与现代设计理念相结合并融合于现代设计中"三个跨学科大概念,以及"中国结具有源远流长的编织艺术价值与文化传承价值"这一超学科大概念。

第一个主题的内容主要包括:感悟中国结文化的历史渊源;了解中国结的种类;了解中

① 本课例视频由华南师范大学师范生黄思瑾、周默、王均毅、雷蕾、吴小婷、黎芯如提供。授课学校为浙江省台州市三门县心湖小学,年级为小学六年级,指导教师为章之霞、王小淡、柯笑笑、黄道村。

国结蕴含的文化寓意。

第二个主题的内容主要包括：感受中国结的数学之美；掌握几种不同类型的中国结编织方法；领悟中国结蕴含的文化寓意。

第三个主题的内容主要包括：理解不同材料、色彩和设计表现手法对传统中国结创新设计的影响；了解中国结在传统服饰、家居、礼品包装三个领域的突破性创新设计和应用；了解中国结在当代艺术和设计领域的创新应用和发展，展示其与时俱进的价值和潜力。

📍 **课例实践**

扫码观看课例视频，依据附录中的"跨学科教学实践听评课工具"对该课例进行评价，并与"传统节日游园会"典型案例进行对比，指出"中国结：源远流长的编织艺术与文化传承"跨学科教学存在的不足及优点。

中国结：源远流长的编织艺术与文化传承(1)

中国结：源远流长的编织艺术与文化传承(2)

中国结：源远流长的编织艺术与文化传承(3)

（二）中草药的奇妙世界①

"中草药的奇妙世界"跨学科主题以"C-POTE"模型为指导进行设计，有机整合了语文、劳动、科学、艺术等学科的知识。该主题遵循"学习中草药文化内涵，传承中草药文化瑰宝"的理念，旨在让学生掌握中草药的基本知识，学会中草药产品的制作方法，感悟中草药文化的独特魅力。该主题分为四个子主题，分别为"识别中草药""探究中草药的功能""制作中草药香囊""中草药海报制作"。在此基础上，提炼出"通过学习常见中草药的基本特征及种植方法，学会辨识中草药，感受中草药的文化魅力""通过探究中草药的功能，了解其功能背后的科学原理以及相关的历史文化，提高对中草药的认知和应用水平""通过亲手制作香囊，领会中国优秀传统文化"和"对中草药的元素进行创新设计并将其融入海报设计"四个跨学科大概念，以及"中华非物质文化遗产是祖先留给人类的伟大瑰宝"这一超学科大概念。

第一个主题的内容主要包括：辨识生活中常见的中草药，了解中草药的基本特征、生长环境和种植方法等。

第二个主题的内容主要包括：了解部分中草药的功效、药理以及相关的历史文化知识。

第三个主题的内容主要包括：让学生动手制作中草药香囊，掌握中草药的配比以及香囊

---

① 本课例视频由华南师范大学师范生谢文俊、侯荣鑫、杨珏、艾斯玛克孜·阿布力米提、木尼拉·阿卜杜热西提、范程钧提供。授课学校为广东省广州市平沙培英学校，年级为小学六年级，指导教师为尹晓华、黄宏建、石安平、何燕琼。

所蕴藏的文化意蕴。

第四个主题的内容主要包括：让学生进行中草药文化创新元素的设计，以及动手制作海报。

📍 **课例实践**

扫码观看课例视频，依据附录中的"跨学科教学实践听评课工具"对该课例进行评价，并与"传统节日游园会"典型案例进行对比，指出"中草药的奇妙世界"跨学科教学中存在的问题及优点。

中草药的奇妙　　中草药的奇妙　　中草药的奇妙
世界(1)　　　　世界(2)　　　　世界(3)

💬 **问题研讨**

请选择自己感兴趣的人文社科类跨学科主题，根据"设计案例"中的流程，进行跨学科教学设计和学历案设计。请注意：在进行教学设计和学历案设计时，要充分考虑不同学科的内容和教学方法，以促进跨学科知识的整合和学生的全面发展。

第三节　信息工程类跨学科主题学习设计案例

🎯 **本节学习目标**

通过本节的学习，了解信息工程领域跨学科主题学习的实施过程，为后续深入开展跨学科主题学习活动奠定基础。

为了使一线教师能够对信息工程类跨学科主题学习设计有一个感性的直观认识，本节以"中草药智慧种植"为例，对教学内容进行深入分析和设计，并将相应的概念群、问题链、目标层、任务簇和证据集呈现在具体的教学设计和学历案中，旨在为教师的实际教学操作提供强有力的参考与借鉴。

设计案例:中草药智慧种植

基本信息

主题名称	中草药智慧种植		
主题课时	4 课时	实施年级	六年级
涉及学科	生物、语文、科学、信息科技、美术、数学		

课例实践

扫码观看课例视频"中草药智慧种植",了解一线教师在课堂教学中是如何依据"概念群→问题链→目标层→任务簇→证据集"的操作思路开展教学的。

中草药智慧种植

(一)概念群选择:以大概念统整教学内容

本主题主要包括"初识中草药""种植中草药的技术""中草药种植箱的设计"和"中草药智慧种植箱的宣传与推广"四个部分。本单元的教学重点是让学生掌握中草药的基本知识,理解中草药种植技术,并体验中草药种植箱的设计与建造过程;难点是让学生设计与建造中草药智慧种植箱。因此,本单元教学将围绕"中草药智慧种植"这一主题,引导学生开展跨学科学习。通过对中草药知识以及中草药技术的学习,学生能够设计与建造中草药智慧种植箱,并对其进行宣传推广。本主题涉及生物、语文、科学、信息科技、美术、数学等学科大概念,并在学科交叉的基础上生成二级跨学科大概念,然后再生成最终的三级超学科大概念,即"信息科技赋能传统文化的创造性保护和创新性传承",具体大概念见图7-5。

(二)问题链设计:依据主题内容和概念群

本跨学科主题学习的问题链(主问题串/子问题),具体可见图7-6。

(三)目标层设计:以学生素养发展为导向[①]

1. 双基层

(1)说出中草药的基本概念、形态和分类。(第三课时)

(2)识别并了解常见中草药的植物学特征、药理学特征及其应用,并能举例说明。(第三课时)

---

① 说明:由于"课时教学设计"部分介绍的是第三课时内容,故此处仅标注第三课时的目标。

图 7-5 "中草药智慧种植"的概念群设计

（3）总结中草药的生长特性、种植的基本方法和技术要点。

（4）理解中草药种植箱的基本原理和功能要求。（第三课时）

（5）掌握中草药种植箱的组装和使用方法，能够组装种植箱。（第三课时）

（6）理解中草药智慧种植箱的重要性，并认识到科技赋能对于中草药种植箱推广与传承的意义。

2. 思维层

（1）探究中草药的生长环境和生物学特性。

（2）分析中草药的文化背景和历史渊源。

（3）探索中草药传统医学知识的当代应用与创新，并探究中草药推广对人类健康和社会福祉的影响。

（4）分析中草药种植技术对其产量和质量的影响。

（5）通过学习中草药的种植技术，懂得尊重事实证据，培养运用科学方法解决问题的能力。

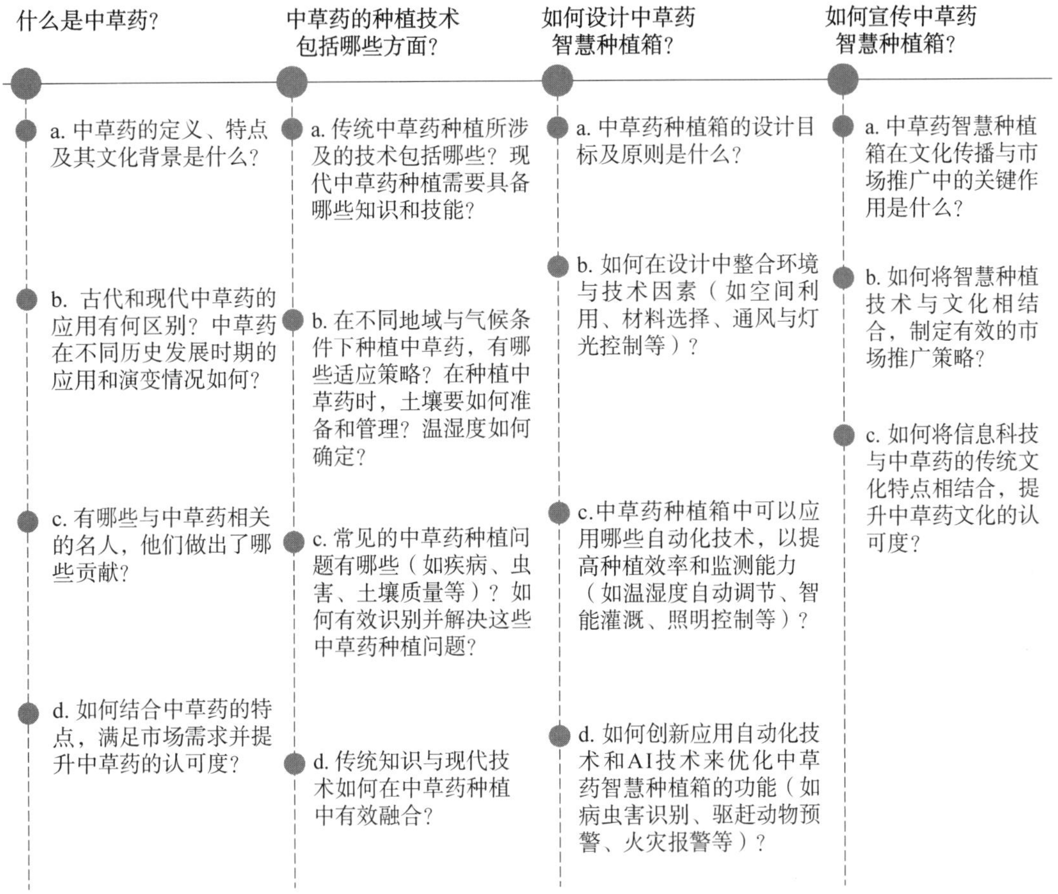

什么是中草药？ 中草药的种植技术包括哪些方面？ 如何设计中草药智慧种植箱？ 如何宣传中草药智慧种植箱？

a. 中草药的定义、特点及其文化背景是什么？

a. 传统中草药种植所涉及的技术包括哪些？现代中草药种植需要具备哪些知识和技能？

a. 中草药种植箱的设计目标及原则是什么？

a. 中草药智慧种植箱在文化传播与市场推广中的关键作用是什么？

b. 古代和现代中草药的应用有何区别？中草药在不同历史发展时期的应用和演变情况如何？

b. 在不同地域与气候条件下种植中草药，有哪些适应策略？在种植中草药时，土壤要如何准备和管理？温湿度如何确定？

b. 如何在设计中整合环境与技术因素（如空间利用、材料选择、通风与灯光控制等）？

b. 如何将智慧种植技术与文化相结合，制定有效的市场推广策略？

c. 有哪些与中草药相关的名人，他们做出了哪些贡献？

c. 常见的中草药种植问题有哪些（如疾病、虫害、土壤质量等）？如何有效识别并解决这些中草药种植问题？

c. 中草药种植箱中可以应用哪些自动化技术，以提高种植效率和监测能力（如温湿度自动调节、智能灌溉、照明控制等）？

c. 如何将信息科技与中草药的传统文化特点相结合，提升中草药文化的认可度？

d. 如何结合中草药的特点，满足市场需求并提升中草药的认可度？

d. 传统知识与现代技术如何在中草药种植中有效融合？

d. 如何创新应用自动化技术和AI技术来优化中草药智慧种植箱的功能（如病虫害识别、驱赶动物预警、火灾报警等）？

图 7-6 "中草药智慧种植"的问题链设计

（6）运用科学方法和原理，综合考虑植物生长所需的光照、温度、湿度等因素，并根据这些科学知识进行合理的设计和调整，以有效促进植物的生长和发育。（第三课时）

（7）通过实验与观察、试错与调整，不断改进设计方案，以达到最佳的种植效果。（第三课时）

（8）理解中草药智慧种植箱在推动中草药种植现代化发展中的作用，并能够分析其对当代社会的影响。

3. 素养层

（1）通过深入了解中草药的历史渊源、功效与应用，感受丰富的中华民族传统医药文化，增强对祖国文化的自豪感和认同感。

（2）设计中草药传承与推广方案，以支持中草药的应用与普及。

（3）创造性地设计中草药种植箱，以提高中草药的产量和质量。（第三课时）

（4）选择环保的材料和方法，确保植物的生长过程不会对环境造成负面影响，同时也能对植物的生长状况进行监测和管理，确保其健康和安全。（第三课时）

（5）探索如何将科技与中草药的传统文化特点相结合，以提升中草药的认可度，并提出相关的创新思路和策略。

（四）任务簇构建：课程内容的组织与呈现方式

下面将依据主干任务、子任务和系列活动三个维度构建任务簇。说明：可以运用图或表来展示任务簇设计。

1. 主干任务一：研究中草药的定义和特点

表7-15 "研究中草药的定义和特点"子任务

子任务	系列活动
子任务一：文献研究	进行文献研究，了解中草药的定义和特点，并整理相关资料
子任务二：分享交流	在小组内分享个人研究成果，讨论并比较不同的资料、观点和定义
子任务三：撰写报告	合作撰写一份综合报告，整合小组成员的研究，呈现中草药的定义和特点

2. 主干任务二：研究中草药种植技术

表7-16 "研究中草药种植技术"子任务

子任务	系列活动
子任务一：实地参观	参观中草药种植园，并与农民或种植专家交流
子任务二：数据分析	利用传感器对中草药种植中的温度、湿度、光照等数据进行收集与分析

3. 主干任务三：中草药种植箱的设计

表7-17 "中草药种植箱的设计"子任务

子任务	系列活动
子任务一：探秘中草药智慧种植箱的结构	探究中草药智慧种植箱的组成部分及其在中草药种植中的作用
子任务二：确定种植箱的设计要求和功能	以小组合作的形式分析和讨论种植箱的设计要求和功能，涵盖种植箱的尺寸、材料、适宜的环境参数等方面

续 表

子任务	系列活动
子任务三:进行种植箱的结构设计和制作	选择合适的材料和工具制作种植箱
子任务四:进行种植箱的调试和优化	在教师的指导下,学习种植箱的调试原理与方法,掌握调试工具的使用技巧,并基于测试结果分析问题,提出优化与改进方案

4. 主干任务四:中草药种植箱的宣传与推广

表7-18 "中草药种植箱的宣传与推广"子任务

子任务	系列活动
子任务一:制定中草药种植箱的宣传和推广策略	分析中草药传承、推广的现状和挑战,包括市场需求、竞争情况、法规政策等方面
子任务二:实施中草药种植箱宣传和推广活动	在教师的协作下制定中草药传承和推广的活动计划,包括宣传、展览、市场推广等方面。执行中草药传承和推广活动策略,并对活动效果进行评估和反馈

(五)证据集:学习评价设计

表7-19 中草药智慧种植评价体系

教学阶段	任务与活动	评价类型	评价证据
	子主题1:初识中草药		
课前	完成线上信息科技、生物等基础知识测验,以及与中草药相关的阅读任务	学习性评价	测验情况和读书笔记
课中	完成文献研究任务,整理中草药的定义和特点,并完成分享交流和综合报告的撰写	学习性评价	"中草药的定义和特点"的研究报告
		学习式评价	分享交流会
		学习的评价	课堂观察表
课后	通过自评、互评、师评的方式对学生在课堂中的表现进行评价;引导学生完成学习任务单中的相关任务	学习式评价、学习的评价	自我评价量表、同伴评价量表、教师评价量表
		学习性评价	学习任务单完成情况

子主题 2：种植中草药的技术			
教学阶段	任务与活动	评价类型	评价证据
课前	根据上节课的意见，进一步完善策划方案和宣传海报	学习性评价	完善的策划方案和宣传海报
课中	参观中草药种植园，学习中草药种植技术，并利用传感器收集和分析中草药种植过程中的温度、湿度、光照等数据	学习性评价	中草药种植技术表
			实验数据收集与分析表
		学习式评价	评价交流会
		学习的评价	课堂观察表
课后	通过自评、互评、师评的方式对学生在课堂中的表现进行评价；引导学生完成学习任务单中的相关任务	学习式评价、学习的评价	自我评价量表、同伴评价量表、教师评价量表
		学习性评价	学习任务单完成情况

子主题 3：中草药种植箱的设计			
教学阶段	任务与活动	评价类型	评价证据
课前	复习并讨论中草药种植中的技术	学习性评价	学习笔记和讨论情况
课中	探究中草药智慧种植箱的结构特征，并在此基础上进行中草药智慧种植箱的设计、制作、调试与汇报	学习性评价	中草药智慧种植箱的设计方案、中草药智慧种植箱
		学习的评价	作品评价表
		学习式评价	汇报交流会
课后	通过自评、互评、师评的方式对学生在课堂中的表现进行评价；引导学生完成学习任务单中的相关任务	学习式评价、学习的评价	自我评价量表、同伴评价量表、教师评价量表
		学习性评价	学习任务单完成情况

子主题 4：中草药智慧种植箱的宣传与推广			
教学阶段	任务与活动	评价类型	评价证据
课前	根据上节课的意见，进一步完善中草药智慧种植箱	学习性评价	完善的中草药智慧种植箱
课中	制定中草药智慧种植箱的宣传与推广策略，并实施宣传与推广活动	学习性评价	中草药智慧种植箱的宣传与推广策略、宣传与推广的过程性照片和视频
		学习的评价	课堂观察表

教学阶段	任务与活动	评价类型	评价证据
课后	通过自评、互评、师评的方式对学生在课堂中的表现进行评价;引导学生完成学习任务单中的相关任务	学习式评价、学习的评价	自我评价量表、同伴评价量表、教师评价量表

（六）信息化教学资源以及信息化教学工具

（1）信息化教学资源:学历案(包含相应的驱动性任务等)、教学课件(配有相应的视频资源以及各类教学支架)、板书、耳机(包含麦克风功能)。

（2）信息化教学工具:人工智能实验室、Classin 平台。

（七）课时教学设计

第三课时：中草药种植箱的设计

1. 课时内容分析

本课时涉及科学、信息科技和美术等学科大概念。科学学科大概念强调中草药种植箱的结构设计与制作;信息科技学科大概念强调中草药种植箱的自动化监测与控制技术,以及中草药种植箱中人工智能技术的融入;美术学科大概念强调中草药种植箱的外形设计。本课时将围绕中草药种植箱的设计展开,具体涵盖四个方面:探秘中草药智慧种植箱的结构、确定种植箱的设计要求和功能、进行种植箱的结构设计和制作以及进行种植箱的调试和优化。

2. 课时学情分析

（1）知识基础。①该班级学生在之前的课程学习中已经掌握了中草药的定义和特点,以及中草药的种植技术等相关知识,为本课时的中草药种植箱设计打下了基础。②该班级学生已经具备一定的作品设计和合作学习经验,为本课时的中草药种植箱设计打下了经验基础。

（2）一般特征。①学生有强烈的意愿去创造自己的作品并向同学展示,但在具体的落实过程中,他们对主题确定、内容选择和实现方法缺少明确的思路和具体的实操经验,需要教师的指引和帮助。②该班级学生喜欢通过交流与合作来获取信息,善于与他人合作完成任务,并乐于通过合作的方式学习社交技能和培养团队合作精神。

（3）学习风格。该班级的学生属于动觉型学习风格,他们喜欢通过动手实践或亲身参与的方式进行学习,如操作实验、制作模型或参与角色扮演等。

3. 课时教学目标

（1）双基层:

① 理解中草药种植箱的基本原理和功能要求。

② 说出中草药的基本概念、形态和分类。

③ 识别并了解常见中草药的植物学特征、药理学特征及其应用,并能举例说明。

④ 掌握中草药种植箱的组装和使用方法,能够组装种植箱。

(2) 思维层:

① 运用科学方法和原理,综合考虑植物生长所需的光照、温度、湿度等因素,并根据这些科学知识进行合理的设计和调整,以有效促进植物的生长和发育。

② 通过实验与观察、试错与调整,不断改进设计方案,以达到最佳的种植效果。

(3) 素养层:

① 创造性地设计中草药种植箱,以提高中草药的产量和质量。

② 选择环保的材料和方法,确保植物的生长过程不会对环境造成负面影响,同时也能对植物的生长状况进行监测和管理,确保其健康和安全。

4. 教学过程

第三课时"中草药种植箱的设计"的教学过程,见表 7-20。

表 7-20　第三课时教学过程

教学过程	教师活动	学生活动	设计意图
情境导入 (5分钟)	播放与中草药和智慧种植相关的视频,介绍智慧种植的概念及其在现代农业中的应用	学生观看视频,了解中草药的价值和智慧种植箱的应用背景	认识中草药的重要性以及智慧种植技术在中草药种植中的应用价值
新知讲授 (8分钟)	(1) 讲解箱体结构制作的工程知识 (2) 讲解智慧种植箱的相关功能,如温度控制、湿度调节、光照管理等	学生记录关键知识点,了解中草药智慧种植箱的基本结构	帮助学生了解中草药智慧种植箱的核心功能和设计原理,使其了解中草药种植所需的环境要求
思考探究 (6分钟)	(1) 引导学生思考中草药智慧种植箱需要具备哪些特殊功能和传感器 (2) 讲解与中草药种植相关的硬件设备知识,如 pH 传感器、水肥一体机等	学生参与讨论并提出自己的观点,了解中草药智慧种植箱中的特殊功能和传感器的应用	培养学生的问题意识和解决问题的能力,引导他们思考如何应用现有技术满足中草药种植的需求
深入体验 (16分钟)	(1) 教师引导学生讲解当下农业、工业中常用的 AI 技术,引出箱体可以添加的 AI 技术,如图像识别、模型训练等	(1) 在小组内分享各自的方案并进行讨论和改进;共同细化中草药种植	激发学生的团队协作能力,培养学生的创新思维、工程设计能力和动手实践能力

续 表

教学过程	教师活动	学生活动	设计意图
	(2) 让学生分组研究和讨论具体的中草药种植方案,并通过小组合作的方式实现简易中草药智慧种植箱的制作和调试 (3) 引导每组学生进行三分钟作品汇报,分享设计理念和硬件功能	方案,并实现简易中草药智慧种植箱的制作和调试 (2) 对作品进行三分钟的汇报分享	
课堂总结 (5分钟)	(1) 引导学生以思维导图的形式总结设计智慧种植箱结构及相关功能的知识,谈谈自己的收获 (2) 和学生一起总结本节课所学的内容,并引导学生从"学习收获(P)、不足之处(M)、我还感兴趣的内容(I)和我感到疑惑的问题(Q)"这四个方面说一说自己的反思	(1) 使用思维导图整理和呈现中草药智慧种植箱的关键设计要点和小组讨论的成果 (2) 对个人的收获进行总结	通过总结课堂内容和小组讨论的成果,巩固学生对中草药智慧种植箱设计的理解,促使他们通过思维导图形成全局观,并提升对本节课知识的应用能力

5. 教学评价

在课堂教学过程中,教师运用语言和行为对学生的回答和表现进行激励性评价,并通过自评、师评的方式,多维度考查和分析学生的学习情况。

(1) 自评:通过学历案将评价融入任务中,使学生在完成任务后能够进行自我反思和评价,发挥学生的主观能动性。(学习性评价)

(2) 师评:教师在课后根据学生的课堂表现、中草药智慧种植箱设计情况、任务单填写情况等对其进行评价。(学习的评价、学习性评价)

(八)学历案设计

表 7 - 21　学历案

你愿意接受挑战吗?
在本主题中,我们将以小组为单位,通过小组协作的方式,共同完成设计、建造与完善中草药智慧种植箱这个工程项目。让我们一起来挑战一下吧!
期待你学会什么?
(1) 了解中草药的价值和智慧种植箱的应用背景。 (2) 了解中草药智慧种植箱的基本结构。 (3) 了解中草药智慧种植箱的特殊功能和传感器的应用。

续　表

给你支招

1. 为何学

学习中草药智慧种植箱的结构和功能知识,有助于我们运用信息科技解决中草药种植过程中遇到的问题。因此,本单元的学习内容对于培养复杂问题的分析和解决能力具有显著帮助。

2. 如何学

(1)通过阅读学习材料、观看视频资源,学习中草药智慧种植的相关技术。

(2)通过问题驱动、任务引导的方式进行学习。

(3)通过小组合作讨论及创作,完成小型"中草药智慧种植箱"的制作与展示。

第三课时	中草药种植箱的设计

任务一:探秘中草药智慧种植箱的结构

1. 观看视频,回答以下问题 □智慧种植是什么? 有什么特点? **2. 阅读相关资料,填写以下表格** □探究中草药智慧种植箱的组成部分及其在中草药种植中的作用。 | 光照系统	提供植物所需的光照条件 | |---|---| | | |	● 认识智慧种植箱的概念和结构。 ● 正确完成表格的填写。

任务二:功能剖析

3. 小组讨论,剖析智慧种植箱的基本功能 □探讨中草药智慧种植箱的特殊功能和传感器的应用,并进行分享。 提示:可以从光照调节、温湿度控制、自动灌溉、CO_2 浓度控制、pH 和 EC 值监测(衡量土壤或营养液的酸碱度和电导率,pH 值影响植物对养分的吸收,而 EC 值则反映了溶液中养分的浓度)、数据记录和远程监控等方面进行探讨。	● 为小组贡献有价值的发言。 ● 理解智慧种植箱的基本原理和功能。

任务三:方案设计作品制作

4. 小组合作完成任务,并填写方案书 □设计一个中草药种植方案,结合中草药智慧种植箱技术对其进行环境调控,并完成表格的填写。 | 选择的中草药品种: | 调节的光照强度和时间: | |---|---| | 控制的温湿度条件: | 土壤酸碱度的监测和调节: | | 水分和营养的供给: | 种植箱数据的记录和远程监控: |	● 协作完成中草药种植方案的设计。

5. 作品制作与调试

□小组合作完成任务,并填写方案书,实现简易中草药智慧种植箱的制作和调试。

> **问题研讨**
>
> 请选择自己感兴趣的信息工程类跨学科主题,根据"设计案例"中的流程,进行跨学科教学设计和学历案设计。请注意:在进行教学设计和学历案设计时,要充分考虑不同学科的内容和教学方法,以促进学生的跨学科知识整合和全面发展。

本章小结

跨学科主题学习的系统设计,对一线教师开展跨学科教学具有重要的参考价值。本章主要围绕自然科学、人文社科和信息工程三个领域,设计了跨学科主题学习的案例,旨在为教师设计与实施跨学科主题学习提供参考。此外,本章还提供了四个由师范生开展的跨学科教学授课案例,每个案例均配有课例视频,读者可以根据附录中提供的"跨学科教学实践听评课工具"对上述课例进行评价,以提高自己对跨学科主题学习的直观认识。

思考与练习

1. 简答题

(1)简述跨学科主题学习设计与实施的基本流程。

(2)对比自然科学类、人文社科类和信息工程类三大领域的跨学科主题学习设计案例,分析三者之间存在哪些共性和差异。

(3)简述大主题和子主题在五个维度(C-POTE)上的关联。

(4)结合自然科学类、人文社科类和信息工程类跨学科主题学习的设计思路,思考如何实现大概念的螺旋式上升和横向拓展。

2. 实践操作题

(1)选取某一跨学科主题,结合本章所学的内容,尝试应用"C-POTE"模型设计具体的跨学科教学案例,并尝试开展教学实践活动。

(2)基于"跨学科教学实践听评课工具"对四个师范生的授课案例进行评分,撰写观课感受,指出案例教学中存在的不足及优点。

跨学科教学实践听评课工具

您好!

欢迎您使用本工具开展跨学科教学实践听评课活动。本工具基于教师和学生两个维度来综合评估课堂教学质量。教师维度包括教学策略、教学内容、教学实施、教学评价、师生关系、教学技术应用六个方面;学生维度可选填,包括学生认知发展、学生社会参与、学生使用技术三个方面。评课表项目的评价范围为:①(非常不符合)、②(不太符合)、③(难以判断)、④(比较符合)、⑤(非常符合),得分越高,表示教师的行为表现越佳。必填部分的总得分范围为 26—130 分:其中,26—52 分为有待优化,53—104 分为良好,105—130 分为优秀。选填部分的总得分范围为 13—65 分:其中,13—26 分为有待优化,27—52 分为良好,53—65 分为优秀。

在听评课时,请结合课堂背景信息、教学设计文档、学习者任务单和课堂实录视频完成本评课表的填写,感谢您宝贵的教学反馈!

一、教学策略

1. 教师能够在教学策略的选择和教学活动的设计上考虑学生的已有知识和经验。
①非常不符合　②不太符合　③难以判断　④比较符合　⑤非常符合

2. 教师能够设计、组织小组活动,并提供清晰的协作目标,鼓励学生共同解决问题。
①非常不符合　②不太符合　③难以判断　④比较符合　⑤非常符合

3. 教师能够引导学生通过社会研究(如问卷调查、参观走访、访谈等)或科学研究(如预测、假设、实验、论证等)的方式探索和理解核心概念。
①非常不符合　②不太符合　③难以判断　④比较符合　⑤非常符合

4. 教师能够整合工程的思维与方法,鼓励学生通过方案设计、原型制作、迭代测试、成果展示等方式形成可视化的作品。
①非常不符合　②不太符合　③难以判断　④比较符合　⑤非常符合

5. 综合评价:在这节课中,教师在使用教学策略时有哪些优点和不足?(包括但不限于对学生已有知识点的考虑,以及协作学习、探究学习、动手实践活动的设计等方面)

二、教学内容

6. 课程是否涉及学科的核心概念、原理和规律，是否围绕(跨)学科大概念组织内容结构。

①非常不符合　②不太符合　③难以判断　④比较符合　⑤非常符合

7. 教师能够恰当地使用抽象化的表达方式(如图表、模型、公式等)帮助学生理解概念。

①非常不符合　②不太符合　③难以判断　④比较符合　⑤非常符合

8. 教师能够将教学内容与其他学科知识之间建立适当的联系，帮助学生形成结构化的知识体系。

①非常不符合　②不太符合　③难以判断　④比较符合　⑤非常符合

9. 教师能够将课程内容与现实世界相联系，帮助学生理解和应用知识。

①非常不符合　②不太符合　③难以判断　④比较符合　⑤非常符合

10. 综合评价：在这节课中，教师在教学内容设计方面有哪些优点和不足？（包括但不限于是否以学科核心概念为中心、是否重视内容的抽象化表达、是否注重学科融合、是否与现实世界相关联等方面）

　

三、教学实施

11. 教师对课程主题内容有扎实的把握，讲授过程准确、流畅，没有科学性错误，且符合学生的认知水平。

①非常不符合　②不太符合　③难以判断　④比较符合　⑤非常符合

12. 教师善于使用事例、插图、实验、数字资源等方式呈现课程内容。

①非常不符合　②不太符合　③难以判断　④比较符合　⑤非常符合

13. 教师能够创设与学生生活实际相关的教学情境,提出具有挑战性、层次性和应用性的问题,帮助学生理解概念和迁移知识。

①非常不符合　②不太符合　③难以判断　④比较符合　⑤非常符合

14. 教师能够对学生的表现或作品进行评价和提出建议,帮助学生认识自身的优势和不足。

①非常不符合　②不太符合　③难以判断　④比较符合　⑤非常符合

15. 教师能够在学生自主学习和合作学习时,提供必要的支持和适时的引导。

①非常不符合　②不太符合　③难以判断　④比较符合　⑤非常符合

16. 综合评价:在这节课中,教师在教学实施行为方面有哪些优点和不足?（包括但不限于讲授、演示、提问、反馈、指导等方面的表现）

四、教学评价

17. 教师能够有意识地收集学生在跨学科实践过程中的表现性证据,并对学生的跨学科学习进行过程性评价。

①非常不符合　②不太符合　③难以判断　④比较符合　⑤非常符合

18. 教师能够对学生的阶段性学习成果进行总结性评价。

①非常不符合　②不太符合　③难以判断　④比较符合　⑤非常符合

19. 教师能够引导学生进行自我评价与反思。

①非常不符合　②不太符合　③难以判断　④比较符合　⑤非常符合

20. 综合评价:在这节课中,教师在开展教学评价时有哪些优点和不足?（包括但不限于过程性评价、总结性评价、引导学生进行自我评价等方面）

五、师生关系

21. 教师能够给予学生充分的主动权，以学生为中心。

①非常不符合　②不太符合　③难以判断　④比较符合　⑤非常符合

22. 在遇到问题时，教师对学生富有耐心，能够通过正向的反馈和鼓励来减轻学生的学习压力。

①非常不符合　②不太符合　③难以判断　④比较符合　⑤非常符合

23. 教师能够作为引导者和倾听者，支持和促进学生探究。

①非常不符合　②不太符合　③难以判断　④比较符合　⑤非常符合

24. 教师能够根据学生的学习表现与效果，合理把控活动进程，调整课堂内容，维持课堂纪律，创建良好的课堂环境。

①非常不符合　②不太符合　③难以判断　④比较符合　⑤非常符合

25. 综合评价：在这节课中，教师在课堂文化创设上有哪些优点和不足？（包括但不限于师生间平等对话、减少学生学习焦虑、为学生提供支持引导、课堂秩序管理等方面）

六、教学技术应用

26. 教师能够恰当地使用数字媒体或虚拟仿真技术来呈现复杂的概念和过程，以增强学生对抽象或动态知识点的理解。

①非常不符合　②不太符合　③难以判断　④比较符合　⑤非常符合

27. 教师能够恰当地使用课堂互动工具来促进课堂上的互动和反馈，以提高学生的参与度。

①非常不符合　②不太符合　③难以判断　④比较符合　⑤非常符合

28. 教师能够恰当地使用工程建模和工程制造工具辅助教学，以帮助学生更加直观地理解产品设计和制造的过程。

①非常不符合　②不太符合　③难以判断　④比较符合　⑤非常符合

29. 教师能够恰当地使用协作共享工具，以促进生生或师生之间的项目协作和知识共享。

①非常不符合　②不太符合　③难以判断　④比较符合　⑤非常符合

30. 教师能够恰当地使用学习管理系统收集、分析学生的学习数据，以优化教学策略，及时提供反馈指导。

①非常不符合　②不太符合　③难以判断　④比较符合　⑤非常符合

31. 教师能够恰当地使用集成 AI 功能的教学工具或平台,为学生提供个性化的学习反馈与资源推送。

①非常不符合　②不太符合　③难以判断　④比较符合　⑤非常符合

32. 综合评价:在这节课中,教师在技术赋能的教与学方面有哪些优点和不足?(如技术应用的丰富程度、技术应用的有效程度等方面)

七、学生认知发展(选填维度)

33. 学生能够理解不同知识点之间的联系,运用多学科的知识与方法解决问题。

①非常不符合　②不太符合　③难以判断　④比较符合　⑤非常符合

34. 学生能够质疑或评估信息的准确性和可靠性,并能基于证据严谨地论证方案的可行性。

①非常不符合　②不太符合　③难以判断　④比较符合　⑤非常符合

35. 学生能够生成新颖的想法、方案和作品,愿意尝试多种问题解决的方案。

①非常不符合　②不太符合　③难以判断　④比较符合　⑤非常符合

36. 学生能够对自己的学习过程进行反思和调整。

①非常不符合　②不太符合　③难以判断　④比较符合　⑤非常符合

37. 综合评价:在这节课中,学生认识发展的情况如何?(如概念思维、批判思维、创新思维、元认知等方面)

八、学生社会参与（选填维度）

38. 学生的专注度和参与度高，能够积极地做笔记、主动提问、与教师和同伴深入讨论。

①非常不符合 ②不太符合 ③难以判断 ④比较符合 ⑤非常符合

39. 学生对课程内容和课堂活动感兴趣，通过积极的面部与肢体反应、活跃的互动和提问等方式体现出积极的学习态度。

①非常不符合 ②不太符合 ③难以判断 ④比较符合 ⑤非常符合

40. 学生能够运用多种方式（如模型、图片、符号、形象实物等）表达自己的想法。

①非常不符合 ②不太符合 ③难以判断 ④比较符合 ⑤非常符合

41. 学生在聆听和回应同伴或教师的意见时，能够展现出尊重和接纳的态度。

①非常不符合 ②不太符合 ③难以判断 ④比较符合 ⑤非常符合

42. 学生能够对教师和同伴的观点提出疑问。

①非常不符合 ②不太符合 ③难以判断 ④比较符合 ⑤非常符合

43. 学生在小组活动中能够主动分享自己收集的资料或想法，与同伴共同探讨、协商决策，以寻求最佳解决方案。

①非常不符合 ②不太符合 ③难以判断 ④比较符合 ⑤非常符合

44. 综合评价：在这节课中，学生在课堂参与方面的表现如何？（如学习投入、情绪投入、与同伴的交流互动、与教师的交流互动等方面）

九、学生使用技术（选填维度）

45. 学生能够主动使用技术进行学习，如利用学习平台自主搜索资料，或在数字笔记本上整理和归纳课程内容。

①非常不符合 ②不太符合 ③难以判断 ④比较符合 ⑤非常符合

46. 学生能够利用技术工具进行知识的建构和创新，如制作 PPT、编辑视频、设计虚拟仿真模型等。

①非常不符合 ②不太符合 ③难以判断 ④比较符合 ⑤非常符合

47. 学生能够使用技术进行交互式学习，如在线讨论、合作撰写、远程实验等。

①非常不符合 ②不太符合 ③难以判断 ④比较符合 ⑤非常符合

48. 综合评价:在这节课中,学生如何使用技术辅助学习?

49. 总体评价:谈谈您对这节课的总体评价及建议。(结合教师整体的教学情况、学生整体的学习表现,对教师的跨学科教育实践进行总体评价)

50. 您的身份是?

□ 中小学教师　□ 本科生　□ 研究生　□ 家长　□ 教育研究人员　□ 其他